sapientia
サピエンティア 67

朝鮮人特攻隊員の表象

조선인특공대원의 표상

歴史と記憶のはざまで

権学俊［著］

法政大学出版局

朝鮮人特攻隊員の表象◎目次

序章 「朝鮮人特攻隊員」という戦跡

第一節 朝鮮人と帝国臣民の境界と遺族の苦悩

六〇年ぶりに発見された録音音声

御民我れ 生ける験あり 天地の 栄ゆる時に あへらく思へば

ひとりこの静かにこの歌に包まれる時、何とも言えない気持ちで胸いっぱいであります。今ここに選ばれて名誉ある特攻隊に召された時の気持ち、またこれが何とも言えない気持ちであります。鬼畜米英の軍艦、あるいはB－29が次々と目前に見えてきてじっとしておれません。大きな戦果が新聞に載らずとも、一機一艦あの憎き船にぶつけて粉々にしてみせます。歴史を守る同胞よ。一人一人が特攻隊となって、この歴史を永遠に保ってくれ。それが若きものの進むべき道である事を思ってくれ。お父さん、お母さん、元気で下さい。いろいろとご心配かけて不孝者と思えば誠にすみません。しかしこの際、正明にはこのことをお許しくださると思って元気で行きます。弟よ、妹よ。

こちら兄が可愛がる事も、また兄として何もできなかった。許してくれ。強く元気にそして立派になってくれ。(中略)靖国に召される身体如何せん　さようなら

この長い文章の引用は、日本統治時代に満州国の首都であった中国の吉林省長春で二〇〇四年に六〇年ぶりに発見・公開されたラジオの録音内容である。(1)日本軍の関東軍司令部が製作し、満州国でラジオ放送されたはっきりとしたこの声は、一九四五年二月、特別攻撃隊として出撃する直前の日本軍兵士のものである。死を目前にした人が残したメッセージとは思えないくらいに落ち着いているが、この声には特攻隊に選ばれた誇らしさと、「名誉」ある特攻隊の一員として与えられた任務を完璧に遂行しようという気迫が感じられる。日本軍の監督のもとでラジオ放送のために収録された公式発言の録音だと考えられるが、一方で両親と弟妹に対する呼びかけからは、切ない別れの悲しみと哀切の情が鮮やかに読み取れる。

彼は、一九二八年朝鮮興南府生まれで、朝鮮人特攻隊員として一九四五年三月二九日に沖縄戦で米国戦艦に向かって自殺攻撃を敢行し、戦死した陸軍少年飛行兵第一五期生・朴東薫(日本名・大河正明)である。朝鮮人特攻隊員で特攻死したうち最も若い一七歳であり、沖縄戦における最初の朝鮮人特攻隊員の戦死者でもある。朴東薫の声は、特攻死してから約二カ月後の六月一二日午後八時五分に、京城放送局によって朝鮮の隅々まで届けられた。

朴東薫は、朝鮮総督府の庇護のもと、朝鮮半島に進出し様々な事業を展開した日本の実業家・野口遵が設立した朝鮮興南公立工業学校に一期生として入学した。幼い頃から大空に強い関心を持ち、模型飛

行機や滑空機に夢中になりすぎて父親に叱られることもあったという。スポーツが万能なうえ、学業でも常にトップレベルの成績を維持し、卒業時には次席になるほど優秀な少年として有名だった。[2]模型飛行機の出来を競う大会で何度も優勝するなど、子どもの頃から飛行機に関心が高く、三年生のときに父親の印鑑を拝借してひそかに陸軍少年飛行兵に志願し、無事合格した。父親には反対されたが、朴東薫は高校を卒業すると、一九四三年一〇月に福岡県の大刀洗陸軍飛行学校に少年飛行兵として入校する。その後は京城教育隊や南満・興城の第二七教育隊、満州の第二六教育隊に移って訓練を受け続けた。そして、一九四五年三月二九日、誠第四一飛行隊の特攻隊員として、沖縄戦でその短い一生を終えたのである。朴東薫が戦死すると日本陸軍は彼を伍長から少尉へと四階級特進させた。

朴東薫はなぜ日本軍の操縦士になろうとしたのだろうか。そして、どのような過程を経て特攻隊員に選ばれ、戦死したのだろうか。生き残った日本人同期生は戦後、「彼がトップクラスの成績でなかったら、操縦技術が優れてなかったら死ななかったかもしれない[3]」と証言しているが、入隊してから一年六カ月間の教育期間中、朝鮮人に対する見えない圧力を感じていたからこそ優秀な成績を収め続け、そして特攻隊に志願したのではないだろうか。果たして彼は日本軍が強調しているように、「内鮮一体」を実現する模範的な帝国臣民として自ら進んで特攻作戦に志願したのだろうか。ラジオの音声をそのまま朴東薫の本心と受け止めてもよいのだろうか。彼は死を目前にして本当は何を考えていたのだろうか。

皇軍の英雄と遺骨を拒否した韓国人遺族

現在までに明らかになっている、特攻で亡くなったとされる朝鮮人隊員はすべて陸軍所属であり、あわせて一七名である。朝鮮人特攻隊員の詳細については後述するが、特別操縦見習士官第一期生として特攻死した盧龍愚（日本名・河田清治）もその一人で、日韓両国の戦争観や歴史観、戦争の記憶のずれを最も明確に示している例である。

盧龍愚は日本本土に空襲をしかけた米軍B－29機に体当たりして撃墜させた「皇軍の英雄」として知

感激빛나는半島學鷲자랑

優等生에陸上選手

皇土防衛의與、法専出身河田少尉

後續밋는다

遺族을慰問激勵

故河田少尉家를弔問

軍管區司令官代理

図1　盧龍愚の出生から特攻までを報じた記事（上）と朝鮮軍司令官代理と報道部長の遺族訪問

出典：（上）『毎日新報』1945年7月8日，（下）『毎日新報』1945年7月15日。

られている。一九四五年五月二九日、盧龍愚はB－29編隊の奇襲通報を受けて出撃する。静岡県御前崎上空で遭遇し、攻撃を受けて翼が折れた状態で体当たりし撃墜させたのである。このB－29には定員よりも多い一五人の米兵が乗り込んでおり、その中には視察のために同乗していた幹部級の将校もいた。[4]盧は身をもって皇土防衛の任を達成したとされ、その功績は「帝国軍人の亀鑑」として新聞で大きく報じられた。

彼は、戦時中は空襲で国民を恐怖のどん底に突き落としたB－29を見事撃墜した軍神として称えられ、記憶・顕彰されていたが、GHQの占領下ではその存在について触れることはできなかった。だが、サンフランシスコ講和条約が発効され、日本が独立すると、今度は悲劇の主人公として語られるようになる。一方、植民地時代の朝鮮では、半島の神鷲として讃えられたが、解放後の韓国では、日本軍に志願した特攻隊員という理由で「親日」のレッテルを貼られている。二〇〇〇年になって見つかった遺族が遺骨の受け取りを拒否したのはそのためである。なぜ、朝鮮人特攻隊員に対する国民意識にこのような大きな違いが見られるのだろうか。

盧龍愚は一九二二年一二月二三日、朝鮮京畿道水原郡松山面で長男として生まれた。朝鮮総督府が第二次朝鮮教育令を出し、さらなる「忠良な臣民」育成を目標に掲げて、日本語の普及と皇民化教育を徹底した時代に少年期を送った。朝鮮総督府の武断政治から文化政治への政策転換は、朝鮮の隅々まで浸透し、朝鮮社会や朝鮮人の生活そのものを支配していった。そうしたなかで、彼は成長したのである。

盧龍愚は一九三六年に公立商業学校のなかでも、最もレベルの高い仁川北商業普通学校に進学するが、最大の関心は「飛行機」にあった。海軍雑誌『海と空』を読むのが唯一の趣味で、大人顔負けの専門知識を持った航空少年であった。豪華なアート紙に印刷された、機体の細部まで鮮明な雑誌の写真が好きで、新聞もつねに飛行機の記事しか見なかったという。[5] その後一九四一年四月、弁護士になるべく司法試験合格率の最も高い京城法学専門学校（現・ソウル大学校法学部）に入学する。そして、京城法学専門学校校長・増田道義の強い推薦によって日本軍に入隊することになる。増田は皇民化教育の熱心な信者として、京城法学専門学校の在校生七六人全員を海軍予備学校と陸軍特別操縦見習士官に志願させた人であった。[6] 増田は戦後になって盧龍愚についてこう振り返っている。

河田少尉は、私が京城法学専門学校長のときの愛弟子であり、朝鮮人生徒二百名が陸軍特別操縦見習士官を志願したときに、私は彼を選んで推薦した。彼は三年間私から日本精神とともに剣道をたたきこまれた。ことに私の突きの精神、すなわち国のため己を捨て、無心となって敵を倒すことを体得したのである。[7]

盧龍愚を選んで推薦したのは自分であると強調している文章である。盧は一九四三年一〇月、陸軍特別操縦見習士官第一期生として選抜され、戦闘機パイロットの道を歩みだす。当時、延禧専門学校（現・延世大学校）の校長だった辛島驍によると、一九四三年一一月に各専門学校長は朝鮮総督府に呼び出され、決定的な通告を受けたという。自校の適格者全員を志願させ、非志願者には理由を厳しく問うようにとのことであった。[8] 朝鮮総督府や学校側が志願を強制した事実を裏付ける証言である。

盧龍愚の遺骨は、敗戦を迎えるまで軍神として中部軍司令部などに分けて安置されたが、一九五八年一一月に厚生省援護局に移管された。その後、一九七一年に朝鮮半島出身の軍人・軍属の遺骨とともに、東京目黒区の寺院・祐天寺に移される。韓国政府と日本政府は、日韓基本条約が結ばれた一九六五年以降、本格的に遺骨返還協議を始めるが、両国の主張が一致せず、祐天寺で保管するようになったのだ。

二〇〇〇年に日本の厚生省は韓国政府に対し、盧龍愚の遺族に遺骨の受け取り意思の確認を依頼する。だが、元警察幹部の弟は、民族の裏切り者扱いされている兄の遺骨の受け取りを拒否した。特攻隊員は

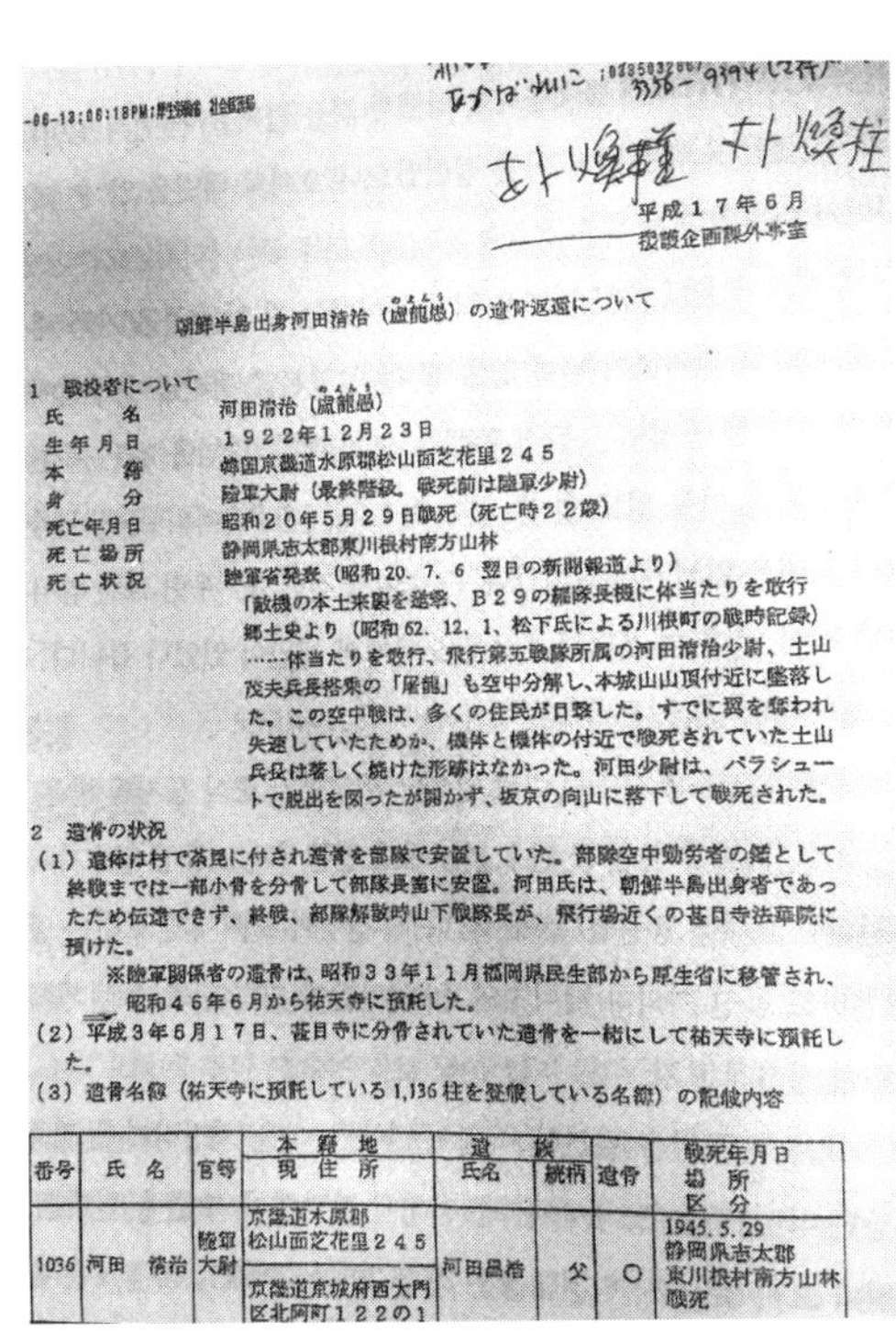
平成１７年６月
援護企画課外事室

朝鮮半島出身河田清治（盧龍愚）の遺骨返還について

1　戦没者について
氏　　名　河田清治（盧龍愚）
生年月日　１９２２年１２月２３日
本　　籍　韓国京畿道水原郡松山面芝花里２４５
身　　分　陸軍大尉（最終階級、戦死前は陸軍少尉）
死亡年月日　昭和２０年５月２９日戦死（死亡時２２歳）
死亡場所　静岡県志太郡東川根村南方山林
死亡状況　陸軍省発表（昭和 20．7．6 翌日の新聞報道より）
「敵機の本土来襲を邀撃、Ｂ２９の編隊長機に体当たりを敢行
郷土史より（昭和 62．12．1、松下氏による川根町の戦時記録）
……体当たりを敢行、飛行第五戦隊所属の河田清治少尉、土山茂夫兵長搭乗の「屠龍」も空中分解し、本城山山頂付近に墜落した。この空中戦は、多くの住民が目撃した。すでに翼を奪われ失速していたためか、機体と機体の付近で戦死されていた土山兵長は著しく焼けた形跡はなかった。河田少尉は、パラシュートで脱出を図ったが開かず、坂京の向山に落下して戦死された。

2　遺骨の状況
（1）遺体は村で荼毘に付され遺骨を部隊で安置していた。部隊空中勤務者の鑑として終戦までは一部小骨を分骨して部隊長室に安置。河田氏は、朝鮮半島出身者であったため伝達できず、終戦、部隊解散時山下戦隊長が、飛行場近くの甚目寺法華院に預けた。
※陸軍関係者の遺骨は、昭和３３年１１月福岡県民生部から厚生省に移管され、昭和４６年６月から祐天寺に預託した。
（2）平成３年６月１７日、甚目寺に分骨されていた遺骨を一緒にして祐天寺に預託した。
（3）遺骨名簿（祐天寺に預託している1,136柱を登載している名簿）の記載内容

番号	氏名	官等	本籍地 / 現住所	遺族 氏名	続柄	遺骨	戦死年月日 / 場所 / 区分
1036	河田　清治	陸軍大尉	京畿道水原郡松山面芝花里２４５ / 京畿道京城府西大門区北阿町１２２の１	河田昌治	父	○	1945.5.29 静岡県志太郡東川根村南方山林 戦死

図２　日本政府が盧龍愚の韓国人遺族に送った遺骨返還に関する公文書（2005年）
出典：吉倫亨『私は朝鮮人神風だ』西海文集，2021年，330頁［ソウル］。

天皇と日本のために戦死したという意識が韓国社会ではいまだに強く、兄の遺骨を受け入れることは到底できなかったのである。盧がふたたび注目されるのは、二〇〇四年以降のことである。植民地支配と戦時動員の問題を本格的に調べる「日帝強占下強制動員被害真相糾明委員会」が韓国で発足し、朝鮮人兵士戦死者の遺骨返還がある程度成果をあげた。結局のところ、数年前に他の兄弟が拒否していたことを知らなかった妹が二〇〇五年に遺骨を受け取ったのである。遺骨は韓国天安市にある「望郷の丘」に葬られた。

朝鮮人特攻隊員を死に向かわせたものとは何なのか。二人の戦死を、今現在を生きている私たちはどのように受け止めれば良いのだろうか。二人の特攻死は、日韓社会に何を語りかけているのだろうか。

第二節 「半島の神鷲」と異なる植民地の記憶

特別攻撃隊の誕生

一九四一年一二月、日本海軍はアメリカの真珠湾を奇襲攻撃し、アジア・太平洋戦争が始まった。当初は日本軍がオーストラリア北部沖まで進出するなど戦果をあげたものの、一九四二年のガダルカナルの戦いで戦局は大きく転換する。一九四四年六月にはマリアナ沖海戦で惨敗し、七月にグアム島、サイパン島などでも次々と大打撃を受け、劣勢を極めていった。一九四四年に入ってからの度重なる敗北により、本土が激しい空襲にさらされるのは時間の問題となった。この時点で、普通の作戦ではアメリカに対抗できるめどが立たなくなったのである。敗戦を避けるためには、フィリピンは絶対に死守しなければならない戦略的に非常に重要な地域であり、この状況を打開すべく考案されたのが、航空機や回天などの兵器に大きな爆弾を装着し、搭乗員もろとも敵艦船に体当たりする特攻作戦であった。国力で連合国に劣る日本は、損害をできるだけ少なくして戦果をあげなければならなかったのである。

特攻作戦に対する批判はあったものの、一九四四年一〇月に日本海軍は第一航空艦隊司令長官・大西瀧治郎中将の提起を受けて、初の特攻隊である敷島隊・大和隊・朝日隊・山桜隊を編成した。海軍による「神風特別攻撃隊」の誕生である。[9] 航空特攻第一陣は、同年一〇月フィリピンレイテ沖海戦において初めて出撃することとなる。初出撃で敷島隊が米護衛空母を撃沈させるなど大戦果をあげてから、海軍執行部は特攻作戦の甚大な効果に改めて気づかされる。初出撃の成功を受けて、特攻作戦は大西の意志通りに継続され、さらに拡大した。そして、陸軍も海軍の出撃から半月後の同年一一月より特別攻撃隊の作戦を開始し、沖縄戦を中心に一九四五年の敗戦まで必死に続けたのだった。特攻機による艦船攻撃は海軍だけでなく陸軍航空隊も積極的に行ったが、航空機が不足した戦争末期には練習機まで駆り出された。劣勢に追い込まれるなか、特攻が陸海軍航空部隊の主要な戦法となっていくのである。

しかし、最初の頃は志願する者がおらず、困り果てた大西と海軍首脳部が海軍兵学校出身の士官に特攻隊員になるよう命令したとされている。このとき特攻隊員となったパイロットの記録が、大貫恵美子の研究で明らかになっている。特攻隊員のなかには、特攻作戦を批判して、体当たりせずとも敵母艦の飛行甲板に五〇番（五〇〇キロ爆弾）を命中させて還る自信があると語る人もいた。また、自分は、天皇のためにとか、日本帝国のためにとかで征くのではなく、最愛のＫＡ（海軍隠語で妻のこと）のため征くのだと強調した人もいたという。[10] 少なくともこのような作戦が実行されること自体が、日本社会や組織が疲弊の極みに陥っている証だと、現場の兵士たちは肌で感じていたのである。

特攻攻撃とは主に、爆弾を搭載した航空機で艦船に体当たりすることを指すが、実際は水上特攻と水中特攻もあった。震洋などのモーターボートによる敵戦艦への体当たり攻撃や、爆弾を積んだ一人乗りの改造人間魚雷回天で敵艦船に突っ込む攻撃など、多様な形態があった。そのなかで最も規模が大きかったのが、いわゆる「航空特攻」だったのである。

特攻作戦は、兵士の生還を前提としたこれまでの作戦とはまったく次元が異なっていた。兵士が死ぬことを前提とし、その死をもって戦果をあげる「必死」の攻撃であった。かつても兵士が自ら敵陣に突っ込み死んだ事例はあるものの、難しいとはいえ生還の可能性は残されていた。しかしながら、この特攻作戦では、一度出撃したら生還の可能性はまったくなく、死しか選択肢はなかった。要するに、自殺行為の戦法であった。また、戦闘機に不具合が生じたり、天候などの理由で、たとえ基地に帰還したとしても、その隊員には成功するまで何度も出撃命令が下された。隊員が乗り込む戦闘機には片道の燃料しか積まれておらず、爆弾も投下できないように機体に固定されていたことからも、生還の可能性がゼロに近く、死をもって戦果を証明しなければならない、個人の人間性を無視した作戦であったことが容易に理解できる。人間を兵器に使った特攻は、「九死に一生」どころか攻撃の成功がそのまま死を意味する「十死零生」の作戦であり、世界の戦争史でも類を見ないものであった[11]。戦況が悪化するなか、攻撃に熟練した操縦士や飛行機をすでに多く失っていたこと、新たな操縦士の養成にはかなりの時間を要すること、そして飛行機の生産が追いつかなかったことも特攻作戦に踏み切った重要な理由であった。

しかしながら、特攻作戦に使われた戦闘機は空戦用に作られた零戦を改修したものが多く、総数約三三〇〇機のうち、敵の艦船に命中したのは一一・六%、至近距離への突入は五・七%に過ぎなかったという[12]。途中で敵戦隊に見つかって撃墜されてしまい、目的地にたどり着くことすらできない場合も多かった。つまり、特攻作戦の成功率は決して高くはなかったのである。特攻による戦死者数は、航空特攻だけでも、陸軍が一三二七人、海軍が二六一六人である[13]。水上特攻なども含めた全戦死者は陸海軍合計で四一六〇名に上り、陸軍の少年飛行兵、海軍の飛行予科練習生出身者がそのかなりの割合を占めていた[14]。最年少は一六歳で、一八歳以下が二〇七人(海軍一七八人、陸軍二九人)いた[15]。多くは、一九四三年に大学を繰り上げ卒業し志願入隊したか、同じ年に学業半ばで徴兵され、学徒出陣をした青年航空兵であった。

日本国内では大刀洗(陸軍)、知覧(陸軍)、万世(陸軍)、鹿屋(海軍)、都城西・東(陸軍)など九州の各地、そして当時統治下にあった台湾の基地から出撃しているが、そのなかでも陸軍の特攻機がいちばん多く出撃したのが、沖縄に最も近い鹿児島県の陸軍知覧基地であった。そのため知覧基地は陸軍の特攻隊員では最も犠牲者が多かった。

操縦士不足と朝鮮人特攻隊員

二〇世紀初頭の日本による朝鮮の植民地支配は、未だに政治的・歴史的な論争が繰り広げられている。しかし同時に、歴史学や政治学、文化史などの領域の多岐にわたる研究によって植民地政策の様々な側面が明らかになりつつある。

アジア・太平洋戦争では、決して少なくない数の朝鮮人青年が犠牲となった。志願兵制や徴兵制により、日本軍には多数の朝鮮人兵士がいた。一九四九年に公安調査庁が出した『在日本朝鮮人の概況』によると、敗戦時に陸軍には一八万六九八〇人、海軍には二万二二九九人の朝鮮人兵士が所属しており、軍属は陸軍が七万四二二四人、海軍が八万四四八三人であった。両軍で軍人が二〇万九二七九人、軍属が一五万四九〇七人であり、総数は三六万四一八六人にも及ぶ[16]。日本の軍隊と行動をともにした朝鮮人軍夫を加えると、志願・動員された朝鮮人の数は膨大であるが、多くが戦争の犠牲となった。ここには陸軍特別攻撃隊として戦死した一七名の朝鮮人特攻隊員も含まれる。

近年、アジア・太平洋戦争と植民地支配に関する研究は盛んになりつつあるものの、朝鮮人特攻隊員の包括的な研究はいまだ少なく、その実態は明らかにされていない。彼らがどのような経緯を経て帝国日本の軍人となり、犠牲になったのか、総合的な分析はほとんど存在しないのである。特に、海軍特別攻撃隊における朝鮮人兵士の存在はいまでも確認されておらず、さらなる調査が必要である。調査が進めば、朝鮮人特攻隊員の犠牲者はさらに増えるだろう[17]。もちろん、特攻隊員に選ばれたが、出撃する前に敗戦を迎えるなどして生き残った朝鮮人兵士も多い。

特攻死した朝鮮人特攻隊員の詳細が現在までも明らかになっていない主な理由は、朝鮮人のなかには本来の朝鮮の名前（本名）や日本名（通名）、それらとは別の法律上の名前を持つ人が少なくなかったためである。一九四〇年から実施された「創氏改名」政策により、朝鮮人は本来の姓名ではなく、日本名を使用するよう強制された。また、日本へ渡った朝鮮人には、強制的な創氏改名が始まる以前から通名として日本人風の名前を名乗っている者が多かった。日本名にしなければ、就職の不採用や解雇、渡航許可を出さないなど、日本で生活するにあたって不利益を被る可能性があったためである。名前の使い分けは、彼らにとっては生活に影響する切実な問題であった。日本名を使った朝鮮人が戦死した場合、日本軍は戦死者名簿に日本名で載せたため、名簿を見ただけでは、その人が朝鮮人なのかどうか判断できない。それゆえ、朝鮮人兵士が戦死して遺族が見つからない場合、本名が不明のまま彼らは忘れ去られることになる。このように特攻作戦に参加し死んだ朝鮮人を探すのは容易ではない。また、特攻が本格化した一九四五年には、日本軍にはもはや正確な情報を収集し把握する力がほぼなかったことも大きな理由として挙げられる。

では、どのような経緯で朝鮮人特攻隊員は生まれたのだろうか。これについては第二章で詳しく分析するが、戦局の悪化に伴う緊急の措置であった。戦線が拡大し軍事動員が強化されるなか、熟練したパイロットや整備士の養成は喫緊の課題であり、戦争の行く末を左右するといっても過言ではなかった。そこで朝鮮総督府は、朝鮮人が操縦士に志願できる陸軍少年飛行兵、航空機乗員養成所、陸軍特別操縦見習士官、特別幹部候補生制度などを導入・整備し、朝鮮人にも戦争に参加し皇国臣民として「死ぬ権利」を与えたのである。この制度に志願し、合格した朝鮮人青年は日本本土で本格的な教育と訓練を受け、日本軍のパイロットになった。表1は、日本陸軍が特攻死と認めた朝鮮人特攻隊員の一覧である。

この一七名以外にも、航空機乗員養成所一〇期生で出撃途中に墜落死した近藤白英（本名不明）や、陸軍少年飛行兵一四期生で飛行機に放火した罪に問われ、朝鮮が解放される一週間前の一九四五年八月九日に死刑に処された山本辰雄（本名不明）がいる。山本の事件は、彼が朝鮮人であるがゆえの冤罪だったのでは、と林えいだいは結論づけている。[18] また、特別幹部候補生制度一期生の金山常吉（本名不明）は、特攻死ではないが、基地へ移動中に敵機の攻撃を受けて戦死した。[19]

出身学校	出身期別	部隊名	階級変動	戦死場所
開城商業	少飛 13 期	第 4 航空軍 靖国隊	伍長→少尉	比島レイテ湾
宣川昭和国民学校高等科	少飛 12 期	第 4 航空軍 勤皇隊	伍長→少尉	オルモック湾
不明	特幹（出身期不明）	飛行第 15 戦隊	不明	比島ナスグブ沖
福岡工業	航養 12 期	第 8 飛行師団 独飛第 23 中隊	軍曹→少尉	那覇西方洋上
興南公立工業	少飛 15 期	第 8 飛行師団 誠第 41 飛行隊	伍長→少尉	沖縄本島海域
日本陸軍士官	陸士 56 期	第 6 航空軍 飛行第 66 戦隊	中尉→少佐	沖縄周辺洋上
延禧専門	特操 1 期	第 8 飛行師団 誠第 32 飛行隊	少尉→大尉	沖縄西方洋上
不明	少飛 14 期	第 6 航空軍 第 106 振武隊	伍長→少尉	沖縄周辺洋上
不明	航養 5 期	第 80 振武隊	軍曹→少尉	沖縄周辺洋上
不明	少飛 15 期	第 77 振武隊	伍長→少尉	沖縄周辺洋上
京都薬学専門	特操 1 期	第 51 振武隊	少尉→大尉	沖縄飛行場西海面
岩倉鉄道学校	少飛 15 期	第 8 飛行師団 誠第 120 飛行隊	伍長→少尉	沖縄周辺洋上
漢榮中等学院	少飛 14 期	第 6 航空軍 第 431 振武隊	伍長→少尉	沖縄周辺洋上
京城景福中学	少飛 14 期	第 6 航空軍 第 431 振武隊	伍長→少尉	沖縄周辺洋上
京城法学専門	特操 1 期	飛行第 5 戦隊	少尉→大尉	静岡御前崎上空
徳島高等工業	特操 1 期	第 8 飛行師団 飛行第 20 戦隊	少尉→大尉	沖縄周辺洋上
京城高等工業	少飛 15 期	第 6 航空軍 第 113 振武隊	伍長→少尉	沖縄周辺洋上

出典：裵姈美・酒井裕美・野木香里「朝鮮人特攻隊員に関する一考察」森村敏己編集代表『視覚表象と集合的記憶——歴史・現在・戦争』旬報社，2006 年。山口隆『他者の特攻』社会評論社，2010 年。吉倫亭『私は朝鮮人神風だ』西海文集，2012 年［ソウル］。その他，『毎日新報』をはじめ，知覧特攻平和会館やホタル館富屋食堂の展示を参照して作成。また，出身期別は，陸軍少年飛行兵は「少飛」，航空機乗員養成所は「航養」，陸軍特別操縦見習士官は「特操」，特別幹部候補生制度は「特幹」と記した。

表1　特攻死した朝鮮人特攻隊員

本名	日本名	戦死年月日	年齢
印在雄	松井秀雄	1944.11.29	20
林長守	林長守	1944.12. 7	20
不明	野山在旭	1945. 1.30	21
不明	岩本光守	1945. 3.26	20
朴東薫	大河正明	1945. 3.29	17
崔貞根	高山昇	1945. 4. 2	24
金尚弼	結城尚弼	1945. 4. 3	25
不明	河東繁	1945. 4.16	18
李允範	平木義範	1945. 4.22	23
不明	木村正碩	1945. 4.28	不明
卓庚鉉	光山文博	1945. 5.11	25
尹在文	東局一文	1945. 5.12	18
李賢哉	広岡賢哉	1945. 5.27	18
金光永	金田光永	1945. 5.28	18
盧龍愚	河田清治	1945. 5.29	24
不明	石橋志郎	1945. 5.29	27
韓鼎實	清原鼎實	1945. 6. 6	20

このように朝鮮人隊員は、多様な航空教育を受け、戦死していった。このうち最も戦死者が多かったのは陸軍少年飛行兵で、最年少の一七歳で特攻死した朴東薫をはじめ、二〇歳前後が大半を占めている。陸軍特別操縦見習士官は高等教育機関の卒業生や在学生だったため、二〇代半ばで特攻死した人が多い。戦死後は全員が二階級から四階級の特進をしている。

先述したように、特攻は航空特攻だけではなく、水上、水中など様々な形で行われており、その体験は一様ではなかったが、本書では、陸軍特別攻撃隊による航空特攻に焦点を当てて分析を行う。死を覚悟していたとはいえ、生への執着や家族への想いなど彼らは葛藤したことだろう。尋常な精神力では耐えられない、つらい時間を経験したと考えられる。本書では、朝鮮人として特攻死した特攻隊員の実態と内面を可能な限り明らかにしながら、日本の植民地支配の暴力性と戦争責任、日本と韓国の歴史認識について批判的に考察していきたい。

日韓両国における朝鮮人特攻隊員に関する意識の違い

戦時中、「半島の神鷲」「軍神」として讃えられた朝鮮人特攻隊員は、植民地解放後の韓国では歴史の汚点と見なされ、長い間歴史の記憶から抹消されてきた。朝鮮人兵士・軍属のなかには、強制的な動員による犠牲者がいたにもかかわらず、解放後の韓国社会では必ずしも植民地支配の犠牲者・被害者とは認められなかったのである。特に、朝鮮人特攻戦死者に関しては、特攻隊員に関する様々な出来事が表面化することはあっても、戦後から現在まで社会的評価は一貫して否定的である。その影響もあり、韓国の歴史学界では植民地支配と朝鮮総督府の統治政策、アジア・太平洋戦争の戦時動員問題については一定の研究蓄積があるものの、朝鮮人特攻隊員の存在は看過され、包括的研究は見られない。

一方、日本の歴史社会学、戦争社会学では、特攻作戦に関する研究は著しい進展を見せている。特攻作戦の成り立ちと特攻隊員の手記と日記、特攻隊が生み出した価値観、特攻隊への志願可否、特攻兵器研究、特攻帰還者、戦後特攻の慰霊顕彰事業等々、数多くの歴史社会学的な検証が進んでいる。特別攻撃隊の体当たり戦法を自殺行為の愚策とし、軍部指導者らの人間性を無視した作戦を厳しく批判する研究がある一方、特攻作戦そのものを肯定的に評価し美化する右寄りの論調もみられる。

二〇〇〇年以降は、特攻隊員を扱った小説や映画が次々と公開された。小さな漁村で妻と暮らす元特攻隊員の苦悩と戦友の巡礼を描いた高倉健主演の映画『ホタル』（二〇〇一年）と、石原慎太郎元東京都知事製作の特攻映画『俺は、君のためにこそ死ににいく』（二〇〇七年）は、社会的に大きな話題となった。また、百田尚樹の小説『永遠の0』（二〇〇六年）やこれを原作とした映画『永遠の0』（二〇一三年）が大ヒットするなど、戦争と特攻隊をめぐる記憶が日本社会で人気を集め、消費されたのである。

見逃すことができないのは、これらの作品に登場する朝鮮人特攻隊員の存在である。映画『ホタル』と『俺は、君のためにこそ死ににいく』では、鹿児島県知覧特攻基地から出撃する前夜に陸軍指定食堂・富屋食堂を訪れ、朝鮮半島に伝わる民謡「アリラン」を歌ったとされる朝鮮人特攻隊員・卓庚鉉（日本名・光山文博）が取り上げられている。だが、朝鮮人特攻隊員は、一般的に物語をより劇的にする素材として用いられることが多く、特攻作戦の悲哀性や「アリラン特攻」に象徴されるように「感動」のイメージが強調された。朝鮮人特攻隊員は特攻映画の素材、関心を集める装置として簡単に描かれているに過ぎなかったのである。さらに、映画では「特攻の母」と呼ばれる鳥濱トメが、死を目前にした朝鮮人特攻隊員をはじめ、多くの特攻隊員を献身的に世話したというエピソードがかなり強調された。要するに、日本人の感情と涙に訴える美談だけが語られたのである。こうした植民地支配に対する日本社会の認識の欠如は、一九八〇年代から進められた朝鮮人特攻隊員の遺族の慰霊祭参加と慰霊碑建立問題にも見られる特徴である。「日韓親善」「日韓交流」の手段として位置づけられた朝鮮人特攻隊員の慰霊には、戦争と植民地支配についての真摯な議論と反省はどこにも見られなかったのである。

なぜ、両国間には特攻隊員をめぐる議論や変容プロセス、歴史認識と国民意識に大きな違いが見られるのだろうか。その社会的・歴史的背景は何なのだろうか。

第三節　本書の分析視角と内容

本書の問い

朝鮮出身の隊員は従来の特攻研究で見過ごされてきており、日韓両国の政治的・社会的状況などと相まって、長らく議論や学術研究の対象にならなかった。日本でも韓国でも忘却されてきた存在であり、日韓の狭間で「歴史の空白」として残っていたのである。

本書はまず、朝鮮人特攻隊員はいかなる社会背景のもとで、どのようなプロセスを経て成立・誕生したのか。なぜ朝鮮人青年が「他者」として特攻隊員になり、どのような教育を受けて戦死したのか。朝鮮総督府の公文書や官報、総督府の機関紙『毎日申報』[20]（『毎日新報』）や『京城日報』（日本語新聞）をはじめ、『釜山日報』『朝鮮時報』といった当時の朝鮮の新聞、戦時下日本の『読売新聞』『東京朝日新聞』『大阪朝日新聞』『鹿児島日報』などを分析し、その実態について歴史社会学的に明らかにする。日韓社会で長らく取り上げられてこなかった朝鮮人特攻隊員という戦跡が、再び「発見」「消費」されるようになったのは、メディアの影響が大きい。メディアはいつ、いかに朝鮮人特攻隊員を発見し、描いたのか。メディアは朝鮮人特攻隊員にまつわる戦史とその記憶をどのように扱ってきたのかを分析するとともに、その表象が両国でいかに異なっていたのかを明らかにする。

続いて、ＧＨＱの占領と朝鮮半島の南北分断、冷戦の激化と朝鮮戦争、それに伴う再軍備の推進、新たな国民国家政権の成立、軍事政権の樹立と民主化、植民地支配と戦争をめぐる歴史認識の葛藤といった政治・社会背景の変化が、朝鮮人特攻隊員の評価にどうつながり、両国の歴史認識や戦争観の形成にいかに関わったのかを検討する。日韓社会の政治・文化的文脈に、朝鮮人特攻隊員はどのように位置づけられたのか、合わせて考える。

本書全体を貫くのは、戦前から現在まで朝鮮人特攻隊員に対するイメージ・意識が日韓でいかに異なり、どのような変容を遂げて社会に受け入れられてきたのかという点である。そのため本書は、特定の一人に焦点を当てるのではなく、できるだけ多くの隊員を対象とし、植民地政策史上の位置、「同化」政治の力学、朝鮮人特攻隊員の記憶が創出される過程などを両国の社会環境とメディアとの相互作用に注目しながら分析を進める。これらの分析を通して、朝鮮人特攻隊員をめぐる日韓両国における戦争体験・記憶のずれ、歴史認識の違いが生じる要因や社会背景を考察しつつ、両国の国民意識を明らかにする。

朝鮮人特攻隊員の研究は、単に戦争とナショナリズムに着目するものではない社会分析である。戦前から現在までの植民地統治と歴史認識を浮き彫りにし、両国の戦争観や国民意識の形成、社会的特質を問ううえで大きな意義を持つ。旧植民地朝鮮で形成された特攻隊員と植民地支配との関係を解明し、日本が植民地に持ち込んだ「暴力」は日本にとって同時代性を帯びるものであることを明確にしつつ、日本と韓国との記憶のずれと対話の可能性を再考することも本書の狙いである。朝鮮人特攻隊員を通して日韓の近現代史を問うことは、現在の私たちの課題を見直すことにもつながるのである。

朝鮮人特攻隊員は両国でどのような存在として記憶され語られてきたのか。その記憶を「親日」と「感動」という言葉に矮小化してよいのだろうか。

本書の構成

本書は、序章から終章まで全一〇章で構成されている。第一章から第三章までは、戦前・戦時中の植民地朝鮮が主な分析対象であり、朝鮮総督府と朝鮮軍による航空政策と戦時動員政策に注目し、朝鮮人特攻隊員が誕生する歴史と過程に注目する。第四章から終章までは、戦後初期から現在までの両国における記憶と忘却、統合と分裂、消費と清算を歴史社会学の視点から論じていく。両国の政治的状況や様々な力学を検討しつつ、特攻隊員をめぐる議論や両国民の受容の歴史を詳細に考察する。

第一章では、朝鮮総督府の「内鮮一体」政策・皇民化政策に注目しながら、身体管理・規律化政策について論述する。また、戦争遂行のために、経済・物的収奪から朝鮮人の強制連行や陸軍特別志願兵令と志願兵制、徴兵制などの実施まで、人力収奪へ発展するプロセス、本格的な戦争動員の対象になっていく朝鮮人を分析する。

第二章では、植民地時代における科学談論と最先端技術「飛行機」に与えられた認識やイデオロギーの様相を描く。さらに、朝鮮人の学校教育・日常生活に飛行機が浸透していくプロセスと航空熱の高揚、航空兵力として巻き込まれていく朝鮮人青年を考察する。また、朝鮮人特攻隊員が誕生するプロセスや朝鮮人青年の志願した背景・理由を解き明かす。

第三章は、朝鮮人特攻隊員のなかで、初めて戦死した印在雄（日本名・松井秀雄）と最後の戦死者・韓鼎實（日本名・清原鼎實）をはじめ、林長守、朴東薫（日本名・大河正明）、李賢哉（日本名・広岡賢哉）、金光永（日本名・金田光永）を取り上げて、彼らが軍神になるプロセスを洗い出していく。加えて、朝鮮人が特攻隊員となり特攻死したという事実が、戦争動員のための絶好の宣伝道具とされる過程を詳細に分析する。

続く第四章では、戦後初期GHQの占領と独立、朝鮮半島の南北分断と朝鮮戦争の勃発、韓国の軍事政権の誕生が、特攻隊や朝鮮人特攻隊員に対するいかなる評価につながり、どのような意識を生み出したのかについて明らかにする。特に、韓国が軍事政権下で国家アイデンティティや正統性の樹立のため推進した「反共」「反日」主義のイデオロギーと、そのなかで排除・忘却される朝鮮人特攻隊員の記憶と多様な力学を析出する。

第五章では、一九八〇年代から九〇年代にかけて、日韓両国が朝鮮人特攻隊員とその記憶をどのように扱ってきたのかについて検証する。この時期は、長らく忘れられた存在であった朝鮮人特攻隊員が、両国のメディアと戦友らによって「再発見」された。この再発見には、鹿児島県知覧町の知覧特攻基地戦没者慰霊祭が深く関わっている。一九八〇年代に韓国人遺族らが知覧町の慰霊祭に参加するまでの過程と、朝鮮人特攻隊員の慰霊碑建立計画をめぐる遺族と特操会の葛藤を分析することによって、両国社会における朝鮮人特攻隊員が持つ歴史性と社会性、国民の受け止め方を浮き彫りにする。

第六章では、鳥濱トメやなでしこ会といった「語り部」と特攻隊員との関わりに着目する。出撃前の特攻隊員と交流した彼女らは、戦後はその最後の様子などを語り部として多くの人に伝えた。特に鳥濱トメは「特攻の母」と呼ばれるようになり、特攻と朝鮮人特攻隊員を語るうえで必要不可欠な存在となっていた。「アリラン特攻」として映画だけでなく、多くのメディアで取り上げられている卓庚鉉（日本名・光山文博）が日本社会で「発見」「消費」されるまでになったのは、トメの役割が非常に大きい。

その卓庚鉉は、一体どのような存在だったのか。いつごろから悲劇の主人公として同情を集めながら、本格的に消費されるようになったのか。トメたち語り部は、知覧のイメージ、朝鮮人特攻隊員の物語を紡ぐうえで、いかなる機能を有していたのか。以上のような問題について論じていく。

第七章は、「特攻ブーム」ともいえる二〇〇〇年以降に重点を置き、日本社会の右傾化と歴史修正主義に触れつつ、日韓メディアで描かれる特攻とそれに対する両国民の意識と受容を分析する。本章では、金沢市の石川護國神社の大東亜聖戦大碑と朝鮮人特攻隊員の無断刻銘問題、日本のメディアに見られる戦争と特攻隊の多様な語られ方、特攻とサブカルチャーの領域に焦点を当てて、侵略戦争を肯定的に受け止め、特攻隊を高く評価する大衆的な認識と社会的基盤がいかにして日本社会で創られたのかについて多角的に考察する。また、映画『ホタル』における朝鮮人特攻隊員の登場と韓国上映を取り上げて、韓国での受容状況と日本の「特攻」イメージとの相違を明らかにする。

第八章では、日韓両国の歴史認識の大きな隔たりをまざまざと見せつけた、「アリラン特攻」卓庚鉉の帰郷祈念碑建立をめぐる問題（二〇〇八年）を取り上げる。慰霊観光、戦跡まちづくりをはじめ、植民地支配や歴史認識、靖国問題、戦後補償などが複雑に絡んだこの問題を通して、近現代日韓両国における記憶のずれを浮き彫りにし、朝鮮人特攻隊員が両国でどのように位置づけられ、受け止められてきたのかを検討する。

終章では、朝鮮人特攻隊員の存在を考えるうえで重要な、両国のナショナリズムの問題やわれわれが植民地支配とそこから派生した歴史認識をどのように議論し、向き合うべきなのかについて検討する。朝鮮人特攻隊員が問いかけるものは、植民地支配期の単なる「過去」の問題ではない。本章では、これまでの分析・考察を通して明らかにした日韓両国のナショナリズムや歴史認識を批判的に捉えながら、いかなる対話の可能性が開かれているのかを論じる。果たして朝鮮人特攻隊員の存在は日韓両国に何をもたらしているのだろうか。

以上が、本書の概要である。朝鮮人特攻隊員は日韓国民の意識にどのような刻印を残し、いかなる意識を創出したのだろうか。戦争と同化主義と国家的暴力を押しつけられた植民地朝鮮と、それを強要した帝国日本、戦後は冷戦構造のもとで、反日・反共を国家イデオロギーとして掲げた韓国と、戦前の帝国主義的歴史意識をそのまま継承させた日本という空間で、朝鮮人特攻隊員の問題を通して両国社会の力学を浮き彫りにすることが本書のねらいである。朝鮮人特攻隊員を問うことは、日韓両国の戦前と戦後、そして現代を考えることでもある。

注

(1) NHKは二〇〇四年八月一四日にNHKスペシャル『遺された声――録音盤が語る太平洋戦争』を放送した。この番組では、戦時中に旧満州国でラジオ放送された録音盤二二〇〇枚が初公開され、そこには開拓移民の証言や特攻隊員の遺言など、戦時下の市民・兵士の肉声が刻まれていた。
(2) 「那覇海上で散華した四番目の半島の神鷲 扶揺特攻隊の大河伍長」『毎日新報』一九四五年四月一五日。
(3) 飯尾憲士『開聞丘――爆音とアリランの歌が消えてゆく』集英社、一九八五年、二一八頁。
(4) 公益財団法人特攻隊戦没者慰霊顕彰会『会報 特攻』第一一〇号、二〇一六年五月、一八頁。
(5) 河田宏『内なる祖国へ――ある朝鮮人学徒兵の死』原書房、二〇〇五年、五一―五二頁。
(6) 「米英撃滅は我等が 卒業班ほぼ全員志願――法専生 陸海軍門への熱意爆発」『毎日新報』一九四三年七月一五日。
(7) 増田道義「総督政治の種々相」『別冊1億人の昭和史 日本の植民地史1 朝鮮』毎日新聞社、一九七八年、六九―

七〇頁。

(8) 辛島驍「朝鮮学徒兵の最後」『文藝春秋』第四二巻第一〇号、一九六四年一〇月、二七〇頁。

(9) 神風特別攻撃隊は、海軍による航空特攻隊の総称であり、陸軍は「神風」という名称は使っていない。だが、韓国では特攻といえば、体当たり攻撃による航空特攻のイメージが強く、「神風」という言葉自体が特攻作戦、特攻隊全体を表す。

(10) 大貫恵美子『ねじ曲げられた桜――美意識と軍国主義』岩波書店、二〇〇三年、二五九頁。栗原俊雄『特攻――戦争と日本人』中央公論新社、二〇一五年、四九頁。

(11) 前掲『特攻――戦争と日本人』「はじめに」参照。

(12) 中村秀之『特攻隊映画の系譜学――敗戦日本の哀悼劇』岩波書店、二〇一七年、七頁。

(13) 吉田裕『兵士たちの戦後史――戦後日本社会を支えた人びと』岩波書店、二〇二〇年、一四頁。

(14) 特攻隊の全戦死者四一六〇名のうち、二〇歳以下の若者の占める割合は陸軍で二三・五%、海軍で四三%に及んだ。吉田裕「戦争と特攻隊――いま、問われているもの」『歴史地理教育』第七三三号、二〇〇八年八月号、一四頁。特攻の定義によって、戦死者はかなりの幅がでるが、公益財団法人特攻隊戦没者慰霊顕彰会の理事長・藤田幸生は、特攻作戦の戦死者は、約八〇〇〇人だと主張している。

(15) 山口宗之『陸軍と海軍』清文堂出版、二〇〇〇年、二一〇―二一一頁。

(16) 公安調査庁『在日本朝鮮人の概況』法務府特別審査局、一九四九年、二三頁。

(17) 台湾の場合、日本軍兵士として戦争に参加した人はおよそ二〇万人に及び、そのなかには少なからず特攻隊員が存在したにもかかわらず、いまだに台湾人特攻隊員に関する研究はなされてない。

(18) 林えいだい『重爆特攻さくら弾機――大刀洗飛行場の放火事件』東方出版、二〇〇五年。

(19) 万世特攻慰霊碑奉賛会『よろずよに語り継がん――万世陸軍航空基地概要』二〇〇八年。

(20) 『毎日申報』は一九〇四年七月一八日に、イギリス人によって創刊された民族紙であったが、その後朝鮮総督府に売却され、三六年の間、日本の植民地下で朝鮮総督府の施策を伝える役割を果たした。総督府機関紙という限界があるにもかかわらず、『毎日申報』(『毎日新報』)の史料的価値は非常に高い。それは一九四〇年に『朝鮮日報』

『東亜日報』が廃刊されてから解放までの五年間、朝鮮で発行された唯一の朝鮮語新聞だからである。新聞名は、一九三八年四月二八日までは『毎日申報』であったが、翌二九日から『毎日新報』へと改称した。

第一章　帝国日本による朝鮮支配と戦時動員政策

第一節　内鮮一体と皇国臣民化政策の展開

朝鮮総督・南次郎と朝鮮統治五大政綱

一九三一年に日本軍は中国大陸で軍事作戦を実行した。日本の侵略戦争の開始ともいえる満州事変の勃発である。日本政府はここから戦時体制を本格的に整備していき、植民地朝鮮でもそれを支える体系的な政策を強硬に推し進めた。特に一九三七年七月の盧溝橋事件に端を発した中国との全面的な戦争から日本の敗戦までの八年間は、植民地朝鮮では「皇民化政策期」あるいは「内鮮一体政策期」と呼ばれ、中国とアメリカとの戦争に勝利するために朝鮮の人的・物的資源を動員する様々な政策が展開された。志願兵制、労働者戦時動員、供出、徴兵制など戦争の遂行に直接結びつく政策だけでなく、朝鮮教育令の改正、日本語の常用、皇国臣民の誓詞、神社参拝、創氏改名など「皇民化政策」と呼ばれる各種の政策が強行された。戦線の拡大や長期の総力戦を勝ち抜くため、銃後の朝鮮半島では、内鮮一体の名のもとにあらゆるものを収奪したのである。

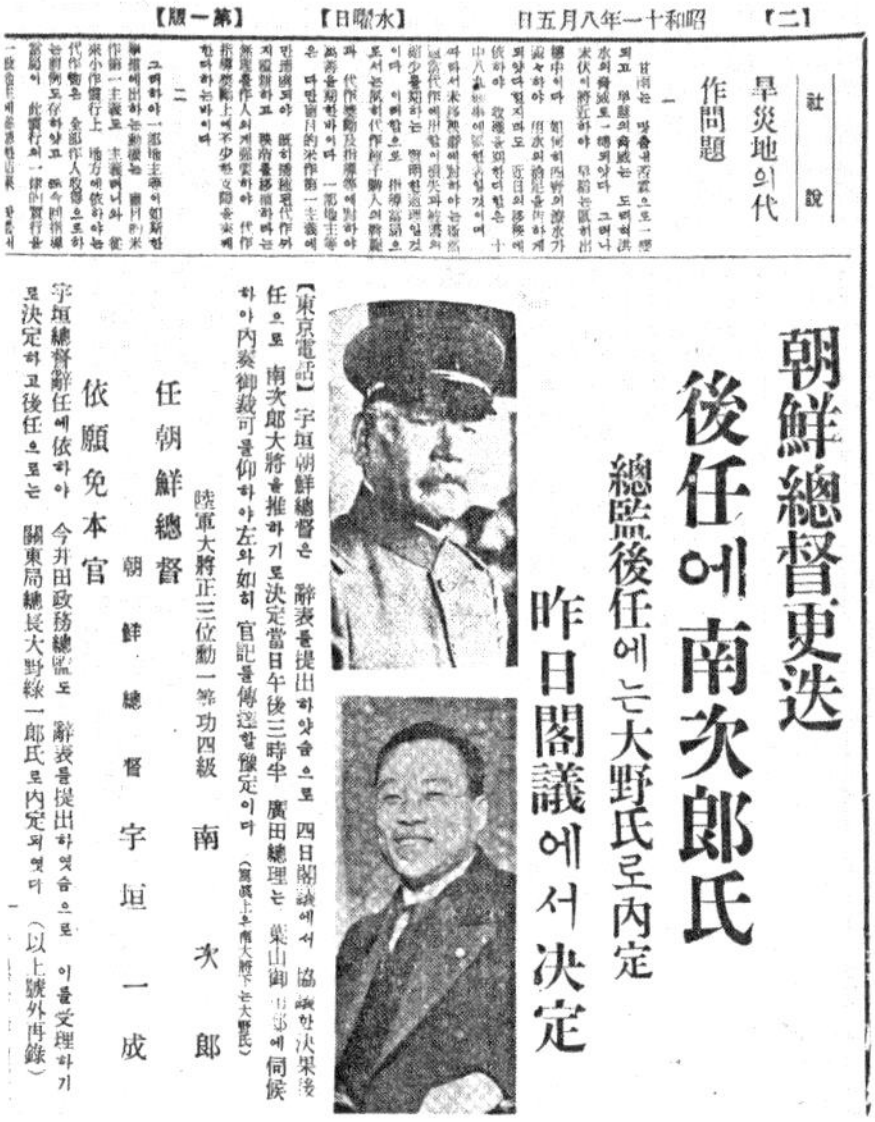

朝鮮總督更迭
後任에 南次郎氏
總監後任에는大野氏로內定
昨日閣議에서決定

【東京電話】宇垣朝鮮總督은 辭表를提出하얏슴으로 四日閣議에서 協議한決果後任으로 南次郎大將을推하기로決定當日午後三時半 廣田總理는 葉山御用邸에伺候하야內奏御裁可를仰하야左와如히 官記를傳達할豫定이다 （寫眞上은南大將下는大野氏）

陸軍大將正三位勳一等功四級 南次郎
任朝鮮總督
朝鮮總督 宇垣一成
依願免本官

宇垣總督辭任에依하야 今井田政務總監도 辭表를提出하엿슴으로 이를受理하기로決定하고後任으로는 關東局總長大野綠一郎氏로內定되엿다 （以上號外再錄）

図3　南次郎陸軍大将の朝鮮総督就任を報道する新聞

出典：『毎日申報』1936年8月5日。

これらの政策を積極的に進めたのは、一九三四年末から三六年三月まで関東軍司令官を務め、一九三六年八月に朝鮮総督に就任した陸軍大将・南次郎であった。[1]朝鮮軍司令官の経験もあって、朝鮮の事情に詳しい南次郎の統治目標は、「内鮮一体＝朝鮮人の日本人化」であり、「半島人を忠良な皇国臣民にする」ことであった。[2]日本の植民地朝鮮に対する同化政策は、南が提唱する内鮮一体で頂点に達した。内鮮一体は、朝鮮で長年にわたって続いてきた朝鮮人の構造的不平等と差別の解消を謳っていたが、実際には朝鮮の民族性や文化を抑圧し消滅させる恐れがあった。このスローガンのもと、日本帝国の忠良な臣民をつくる政策は「皇国臣民化政策」と総称され、それまで差別の対象であった朝鮮人も本格的に管理・統制・動員の対象になりはじめた。

そして一九三七年四月、南総督によって「朝鮮統治五大政綱」が発表される。これは、朝鮮人を皇国臣民化するために、朝鮮と満州の一体化を進める「国体明徴・鮮満一如」をはじめ、教学刷新・農工併進・庶政刷新の統治計画であり、翌五月に天皇への上奏を経て確定された。南総督は就任に際して、早くも「眞に内鮮融和の實を擧げ、一視同仁の御聖旨に副ひ奉りたいと思ふ[3]」と、その後の方針を覗かせているが、五大政綱を発表することで政策の徹底化を図ろうとしたのである。そもそも南は、朝鮮総督を拝命するやいなや朝鮮統治における目標を二つ掲げている。第一は朝鮮に天皇の行幸を仰ぐことであり、第二は朝鮮に徴兵制度を敷くことであった。朝鮮統治五大政綱はこれらを実現するための計画だった[4]。

皇国臣民の誓詞と第三次朝鮮教育令の公布

日中戦争に突入すると日本政府は朝鮮人に対して、戦争の遂行に全面的に協力する皇国臣民としての自覚と精神を求めた。戦時体制が強化されるなか、朝鮮支配政策も大きく転換した。文教・宗教・社会行政を担当した朝鮮総督府学務局は、総督直属の局として皇民化政策を先頭に立って推進し、「皇国臣民の誓詞」や「皇国臣民体操」を朝鮮で実施した。

皇国臣民の誓詞は、一九三七年一〇月二日に制定・公布され、すべての朝鮮学校をはじめ、官庁・職場・地域などの朝会や各種集会、儀式で斉唱を義務づけた。朝鮮総督府は皇国臣民の誓詞の斉唱や神社参拝など制度的なものだけでなく、毎朝、定時に起床して皇居の方角に向かって拝礼する宮城遥拝や、天皇と皇后の写真を御真影として敬うといった、日本的な規律の中心に天皇があることを朝鮮人に日常的に意識させせようとした。

皇国臣民の誓詞には児童用と一般用の二つがあった。初等学校や少年団体などで使用する児童用は、「一 私共ハ大日本帝国ノ臣民デアリマス(国体明徴)。二 私共ハ互ニ心ヲ合セテ、天皇陛下ニ忠義ヲ尽クシマス（内鮮一体）。三　私共ハ忍苦鍛錬シテ、立派ナ強イ国民トナリマス（忍苦鍛錬）」である。中等以上の学校や青年団などで使われる一般用は、「一　我等ハ皇国臣民ナリ、忠誠以テ君国ニ報ゼン（国体明徴）。二　我等皇国臣民ハ互イニ信愛協力シ以テ団結ヲ固クセン（内鮮一体）。三　我等皇国臣民ハ忍苦鍛錬力ヲ養ヒ以テ皇道ヲ宣揚セン（忍苦鍛錬）」である。このように誓詞は、南総督の統治方針である「国体明徴」「内鮮一体」「忍苦鍛錬」を柱に据えていた。[5] 皇国臣民の誓詞の斉唱・宣伝を強化するため、一九三九年秋には、朝鮮教育会が京城の南山に「皇国臣民誓詞之柱」を建立するなど、皇国化のイデオロギーを支える役割を果たした。皇国臣民の誓詞と皇国臣民体操は朝鮮でのみ実施された。

南総督は一九三八年一月に道知事会議訓示で、朝鮮統治の目標が半島の日本化、すなわち「内鮮一体の具現」にあると明言し、その達成に向けて三月四日に「陸軍特別志願兵令」と「第三次朝鮮教育令」を公布した。皇国臣民の育成を究極の目的とした第三次朝鮮教育令は、志願兵制が円滑に実施できるように学制を改革するためのものであった。[6] また、すべての学校で朝鮮語が必須科目から外され随意科目となる一方、国語（日本語）の常用が強要された。公立学校では朝鮮語の授業がほぼなくなり、朝鮮語を使える場が確実に狭まった。日常生活でも、一九四〇年から朝鮮語の日刊紙や雑誌が次々と廃刊され、日本語の強要が一層強まった。内鮮一体政策はいうまでもなく、天皇に絶対的な忠誠を誓わせることを目的とした。

皇国臣民体操の制定と浸透

日中戦争に突入し、朝鮮人兵士の養成や、軍需産業の労働力の確保が重要な課題となった。朝鮮総督府の内鮮一体・皇国臣民化政策のもと、衛生・健康や身体規律に関わるスローガンが多くの朝鮮人の生活を縛るようになり、学校がその中心に置かれた。生徒の身体を国家資産とみなした朝鮮総督府にとって、彼らの身長、体重、清潔程度、健康状態、運動能力などを評価し、分類して監視することは重要であった。学校は、忍耐強く従順な国民を養成する場となり、訓育を通じて生徒を経済的生産と戦争に相応しい身体、社会秩序に馴致する身体に仕上げる役割を担った。

このようななか、朝鮮統治五大政綱の一つであった「教学の刷新」に基づいて学校で実施されたのが、「皇国臣民体操」である。皇国臣民体操が制定される六日前の一〇月二日には「皇国臣民の誓詞」が制定されており、皇国臣民体操はこの中の「動的體認の實践部面」(7)として制定されたといえよう。

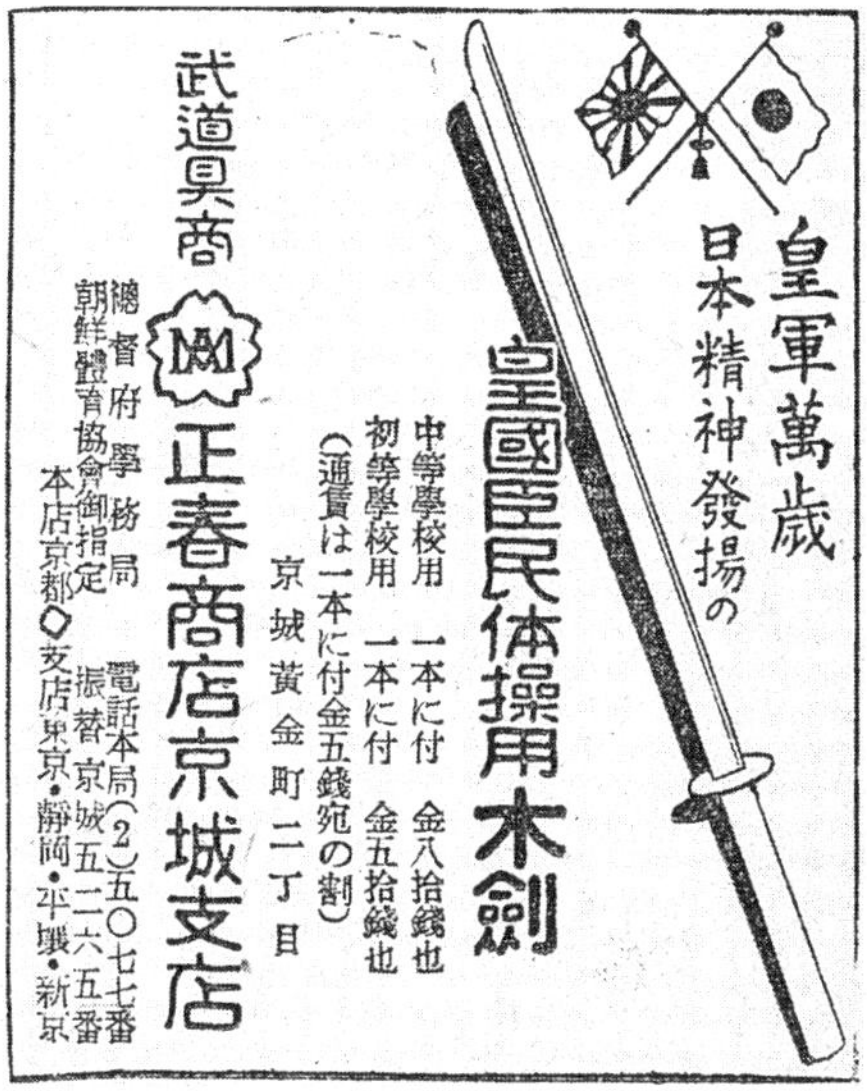

皇国臣民体操の目的と趣旨は、一九三七年一〇月八日に朝鮮総督府が通牒として公布した「皇国臣民体操趣旨書」を通じて確認できる。この趣旨書は、武道の技を体得することが目的ではなく、身体の錬成、精神の統一、日本の武道精神や日本精神の体得、気魄の涵養を通じて皇国臣民を作るこ

皇軍萬歳
日本精神發揚の
皇國臣民体操用木劍
中等學校用　一本に付　金八拾錢也
初等學校用　一本に付　金五拾錢也
(運賃は一本に付金五錢宛の割)
京城黄金町二丁目
武道具商
正春商店京城支店
總督府學務局
朝鮮體育協會御指定
電話本局(2)五〇七七番
振替京城五二六五番
本店京都　支店東京・靜岡・平壤・新京

図4　皇国臣民体操用木剣の販売広告
出典：『朝鮮新聞』1937年11月30日。

とが目的だと繰り返し強調している。[8] この目的以外にも、朝鮮総督府は剣道と体操が合一された皇国臣民体操を通じて、天皇制「国体」護持のイデオロギー強化、スポーツによる思想善導と民衆支配を試みた。[9]

皇国臣民体操は剣道の型を簡略にした体操であり、初期は「木剣体操」と呼ばれていた。皇国臣民体操について最初に報道した『京城日報』は「皇道精神の鼓吹に木剣体操を課す」[10]と述べており、この時点ではまだ「皇国臣民体操」という名称は使われていなかった。朝鮮総督府が強調しているように、皇国臣民体操は「皇国臣民たるの信念を體得せしめんが為に、従来の学校體操の中に剣道の要素を摂り入れ其の型に親しむことにより心身を鍛錬するもの」であって、「所有る機会・所有る場所にて、其実施自在なるを長所とするもの」[11]であった。「皇国臣民体操実施要領」によると、体操は一四節で構成されており、[12] 各節の動作を三回繰り返すとある。

陸軍特別志願兵訓練所における皇国臣民体操

朝鮮総督府は皇国臣民体操を体育の授業に取り入れたのはもちろん、毎月一日の愛国日に「皇国臣民体操会」を開催するなど普及に力を入れたため、朝鮮全域に広まった。皇国臣民体操は学校だけではなく、一九三八年末からは官公署や一般民衆の間でも盛んになり、[13] 朝鮮人が入隊した陸軍特別志願兵訓練所では正課として採用されている。『京城日報』は以下のように報道している。

入所い來五旬の訓練に半島最初の感激と光榮を荷つて身心愈よ錬磨される陸軍特別兵志願者訓練所

図５　陸軍特別志願兵訓練所での皇国臣民体操
出典：『京城日報』1938年７月29日。

では正科として皇國臣民體操を取り入れることになり廿七日陣之内鹿雄教士を招いて日本刀に關する講和を受け、廿八日午前九時全訓練所生二百二名に三寶にのせて森嚴な木刀の受與式を行つて後教士の指導で體操の實施指導を受け益々皇國臣民の精髄に触れることになつた。[14]

陸軍特別志願兵訓練所において皇国臣民体操を行ったのは、志願兵に皇国臣民の精神をたたき込むためであった。立派な兵士をつくるため、精神の鍛練と軍事訓練が合わさった皇国臣民体操は重視された。

一九四一年に朝鮮総督府が皇国臣民体操の普及について、満足するに値する成果をあげていると評価しているように[15]、皇国臣民体操は学童や民衆の間でおなじみのものになった。全国に広まったのは、明治期の武術体操より

図6　健母健兵を強調する医薬品広告
出典：『毎日新報』1944年12月9日。

もさらに簡略にして覚えやすくしたこと、そして総督府が強力に推進したことが理由と考えられる。植民地期には、政策やスポーツは日本から朝鮮にもたらされるのがふつうだが、皇国臣民体操だけは朝鮮で生まれ、日本に逆輸入された[16]。

そして戦争が拡大するにつれ、その対象は兵士予備軍の少年だけでなく、子どもと女性たちにまで広がった。母親の理想像として、強い女性、強い母体作りが特に強調された。一九四二年から始まった女子体力検定では、健康な母体の養成のために相当な持久力を要する高い水準を定め[17]、皇国臣民体操においても「女子の心身鍛錬が男子よりも必要」であるとして、官制女性団体を普及のために動員した[18]。一九四三年には健兵、健民、健児の延長線上に「健母」という概念まで登場した。「健全な母から」「婦人こそ国家の基」といったスローガンでもわかるように、戦時体制下では妊婦の保護のみならず、女性の健康も重視された。すなわち、朝鮮における理想的な女性像は、「良妻賢母」から「健母」へ転換したのである。

女学校では出産奨励教育が行われ、社会でも早期の結婚や多産をたたえるキャンペーンが展開された。全般的に見ると、朝鮮では日本よりも「健兵」を強調していたが、それはこの頃実施された志願兵制や徴兵制と関連していたのである。[19]

第二節　志願兵制の導入と朝鮮人「皇軍」の誕生

陸軍特別志願兵令の公布

このような皇民化政策のもとで、朝鮮人の軍事動員が推進された。朝鮮は一九一〇年に日本の植民地となったが、戸籍や参政権、そして異民族統治の問題から、ごく少数の陸軍士官学校の将校を除いて、兵士としての軍事動員は行われていなかった。朝鮮では日本とは異なる「外地戸籍」が適用され、徴兵令（一八八九年制定）は内地戸籍者だけを対象としたため、朝鮮人は徴兵されなかったのである。徴兵令が一九二七年に兵役法に改定されても、それは変わらなかった。[20]

日本政府は一九二〇年代から朝鮮人の兵役について検討したが、朝鮮総督府の南総督や関連部局の三局長、朝鮮軍参謀長・井原潤次郎との協議を経て、朝鮮で志願兵制を敷くと内定したのは、盧溝橋事件後の一九三七年八月であった。[21]『毎日申報』や『京城日報』は、朝鮮人の志願兵制が一九三八年四月から実施されると大々的に報じた。[22]

こうして発起人三五〇人を擁する全国組織の志願兵制実施祝賀会が設立され、「半島統治上の金字塔」「愛国赤誠の結実」「永遠に輝く内鮮一体の具現」[23]と朝鮮総督府が音頭を取って世間の歓迎ムードを煽った。

一九三八年二月二三日には「陸軍特別志願兵令」が公布され、四月三日から実施することが正式に決

志願兵制今日公布

陸軍特別志願兵令
四月三日부터 實施

志願兵令全文

第一條
第二條
第三條
第四條
第五條
附則

皇國臣民의眞精神
完全具現을切望
南總督 談話發表

至高至大한任務에
새로운覺悟肝要
小磯朝鮮軍司令官 談

朝鮮增稅

隴海

図7　朝鮮における志願兵制の公布を知らせる報道
出典：『毎日申報』1938年2月23日。

まった。朝鮮人に「二流の皇国臣民」として戦争に参加し、死ぬ権利を与えた志願兵制をメディアは高く評価した。

『京城日報』は志願兵制の導入を画期的な出来事とし、「満洲事変、支那事変に如実に現われた朝鮮人の崇高な愛国至誠の発露からこの献身報国の熱意を達成させる為[24]」だと目的を説明した。『満州日日新聞』も「動員要員の不足に基くものでもない、即ち専ら今次の日支事変等に示されたる朝鮮人の愛国心の発露に鑑み真に皇国臣民たるの実を備え国防の一端を分荷せしむるを適当とするに至りたるものと認めた結果[25]」だと、志願兵制は兵士の確保のためではなく、朝鮮人の愛国心の発露から始まったと主張した。帝国日本は、土地調査と米穀供出を中心とした経済的収奪をこれまで朝鮮に対して行ってきたが、一九三〇年代半ばからは労働者の強制連行や軍人・

軍属、慰安婦の動員などの人力の収奪に本腰を入れるようになった。朝鮮人は皇国臣民として、戦争に勝つための「駒」になったのである。[26]

では、どのような過程を経て志願兵制が朝鮮で実施されるようになったのだろうか。日本陸軍は一九二〇年代から、徴兵制を目的とする兵役法を植民地のすべての朝鮮人に適用できないか真剣に検討していた。しかし、直ちに兵役法をそのまま適用するのは「時期尚早」という結論に達した。朝鮮人はまだ皇国臣民・軍人として十分な資質や思想のレベルに達していない危険な存在だと見なしていたことが大きな理由であった。だが、満州事変の翌年から朝鮮における徴兵制の導入を検討してきた日本政府と朝鮮総督府・朝鮮軍は、戦争が激化するなか、兵役法の前段階として志願兵制を試験的に実施することになったのである。[27] 志願兵制は、単に兵士を確保するためだけではなく、兵役法・徴兵制を将来的に実施するための措置だったのである。

導入をめぐる事前検討内容

朝鮮総督府が志願兵制を検討しているようだという記事は一九二〇年代の朝鮮の新聞でも確認できるが、[28] 朝鮮軍司令部が本格的に検討をはじめたのは一九三二年以降であり、具体的に動き出したのは一九三七年に入ってからである。

日本陸軍中央から兵役について意見を求められた朝鮮軍は、「朝鮮人ニ皇国意識ヲ確把セシメ且将来ニ於ケル兵役問題解決ノ為メノ試験的制度トシテ朝鮮人壮丁ヲ志願ニ依リ現役ニ服セシムル制度」[29] として、将来の徴兵制を見据えた志願兵制の採用を提案した。歴史研究者の戸部良一によれば、朝鮮軍は志願兵制の利点として、国土防衛の責務を分担すれば朝鮮人の祖国愛が昂揚すること、除隊後に郷党の中堅的存在となる兵士が地元の青少年に望ましい影響を与えることの二つを挙げたという。朝鮮人を日本の部隊に混入したとしても、これまでの朝鮮人警察官や憲兵補助員(憲兵補)の実績に鑑みれば、戦闘力が低下するとは考えられないとした。また、同一部隊内での朝鮮人と日本人との感情の疎隔についても、在朝鮮部隊の日本人将兵は日常的に朝鮮人に接して彼らの生活をよく知っており、朝鮮人も最近は「献身的奉公ノ至誠」を発揮しているので、適切に指導監督をすれば、軍が内鮮融和の模範となりうると主張した。朝鮮人だけの部隊を編成すれば、内鮮一体の原則に背馳し、志願兵制を創設した効果を減じてしまうだろうというのである。なお朝鮮軍は、志願兵制を導入する条件として、日本政府と朝鮮総督府に「教育の刷新」を申し入れた。小学校を整備して朝鮮人児童の完全就学をめざすこと、授業で国体の理解と国家的意識の涵養を図ること、志願兵訓練所を設置して現役将校・下士官による六カ月の予備教育を行うことを求めたのだった。[30]

皇民化が進んでいないとして、朝鮮人の入隊に対する警戒心と不信感は根強く存在したものの、朝鮮総督・南次郎の積極的な推進によって、一九三七年一二月に朝鮮に陸軍特別志願兵制度を導入することが閣議決定された。その際、皇国臣民としての自覚と資質を向上させるための朝鮮の学校教育の刷新、内鮮一体による国防への寄与、思想善導や国体観念の明徴のための国語(日本語)の普及、在朝鮮日本人の増加と内鮮融和の強化が確認された。しかし、志願兵制を導入しても、朝鮮人に参政権は付与しないことを強調している。[31]ここには、志願兵制によって朝鮮統治をさらに強化する狙いや、朝鮮人の参政権要求に繋がることへの恐れが見て取れる。朝鮮軍司令部の極秘文書「朝鮮人志願兵制度ニ関スル意見」にも、それははっきりと表れている。朝鮮軍司令部は志願兵制を実施するにあたり、「甚タシキハ鮮人平等権獲得熱ニ迎合セントスルカ如キ浅薄ナル御都合主義ニ堕スルカ如キハ断シテ採ラサル所ナリ」[32]と主張しているのである。また、『満州日日新聞』も、「本制度の実施は徴兵制度の施行又は参政権の附与等とは自ら別個の問題に属し何等本制度と関連するものでないことを明言して置く」[33]と述べ、朝鮮人の兵役と参政権を結びつけない立場を明確にしている。

このようにして、朝鮮人青年が皇軍に加わることを可能にする陸軍の志願兵制が一九三八年に誕生した。なお、海軍は陸軍よりもかなり遅い一九四三年に志願兵制を導入したが、それは海軍には高い技術と高度な訓練が必要だったのと、海軍自体が朝鮮人の募集に積極的でなかったためであった。

朝鮮人の志願資格と教育

朝鮮人志願兵の採用に向けて着々と準備が進められた。陸軍特別志願兵令の施行にともない、朝鮮総督府陸軍兵志願者訓練所官制（勅令）と陸軍特別志願兵令施行規則（陸軍省令）が、一九三八年三月三〇日に内閣官報で公布された。朝鮮総督府陸軍兵志願者訓練所規程、同生徒採用規則は、同年四月二日の府令をもって即日施行された。朝鮮だけでなく満州国に居住する朝鮮人にも志願が認められることになり、朝鮮総督府との連携のもとでその手続きが進められた。志願兵制の発足に合わせ、朝鮮人青年の体位向上を目的に、一九三八年四月から未成年者の禁酒禁煙法令が施行された[34]。

初年度の一九三八年には、修業年限六年の小学校を卒業もしくはそれと同等以上の学力ある者で、一七歳以上満二〇歳までの朝鮮人を春期と秋期に各二〇〇名採用した。入所は毎年六月と一二月の二回であり、一度入所した者は自己都合では退所することはできず、陸軍特別志願者訓練所で六カ月間にわたって、訓育と普通学科、術科、精神訓練に重きを置く教育を受けた。訓育とは教育勅語と軍人勅諭に基づいて、皇国精神の涵養を目指す指導である。学科は国語（日本語）、国史（日本史）、地理、数学、理科の五科目の高等小学校程度を基準とした。術科は体操、教練、武道で、特に教練は各個教練、部隊教練、陣中勤務、旗信号、距離測量、軍事講話など内地の軍隊そのものだった[35]。陸軍特別志願者訓練所は、一九三八年六月一五日に京城府近郊に一カ所のみ開設された。初代所長には朝鮮総督府の塩原時三郎学務局長が就任した。

一方、南総督は訓練生の心得として「生徒訓練綱領」を発表した。皇国臣民としての自覚を促すとともに、健全なる身体と精神の鍛錬ならびに「皇国精神の涵養」「興国精神の発揚」「内鮮一体」の確立を目指す内容となっている[36]。兵士育成の方針というよりも、植民地統治政策の一環として志願兵を朝鮮人の手本にしようとしたもくろみが読み取れる。

訓練生は、陸軍特別志願兵令施行規則（陸軍省令）の第二条が「陸軍の現役又は第一補充兵役に編入せられ得べき者は、体格等位甲種身長一、六〇米以上にして、現役兵として入営し又は第一補充兵として教育のため召集せらるるまでに訓練所の課程を修了し、又は修了し得べき見込の者に限る[37]」と規定したように、身長一六〇センチ以上の体格の優れた者が対象となった。志願者が陸軍特別志願兵令に基づき願書を地元の警察署に提出すると、署長は身上調査書や戸籍抄本を添えて道知事宛に申請し、道知事の厳重な審査を経てさらに朝鮮総督府が査定のうえ、選抜するという手順であった[38]。

身上調査書には本人の経歴、資産、妻帯の有無、性質、素行、交友関係、思想傾向、特に社会運動関

図８　志願兵訓練所にて徒手訓練を受ける朝鮮人志願兵たち
出典：内海愛子『朝鮮人〈皇軍〉兵士たちの戦争』岩波書店，1991 年，11 頁。

係の有無およびその状況といった項目が並び、家族の思想運動関係の有無およびその状況も記すことになっていた。これは社会運動に関わった者を志願兵にしないように警戒していたことを示す[39]。愛国心が強く健やかな精神を持ち、軍隊に入っても一家の生計に支障のない者を採用しようとした。「半島人の志願兵役の編入により精鋭の度を増した軍隊を養成するもので、採用上失業者の救済を加味していない[40]」と新聞も伝えているように、失業や飢え死にするよりも志願兵になるほうがましと農村部から応募が殺到すると予想されたからである。また、なかにはここで技術を身につけ、将来朝鮮独立の蜂起の際に役立てるようになりたいと考える者もいると思われた。そのため朝鮮総督府では、地方で選考した者を中央でもう一度選考するという二重のふるいをかけて、志願兵を厳格に選んだのである[41]。

こうして厳格な選考を通過し、合宿軍事訓練に耐え、六カ月間訓練所の課程を修了した者のみ、陸軍の現役または第一補充兵役として入隊できた。課程を修了した志願兵の一部は、志願兵制の勧誘係として郷里に派遣され、皇民化政策を積極的に進める担い手の役割を果たした。

海軍では、一九四三年に朝鮮総督府が海軍志願者訓練所を設置し、七月から募集を始め、一〇月に第一期生を受け入れた。仕組みは陸軍と同様だった。

高い競争率と志願理由

質の高い一定数の志願者を確保するため、朝鮮総督府は宣伝に力を入れる。その中心的役割を果たしたのが、朝鮮総督府の機関紙『毎日申報』(一九三八年四月二九日から『毎日新報』)であった。志願兵制が始まる前から兵役の重要性に関して多数の記事を掲載していたが、導入が決まってからは連日のように報じた。その主な報道内容は、志願兵制の実施を知り、帝国軍人に憧れる朝鮮人の若者が各地域の警察署に殺到し、その中には血書をしたためる志願者も現れたというものである。毎日各地の志願者数だけでなく、その名前と住所まで詳細に掲載しているのは興味深い。一名しか志願者がいなかった地域もあるが、つねに「志願者続出」と表現している[42]。実施が正式に公表されていない事前募集の段階で、いかに朝鮮総督府が志願者数に敏感であったのかが窺える。

南総督に朝鮮人から感謝の電報が殺到したと『毎日申報』は宣伝したが、実際はどうだったのだろうか。志願兵制が初めて実施された一九三八年度の公表採用人数と志願者数は、四〇〇人に対して二九四六人(入所者四〇六名)で七倍以上の高い競争率だが、朝鮮総督府が総力を挙げて奨励したことを鑑みると、各紙が報道したような「殺到」というほどではなかったといえる[43]。

だが、その後、公表採用人数と志願者数は、爆発的に増えていることが確認できる。一九三九年度には六〇〇人に対して一万二三四八人、四〇年度には三〇〇〇人に対して八万四四四三人、四一年度には三〇〇〇人に対して一四万四七四三人、四二年度には四五〇〇人に対して二五万四二七三人、四三年度には五三三〇人に対して三〇万三三九四人にも達したのである。[44]四三年には志願者が三〇万人を超えており、倍率は三八年度の約七倍から、四三年度には約五七倍に上昇した。

なぜ、志願者はこれほど急増したのだろうか。朝鮮総督府の志願奨励策が強制性を帯びていったのもその一因と思われる。朝鮮軍司令官を務めた小磯國昭によれば、自発的に志願した者は少なく、朝鮮総督府の指導のもと、警察官の関与によって各道、郡、面などで志願者数を競争させた結果であるという。[45]各地方行政官庁に志願者数が割り当てられたため、志願する朝鮮人が増えたのである。志願兵制という形式をとったが、権力による強制があったことはいうまでもない。

しかしながら、警察や官吏による上からの強い勧誘や強制だけでこれほどの急増を説明することはできない。朝鮮人志願兵の応募の理由と動機については第二章で詳細に検討するが、一つの要因として、小作農が大半を占めていた朝鮮農民の貧しさと深刻な農村の窮乏化が挙げられる。困窮する農村部の若者たちは、少しでも家族の負担を減らすとともに、失業・貧困や飢え死から逃れるために志願兵の道を選んだのである。

また、軍隊では給料や食事が保証されるほか、電信装置やトラック運転など様々な技術を身に着けることもできるという利点もあった。さらに除隊後に警察官、下級官吏として登用される道もあるなど、志願者に対する優遇措置が果たした役割も大きかった。入隊者の家族にも総督府より様々な特権と優遇

（明治廿五年十二月四日第三種郵便物認可）　昭和十三年一月十八日　朝鮮

朝鮮時報

社説

朝鮮志願兵制度
劃期的な大改革をよろこぶ
皇國臣民としての義務を遂行

期的の大改革と云はればならぬ。朝鮮人はこれまで極めて小範圍に於て國軍に入るを許されてゐたのであつて、これが第一段の解放に向つた事はたしかに大きな事實である。

國防觀念の旺盛化

思ふにこの時局に於て朝鮮大衆の國防觀念は實に旺盛となつた。むしろ熾烈なるものさへある。吾々はこの實狀を目のあたりに見て、實に愉快と思ふものであるが、これはいまより朝鮮大衆の時局に對する認識の旺盛になつた事、而して國家觀念が鞏固になつた證據である。國家のためには實によろこばしき限りであつて、この狀勢の續く限り朝鮮の國防は漸次安固となりつゝあると云はざるを得ない。血書を捧げて熱烈な微衷を具申するなど到底、その愛國的赤誠は言葉や文字に云ひあらはせないものが存する。志願兵制度は、この熱意を汲むと云ふ手段であり方法である。

朝鮮總督の東上

南朝鮮總督は近衛首相の招電によつて急遽東上した。今回の東上が特殊の意味と特殊な意義を有する事はさきにも述べた如く明瞭である。即ち朝鮮統治の狀況を奏上し、併せて政府と重大打ち合せを行ふにあつた。吾々は南總督が委曲管下の政情を奏上し、退下するや謹治した内容に於ていかにも朝鮮の劃期的進展がその間に藏せられ。且つ、この超非常時に内鮮一體の具現が眞劍に考究されてゐる事に今更らの如く感ぜらるゝのである。總督の底意が半島施設の上に劃期的である朝鮮人の志願兵制度にあつた事は、蓋し特記すべき事であつたと思料される。

朝鮮學制改革案
二月中旬頃編

策が与えられた。朝鮮人青年が軍人のキャリアに魅力を感じたことも軽視できない。

メディアが描く朝鮮人青年

朝鮮軍司令部は志願兵制を導入する準備として、それまで情報班が担ってきた朝鮮人の思想善導と民心・輿論の喚起に、一九三九年に新聞班を創設してさらに力を入れることになった。朝鮮軍新聞班は朝鮮総督府新聞班をはじめ、陸軍省新聞班や関東軍新聞班と提携しながら、宣伝活動を強化した。新聞班の目的について朝鮮軍司令部は、「半島民の愛国心を更に強化し、国防思想を徹底せしめるため時局に対する正しい認識を与え、現下の非常時局に対処するは勿論、将来如何なる難局に遭遇するも牢固として抜くべからざる内鮮一如の体制を確立し、帝国の一大飛躍に備えんとするに他ならない」[46]と強調した。戦局の拡大に伴い、国防意識の徹底と

時　報　（火曜日）　第一萬三千二百十一號　（一）

内鮮一體の國防

總督の理想としては何事も内鮮一體の理想を實現する事であつた。全國民が眞に一心一體となるところに、この非常時局が乘り切れるのであるが、この道理を推し進めて行く事はつまり内鮮間に於ては國防に一體的具現をはかる事である。旣にこの問題に就ては手のつけられる總てが吟味されて來た、唯のこるは國防上の一體化と教育上のそれであつた。而して國防上の一體化は實はこの實現に多くの疑問と難關を控へてゐるのであつて、これが政府の諒解を得るに到つた大きな收穫と言はざるを得ない。畏くも奏上申上げられた事の、いかに決意の壯なるものがあつたかを想像するに事が出來る。

先づ志願兵制度

内鮮一體の國防實現と言つても直ちに、内地のその制度を朝鮮に敷くわけではない。そこに漸進的施設の必要なる事は言ふまでもない。總督がその暫定的の方法として、志願兵制度を採用した事は誠に愼重なる態度をとつたものと云はざるを得ない。志願兵制度に就てはいまだ充分なる内容の檢討を得ないが。しかし文字にあらはれたところは、志願によつて兵役に服するのである。その數と内容に就ては全く當局の立案中にあれば窺知出來ない。只朝鮮人の志願を許したことは、まさに劃

御詔諭

（東京發）内鮮一體差別撤廢の精神に基づき朝鮮總督府に於て作成された朝鮮學制大改革案六件は舊臘總督府から拓務省に提出其後檢討も終つたので此の法制局に廻附された同案は四月の新學期より逐次實施する方針で法制局に於け

廣田外相の演說
時局に鑑み愼重を
卅一日の閣議

（東京發）帝通休會明け議會劈頭なす廣田外相の演說は時局に鑑み特に愼重を持し明す五日又は來る十七日の首腦部會議に附議し出來れば十八日の閣議に報告承認を求める答であるが當日は對支方針につゝ各閣僚よりも意見が出る模樣であり依つて當日は最後的決定をなさず廿一日の閣議に持越される事とならうと

宗教類似團體
今日迄四十七團體
關係者二萬四千名

客年二月京畿道を中心とする白々教事件檢擧以來當局に於ては之を機會に全鮮に亘り廣く各宗教類似團體の正体を摘發し之に徹底的再檢討を加ふるの方針を決定致しましたが爾來各道を督勵し苟も淫祠邪教と認めらるゝものに對しては徹底的掃蕩を期し茲に約一年を經過したのであります然るに之ら團體の多くは當局の取締を恐れて人跡稀薄なる山岳幽邃に於て極秘裡に布教を企て教徒に對しては絕對に秘密嚴守を誓はしめ此の掟に違背する者に對しては立所に神誅あるべしと脅迫し教徒亦之を妄信し居たる關係上口外せざるは勿論確實な證據ある場合に於てすら最後迄否認し續けると云ふ狀況でありましたので搜査上非常な苦心を要

図9　志願兵制導入を歓迎する報道　　出典：『朝鮮時報』1938年1月18日。

内鮮一体政策の推進を図ったのである。朝鮮総督府も機関紙や親日系のメディアを通して、施政の紹介や政策の宣伝に努めた。皇民化政策が強力に推し進められるなか、朝鮮の文学界や一部の知識人は混沌と分裂に陥り、確固した抵抗はできずじまいであった。

陸軍特別志願兵令が一九三八年二月に公布される前から、すでに朝鮮では志願兵制の実施が大きく報道されていた。どの新聞も、朝鮮人が「熱狂」「歓喜」「満足」していると伝える点が共通している。多くの朝鮮人が喜びのあまり皇居遥拝し、天皇陛下萬歳を連呼したとか[47]、「画期的な大改革を喜ぶ」「皇国臣民としての義務を遂行[48]」できると「歓喜の渦巻き」ができたといった報道は後を絶たなかった[49]。

朝鮮総督府の機関紙ではこの傾向はさらに顕著である。『毎日申報』は「街路にも歓喜する声が爆発」「皇国臣民として満足する群衆[50]」と

している。

『京城日報』も『毎日申報』も、軍都会寧の朝鮮人はひとしく歓喜し、感激の坩堝と化したといい、なかでも会寧青年訓練所の一〇名の生徒は帝国日本の軍人を夢見て志願の決意を固め、詳細な発表を待望していると同じ日に報じた[51]。生徒の一人は、「我々にも皇国臣民としての最大義務を果し得る時が来ました。近く制度の具体案発表と同時に志願の手続きをとる覚悟でおります[52]」と語っている。また、日露戦争に憲兵補助員として従軍した李元瑞は、『京城日報』の記事を読んだ次男が「私は支那事変勃発以来我々同胞が沢山皇軍に従って活躍していることを新聞やラヂオで知り自分も父の意思をつぎ光輝ある帝国の軍籍に身を置きたく思い続けて来ました、愈よ志願兵制度が実施されることに決定したので早速志願する覚悟でおります[53]」と述べ、その日が来るのを待ちこがれていると熱弁している。刑務所に服役中の朝鮮人思想犯まで、志願兵制のニュースに感激の涙を流し、過去に行った反日運動を反省するとともに立派な「日本国民」になると強く誓ったという記事でもわかるように[54]、「挙国的な讃辞・歓声[55]」で志願兵制を迎える世論は醸成されていった。どちらの紙面も、皇軍となり兵役に服することが皇国臣民としての最大の義務であり、栄誉だと主張しているのである。

庶民がこぞって歓迎しているような報道ばかりだが、『京城日報』『毎日新報』が朝鮮総督府の機関紙であること、当時すべての新聞社が総督府の管理下に置かれていたことを考えると、各新聞社の自発的な操作があったことは否めない。

もちろん、一部の朝鮮人が、兵役に就けば日本人と同じ資格と待遇、制度的保障を受けられるかもしれないという希望を抱き、歓迎したことは間違いないだろう。内鮮一体を信じ、日本人として認められたい思いが、皇軍兵士を志願できることへの喜びや渇望、そして「皇国臣民」や「よい日本人」になろうとする強い決意として表れている。実際、陸軍省は、朝鮮人志願兵の身分や服務内容は内地人と同様であると繰り返し強調したのである。(56)

プロパガンダ映画と「死」の英雄視

志願兵制に歓喜、感激する報道はその後、志願兵を「賛美」「英雄視」するようになる。志願を積極的に奨励するだけでなく、「志願兵へ花束を送る」「彼らは時代の英雄」「光る少年兵」(57)等、志願した青年を賛美する記事が溢れた。そして志願者がますます増えていること、戦場で朝鮮人兵士がすばらしい働きをしていること、戦場で犠牲となった兵士は靖国神社に祀られたことなどを大きく報じた。

志願兵制の導入と併せて、一九三八年からは宣伝映画や軍事映画の製作も本格化する。そのほとんどは朝鮮総督府の後援により日本人と朝鮮人が協力して作ったものであった。代表的な作品は、『志願兵』や『君と僕』(一九四一年)、『私は行く』(四二年)、『朝鮮海峡』や『若き姿』(四三年)、『兵隊さん』(四四年)などである。これらは皇軍兵士に志願する朝鮮人青年の悲壮な覚悟や兵営生活を描いており、志願兵制を支える内容となっている。また、今井正と崔寅奎による日朝合作映画『望楼の決死隊』(四三年)と『愛と誓ひ』(四五年)は、戦争プロパガンダの性格が強くあらわれた国策映画であった。『愛と誓ひ』は、朝鮮人青年が自らの使命に目覚め、帝国日本の軍人に志願することを決意するまでの過程を描いた作品である。海軍記念日に全国で一斉に公開され、『毎日新報』は特攻精神、内鮮一体、皇民化教育、志願兵熱などを盛り込んでいると高く評価した。(58)

燦！金鵄勳章

故李仁錫上等兵에게

光榮의極・破格의恩典

千秋에빛나는"殊勳乙"

오직光榮에感泣

半島青年은李上等兵을본받자

志願兵訓練所長 鹽原學務局長談

図 10　朝鮮人志願兵として初めて戦死した李仁錫
出典：『毎日新報』1940 年 2 月 10 日。

志願兵は死ぬと英雄視された。志願兵として初めて戦死した李仁錫はその代表例である。特別志願兵第一期・李仁錫が中国戦線で戦死すると、朝鮮総督府は名誉ある戦死と宣伝して地元沃川で盛大な葬儀を営み、文学作品や新聞ラジオ、街頭の宣伝看板で褒め称えた。

この頃の朝鮮人知識人の言説では、志願兵制を積極的に支持するものが多数を占めていた。朝鮮の代表的な作家・朱耀翰は、李仁錫に捧げる詩を詠み、彼の戦死が朝鮮人としていかに価値のある血なのかを強調するとともに、志願兵として天皇のため戦争に参加しようと強く訴えた。また、朝鮮軍司令部報道部長であった陸軍少将・倉茂周蔵は、雑誌『三千里』に寄稿した論考で、李仁錫の戦死を「鬼神も驚く奮戦と興亜の柱礎」「輝く戦死」「半島青年の感激」「殉国忠誠の叫び」「愛国の至誠」と褒め称えている。[59]

学徒出陣

戦況の悪化に伴い、学生・生徒の身分のままで軍隊に入る学徒出陣が始まり、内地だけでなく台湾や満州、朝鮮の学生も対象とされた。あまり知られていないが、これも朝鮮で極めて強制的に実施されたもう一つの動員である。それまで陸軍特別志願兵に高等教育を受けた朝鮮人学生はほとんどいなかった。軍隊に入らなくても食べていける程度の経済的な余裕があったのも大きな要因だが、兵役そのものが朝鮮社会には定着していないことや民族意識の高い人が多かったことも重要な理由であった。

しかしながら、一九四三年一〇月、大学・高等学校・専門学校在籍者の在学徴集延期臨時特例が公布され、全国の大学・高等学校・専門学校の文系と一部の農学系を専攻している学生・生徒は、それまで認められていた在学中の徴兵延期措置が全面的に撤廃され、入隊しなければならなくなった。いわゆる学生の一斉動員である。朝鮮人には一九四三年一〇月の時点では兵役法が適用されておらず、兵役の義務はなかったが、日本人学徒の徴兵延期が廃止されたことに従い、朝鮮人の学徒出陣が始まったのである。陸軍大臣・東条英機により陸軍省令第四八号「昭和十八年度陸軍特別志願兵臨時採用規則」が公布

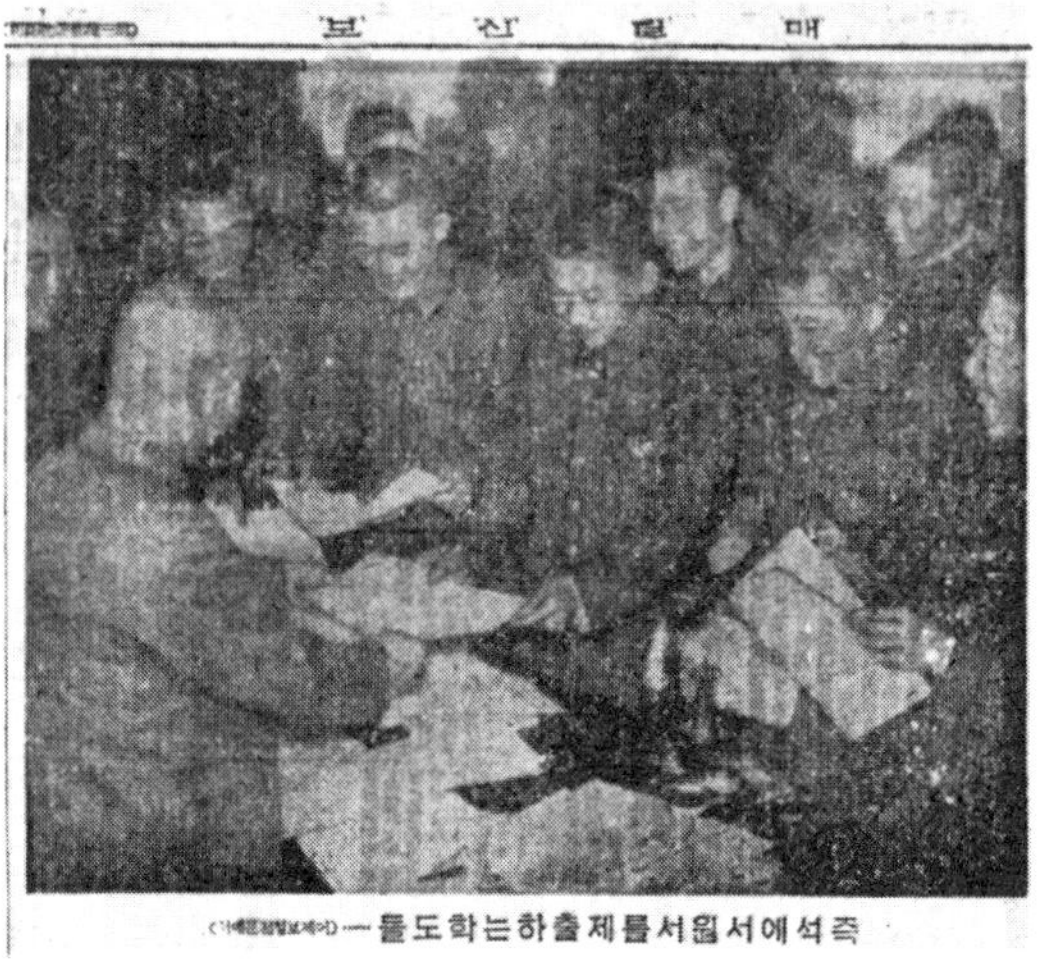

図11　志願兵書類を提出する朝鮮人学徒
出典：『毎日新報』1943年11月18日。

され、二一歳以上の文科系の大学等に在学する朝鮮人は、一一月二〇日までに学校所在地の軍司令官に出願し、一二月一一日から二〇日までの間に軍司令官が実施する検査に合格した者は、一九四四年一月二〇日に入営することとなった[60]。

　志願兵制と同様に、学徒出陣でも警察署長、郡守、道知事などによる数回の厳しい思想選考があり、さらに身上明細書、戸籍抄本を朝鮮軍司令官や入隊部隊の所管軍司令官に提出した学生のなかから合格者が選ばれた。ただし、朝鮮人学徒兵は訓練所の課程を飛ばしてすぐに現役の一般部隊へ入隊することとなった。訓練所では主に日本語の習得を目的としており、高等教育を受けた学徒兵には改めて日本語を教える必要性がなかったためである。

　南次郎から朝鮮総督を引き継いだ小磯國昭は、学徒出陣を「内鮮一体」「朝鮮の地位向上に試金石」「志願兵制と徴兵制の谷間で今回限りの学生選良の優遇措置」と位置づけるとともに、志願こそ積極的なる忠誠の表徴と強調した[61]。しかし、一部の地域を除いて、受付が始まってから一週間経っても、志願する朝鮮人の学生はほとんどゼロに近い状況であった。これは朝鮮総督府が進めてきた皇民化政策が不完全であることを明確に示しており、半年後に徴兵制を実施するにあたって重大な課題が浮かび上がった。総督府は手続きの簡素化など制度の整備を進めるとともに、このまま朝鮮人学徒の志願率が低ければ、せっかくこれまで進めてきた様々な政策がすべて無に帰してしまうと、学校関係者に半ば脅しをかけた。

これ以降、内鮮一体を切望する親日派知識人と国民総力朝鮮連盟は大啓蒙運動を展開する。最終的には在朝鮮の適格者の九六％、日本から帰省中の適格者の九三％と高い志願率を達成した。この啓蒙運動は、単に学徒の志願率を引き上げるのを目的としたのではなく、徴兵制の実施を前に、一層の皇民化を朝鮮人に促す一大愛国運動でもあった。

第三節　徴兵制実施と求められる皇国臣民としての任務

戦局の悪化と朝鮮人徴兵制の導入決定

アジア・太平洋戦争の長期化による慢性的な人員不足を補うため、兵士や従軍労務者として朝鮮人の徴用・動員がさらに拡大された。朝鮮人の兵力の増強が至上命令となっていたのである。

そもそも志願兵制は、徴兵制の導入を見据えた過渡的措置として実施されたが、さらなる戦局の悪化によって一九四二年五月九日に内閣情報局から「政府は八日の閣議において朝鮮同胞に対し徴兵制を施行し昭和十九年度よりこれを徴集し得る如く準備を進むることに決定せり」(62)と発表された。朝鮮人が徴兵令の適用対象になる徴兵制を一九四四年から施行すると閣議決定したのである。

徴兵制は志願兵制とは異なり、明確に朝鮮人を兵力資源とすることを目的としていた。朝鮮人に帝国日本の一員としての資格を約束する代わりに、彼らの血と命を求めるものであった。実施まで二年の準備期間を設けた理由は、志願兵制の評価、徴兵対象者の正確な把握と特別錬成所の設置、そして何よりも皇国臣民としての自覚と意識をさらに身につけさせるための教育が必要であったためである。

朝鮮総督府は朝鮮人青年に対し、徴兵制の実施に向けていっそうの皇国臣民化と内鮮一体の具現を求めた。既存の朝鮮と日本という境界の消滅、あるいは無効化を宣伝する内鮮一体政策は、朝鮮における徴兵制度の実施によってその頂点に達したのである。そして、メディアもこの方針を積極的に喧伝した。

『京城日報』と『毎日新報』は、朝鮮人の徴兵が持つ意味について特集を組むなど大きく取り上げた。『京城日報』は一九四二年五月一〇日の一面に、「待望！朝鮮同胞に徴兵制施行」と大きく掲げ、朝鮮人の「内鮮一体」への強い願いがかなって徴兵制が実現し、「感激の萬歳の声」で朝鮮中が包まれていると報道した。[63]『毎日新報』も一九四二年五月一〇日付で、徴兵制実施について「待望の日」「二千四百万民衆が熱望した徴兵制度」と評価し、「真正な皇国臣民として国防義務は栄光」「半島の同胞にとって最高の栄誉」[64]であると宣伝した。また、「徴兵制の歴史——列強の徴兵制はどのようなものか」と大きな見出しのもと、列強の徴兵制の歴史について詳しく紹介している。[65]徴兵制の実施に感謝する朝鮮人に、臣民として「至誠奉公」するのみという覚悟を述べさせるシリーズも朝鮮総督府の企画で始まった。[66]徴兵制は、被植民者の朝鮮人に帝国日本の「一等臣民」になれるという希望を持たせた。

しかし、徴兵制に対する戸惑いや衝撃もあった。朝鮮総督府は、朝鮮人が真の皇国臣民としてようや

図 12　朝鮮における徴兵制の実施を報じた記事
出典：『釜山日報』1942 年 5 月 10 日。

く国防の重責を負うことができる名誉だと宣伝したが、総督府にとって徴兵制施行の閣議決定は「意外」であったという。歴史学者の宮田節子は、「昭和十七年五月九日何等ノ予告ナク昭和十九年ヨリ朝鮮ニ徴兵制ヲ実施スル趣突如発表アリ、各方面ニ異常ノ衝動ヲ与へ内鮮人斉シク其ノ予想以上ノ早急実現ニ驚愕[67]」という帝国議会の資料を引いてその根拠とする。朝鮮人の皇国臣民化の度合いは途上で、日本語の理解度がまだまだ足りないなかでの施行の決定に、朝鮮総督府や朝鮮軍の関係者は「驚愕」したということである。朝鮮の民衆にとっても、幼い頃から軍人になる教育を受けたことがなく、志願兵制がすでに実施されているとはいえ、徴兵制に対する理解が不十分ななかでの突然の知らせだったと考えられる。朝鮮総督府は「今迄の教育訓練の行き方によっては成し遂げ得ないことを、即急に飛躍的に成し遂げなければならぬ事態」として、朝鮮人を皇民化していかなければならなかったのであるが[68]、朝鮮人だけでなく、朝鮮総督府の当局者にも徴兵制は「時期尚早」であると受け取られたことは間違いない。朝鮮人徴兵制は、日本政府と陸軍省が中心になって決定されたのであった。

朝鮮総督府は陸軍省の決定に不満や戸惑いを持っていたが、それは徴兵制の中身や実施計画に関する不満ではなく、あくまでも予告なく突然発表したことに対する不満であった。朝鮮での徴兵制は、総督府の当局者さえ「予想以上の早急実現」と受け取ったのである。

内鮮一体の具現

日本政府は、朝鮮人の徴兵は「内鮮一体ノ具現」であるとして積極的に宣伝した。また、日本政府の政策文書や世論指導方針を示した公文書では、徴兵の義務は帝国臣民にのみ課せられる「神聖崇高な義務」であり、朝鮮人の最大の「名誉・光栄」であるという論調が繰り広げられた。徴兵制の広報・宣伝のために作成された『朝鮮徴兵準備読本』には、朝鮮総督府の考えがよく表れている。

> 半島統治史上に巨大なる一線を劃す正に劃期的な一大進展を示すものであります。多年に亘り全半島の官民を擧げて待望してゐたものであるだけに、この一大快報が傳へられるや、二千四百萬同胞の歡喜と感激は翕然として半島の津々浦々にまで沸き起こり、全鮮を擧げて歡喜と感激の坩堝と化し去つたことは、まことに当然のことで、永久に忘れてはならない記念すべき「感激の日」であります。(69)

この読本は、軍隊組織や兵役についてまったく知識のない朝鮮人青年の指導書として利用された。国民総力朝鮮連盟事務局総長であり、朝鮮軍事普及協会会長であった陸軍中将・波田重一は、「序」で次のように述べている。

皇國の國防は皇國臣民当然の任務であり、就中男子として我が兵役に服し、天皇御新率の皇軍の一員として直接國防の第一線に身を挺し、護國の華と散り得ることは皇國男児無上の光榮である。等しく皇國臣民でありながら、斯る当然にして且榮譽ある任務に服し得ざりし朝鮮同胞に対しても、徵兵制度の実施によつて此の光榮に浴し得る日の近きを思ふとき、一視同仁の聖恩に対し奉りて無限の感激を覚ゆる。是れ当然である。(70)

朝鮮人にとって皇軍の一員として国防にあたるのは当然の任務であり、天皇の思し召しであると強調している。さらに同書は、「我が皇國においては、國民が兵役に服すことを最大の名誉・光榮となし、またこれに反して、苟くも男子たるものがその選に洩れることを最大の恥辱」(71)、「國體と崇美なる伝統のもとに徵兵され、萬世一系の天皇を戴く世界無比の皇國の一員として、國防の重大責任を分担するということは、何物にも比べがたい一大名誉・無上の光榮」(72)であるというように、徵兵制が国民の最大の名誉・栄光、尊い名誉あるものだとした。

そして、「徵兵は國民の榮譽、國防は國体の精華に基く我等の信念、我が國の軍隊は天皇新率の神兵であつて皇軍であり、我が戦争は正義の聖戦である」(73)といい、日本軍は「神兵」、日本が行う戦争は「神聖」な「正義の戦争」と述べているのである。

朝鮮総督府と朝鮮軍の取り組み

朝鮮総督府と朝鮮軍司令部は、徴兵制の施行が正式に決まる前から、志願兵制の経験を踏まえて、訓練所、機構、担当体制、戸籍、関係法令、参政権問題の対策など、朝鮮で徴兵を実施する際に予想される問題点を繰り返し検討してきた。この過程で何よりも国語（日本語）の普及教育を重視し、徴兵制度の基本的枠組みは徹底した準備と陸軍省との調整を経て実現した。実施を決めたのは内地の陸軍省と閣議だが、実務を担ったのは朝鮮総督府と朝鮮軍だったことは間違いない。

朝鮮総督府は、徴兵制の導入が正式に公表される前から準備を進めていた。総督府厚生局が一九四二年三月一日から一〇日まで行った「朝鮮青年体力検査」もその一環である。この一斉体力検査は、朝鮮の満一八歳と一九歳の青年全員を対象としており、兵役に服する資質を確認する予備調査という性格が強かった。医師八〇〇名余り、補助員三千数百名を動員した、日本人の徴兵検査と同様の内容であった。もちろん身体検査が主であったが、学歴、日本語の理解度、特殊技能、既婚率なども調査項目に含まれた。『毎日新報』でも「朝鮮青年体力検査を前にして」という記事が六回にわたって連載され、この検査の重要性を朝鮮人に訴えている。検査が始まると、南総督自ら直接検査場を訪問し、関係者を励ますとともに現場を細かくチェックしたことからもわかるように、朝鮮総督府は予備調査といえどもこの検査に力を入れていた。

検査を担当した岡久雄は、朝鮮総督府の機関誌『朝鮮』に寄稿した論考で、準備期間が極めて短いため少なからず危惧していたが、朝鮮人青年の検査率が八割以上であったこと、朝鮮人の体格も同世代の日本人と比べても遜色なかったことから、体力検査は成功だったと評価している(74)。これを受けて朝鮮総督府と朝鮮軍は、徴兵制を実施する環境がある程度整っていると判断し、実現へ動き出すのである。

朝鮮総督を拝命した際、南次郎は統治の目標として、朝鮮への天皇の行幸とともに徴兵制の施行を挙げていた。一九四二年五月一二日の朝鮮総督府の定例局長会議で彼は、徴兵制実現のために関係各部局に徹底的な協力を呼びかけ、朝鮮人、特に家庭婦人の啓蒙を図るべしと訴えた(75)。

図13　朝鮮青年体力検査（1942年3月実施）
出典：『毎日新報』1942年3月7日。

だが、その月末に南総督は辞任し、かつて朝鮮軍司令官を務めた陸軍大将・小磯國昭が総督に任命される。一九四四年七月に東条内閣が総辞職し、小磯総督が首相となるまで、徴兵制の本格的な準備は小磯総督のもとで進められた。小磯総督は朝鮮人を戦争に動員する体制の構築と政策をさらに強化した。小磯は「国体の本義の透徹」「道義朝鮮の確立」を常に強調し、朝鮮人が皇国臣民として自覚を極めるならば、大東亜のなかで「光輝ある将来を開拓」できると述べた(76)。

朝鮮総督府と朝鮮軍は体力検査の結果から、徴兵検査が可能だと判断し、直ちに準備に入った。徴兵制準備委員会が発足しただけでなく、徴兵制の意義や皇国臣民としての義務、軍隊内の生活とその心構えを朝鮮人に説くため、各地の学校などで徴兵制座談会や集会、講演会が開催された。徴兵制準備委員会は機構の拡充を図るとともに、徴兵制の万全な準備をしていくことが新聞にしばしば取り上げられた[77]。

各界では徴兵制を賛美する声が高まった。演劇人の懇談会では、栄光の徴兵制において朝鮮人は総力で重大な責務を完遂すべきであるという発言が相次いだ。徴兵制の実施に感謝する法会が全国の寺院で開かれるなど、宗教界の一部も積極的に協力した[78]。全国各地で皇国臣民としての決意と覚悟を確認する「徴兵制の夜」が時局懇談会と併せて開催された。徴兵制を宣伝するこのイベントには、各官公署長、各学校長、会社工場長をはじめ、官吏、愛国班長、青年隊などが参加し、徴兵制に関して万全な動員体制を構築していった[79]。徴兵制の導入を祝う記念イベントがあちこちで催され、その記事が新聞に溢れた。

朝鮮人青年の錬成

一九四二年一〇月には制令「朝鮮青年特別錬成令」が公布され、翌一一月に施行された。これは、朝鮮の府邑面に青年特別錬成所を設立し、一七歳以上二一歳未満の未就学朝鮮人男子に対して六カ月ないし一年間入所して、軍務に必要な錬成を義務づけるものであった。錬成は六〇〇時間以上、訓育と学科に四〇〇時間、教練と勤労作業に二〇〇時間を充てるとした。訓育は教育勅語の趣旨に基づき、国体の本義を明徴にし、皇国臣民としての自覚に徹せしめることを要旨とし、学科は皇国臣民として必要な日常の「国語」（日本語）および知識を習得せしめることを要旨とした。皇国臣民化の精神教育、日本語の習得、軍事訓練・勤労訓練に重点を置いていた。糟谷憲一が指摘しているように、初等教育の就学率が低く、日本語の普及に限界があったなかで、日本語の習得と天皇への忠誠だけはたたき込もうとした応急措置であった[80]。

志願兵よりも厳しい教育プログラムだが、それは内鮮一体政策が意外なほど朝鮮人の間に浸透していなかったという反省に基づいていた。宮田節子が指摘しているように、志願兵制を導入したものの、当初朝鮮総督府が想定していた「普通以上ノ生計ヲ営ミ、且素性可良ナル家庭ノ者」の志願は極めて少なかったのである[81]。朝鮮総督府が徴兵制の実施を決定してから、「国語普及運動要綱」を発表し、日本語普及運動を大々的に展開したのも、日本軍にとって使い勝手のよい兵士を一人でも増やしたいからであった。一九四二年に国語を解する朝鮮人は一五％しかおらず、日本語教育は喫緊の課題であったが[82]、一九四三年末になっても全体の二二・二％しかいなかったのである[83]。

こうしたなか、一九四三年三月に「兵役法中改正法律」が公布され、朝鮮人の徴兵が本格化した。同年七月には、勅令「海軍特別志願兵令」が公布され、八月から施行された。これは陸軍特別志願兵の制度に倣い、一六歳以上二一歳未満の朝鮮人男子で身体や思想などの面での要件を満たして海軍兵を志願する者のうちから選抜するものであった。警察署長や道知事の厳しい審査を経て、最終的には海軍特別志願兵を育成する鎮海警備府司令長官が採否を決定した。陸軍特別志願兵制度と同様、身上調査書によって思想傾向を詳細に確認し、採用された者は鎮海の朝鮮総督府海軍兵志願者訓練所で六カ月間訓練を受けた[84]。

翌四四年四月から八月には、朝鮮で最初の徴兵検査が実施された。二〇万人余りが検査を受け、四万五〇〇〇人が現役兵となった。この他に、補充兵や、軍需物資の運搬、陣地構築のために動員される野戦勤務隊がいた。

日本政府の朝鮮人徴兵に対する考え方

ここで一つ強調すべきことは、戦況が悪化しているにもかかわらず、日本政府は朝鮮人、台湾人を危険視し、外地人の徴兵に消極的であったという点である。兵力が不足しても直ちに徴兵せず、まずは陸軍特別志願兵令によって思想的・軍事的検証を重ねるほど慎重であった。

戸部良一によれば、陸軍省徴募課が朝鮮における兵役法（徴兵制）の適用を時期尚早だと判断したのは、法制や民情、風俗習慣などの面で日本と朝鮮に大きな相違があること、徴兵制を敷けば朝鮮人に「参政権」あるいは「自治権」を付与しなければならなくなることが理由であった。また、軍人や戦闘組織の構成員として朝鮮人はまだ見劣りがすること、日本語が話せない兵士に対する不安なども挙げられる。何よりも、日本人と朝鮮人との間には、国家・天皇に対する忠誠心に大きな差があることは看過できなかった[85]。志願兵制を導入した時も、二重の厳重な審査を経て、思想的に信頼できかつ強健な朝鮮人のみを選抜したが、これは銃口をどちらに向けるかわからない強い民族意識を持つ朝鮮人を排除し、真の皇国臣民を創るための過渡的措置であった。民族意識を失わず、敵愾心を秘めた朝鮮人に武器を持たせるのは危険だと判断したのである。背後から撃たれるのではないか、反乱を起こされるのではないかという朝鮮人に対する不信感と警戒は最後まで払拭されなかった。そのため、朝鮮人だけの部隊は編制されず、朝鮮人は常に部隊内では少数派になるように分散して配置されたのである。

この点について田中宏は、武器を手にする兵士は高度の忠誠心が要求されるものであり、台湾領有後および朝鮮への支配確立過程で起こった激しい抗日武装闘争を考えると、日本政府は植民地人を皇国軍人として受け入れて活用することには消極的にならざるをえなかったと指摘している。[86] 植民地青年に軍事訓練を施せば、武装反乱を起こす可能性があるため、彼らを戦争に大量投入するのは危険な賭けでもあった。実際、徴兵対象者に関する当時の議論を確認しても、日本政府は朝鮮人・台湾人を日本国に敵対する危険性が高いとみなし、彼らが武器をもち、軍事機密を知りうる立場につくことを非常に恐れていたことが窺える。[87] 一九四四年九月に実際に朝鮮人を入隊させるまで十分な猶予期間を設けたのは、朝鮮人の皇民化がまだ不十分で、徴兵制の施行には慎重にならざるをえず、そのためさらなる教育が必要であったからである。

「日本人以上の日本人」になることへの渇望と抵抗

親日的な御用団体は、志願兵制や徴兵制が導入される前から、兵役法が朝鮮に適用されることを前提とし、朝鮮総督府と歩調を合わせて様々な活動を展開していた。

親日御用団体は、一九三六年には徴兵制を実施するよう要望し始めた。まだ志願兵制も実施されていなかった頃である。『京城日報』は、三六年一一月、同民会、時中会、国民協会等各方面の朝鮮人有力人士が、朝鮮における徴兵制度の導入について懇談したと伝えている。記事によると、最近しきりに徴兵制実施の要望の声が起こり、常任準備委員七名を選定するなど、将来朝鮮にも徴兵制度を必ず実施すべきであるという結論に達しているが、教養民度の相違がある以上、拙速に日本と同じ制度を敷くべきでなく、教養ある青年から順次進めていきたいという意向が確認された。[88] そして、その実施のための準備として、まず朝鮮が率先して「労働奉仕制度」を実施すべきであると結論した。労働奉仕は皇国精神や国家意識の高揚に最も効果的な訓練であり、それができれば必然的に次の徴兵制へ進むことができるというのである。[89] 徴兵制に関しては、京城の有志五〇名が貴衆両議長に請願・陳情したり、早急の実施を決議する親日団体の様々な集会も開かれた。[90]

内鮮一体政策に積極的に賛同する親日派たちの動きも活発となった。一九三七年五月、総督府の社会教化に協力することを目的として、日本人一七名と崔南善ら朝鮮人一四名で構成された「朝鮮文芸会」は時局歌謡発表会を主催し、「正義の凱歌」「従軍看護婦の歌」をはじめ、多数の時局歌謡を作りその普及に努めた。また、著名な朝鮮人作家を農村や工場に派遣し、半島人の皇国臣民としての自覚を促す講演・演説を行った。

この時期に志願兵制や徴兵制、内鮮結婚などをテーマとした文学が登場することにも注目すべきである。金聖珉の小説『緑旗聯盟』や張赫宙の小説『岩本志願兵』は、よりよき「日本人」となるために日本軍に入隊する朝鮮人が主人公である。『朝鮮人の進むべき道』『新生朝鮮の出発』で、朝鮮語をはじめとするすべての朝鮮的なものを一切否定し、「日本人以上の日本人」になることを強く主張した玄永燮をはじめ、朝鮮を代表する多くの文化人が大東亜共栄圏という理念を宣伝し、朝鮮人を動員するために日本の国策に沿った活動を展開したことは周知の事実である。

一九四〇年に、朝鮮語の『東亜日報』『朝鮮日報』といった日刊紙が相次いで廃刊された。そして翌一九四一年一一月に著名な文学者・崔載瑞（日本名・石田耕造）が創刊した月刊『国民文学』は、解放直前の四五年五月に終刊するまで、朝鮮文壇で最も影響力のある文芸誌として、皇民化政策の中心的な役割を果たしたのだった。同誌は知識階級と学生をターゲットにしていて、当初、日本語版を年四回発行、朝鮮語版を年八回発行する予定であった[91]。日本語の普及が遅れている民衆が読むことも想定していたと考えられるが、この計画は総督府の朝鮮語中止政策によって、一九四二年から日本語版のみの発行となった。

「朝鮮文壇の再出発を語る」というタイトルの創刊記念懇談会には、その発刊の意図が明確に表れている。『国民文学』は、日本の国策に呼応する朝鮮文学を樹立し、朝鮮人を啓蒙することを最も重要な課題とした。一部の朝鮮の知識人たちがいかなるやり方で「日本」という均質な国民国家の空間を想像していたのかがわかる。そのため『国民文学』では、「戦争と徴兵」に関する記事が多い。一九四二年十二月号を除いて最終号まで「皇国臣民の誓詞」を掲載し、皇国臣民として誇りを持って戦争に参加するよう朝鮮人青年に訴え続けたことも注目すべきである。執筆者は親日朝鮮人文学者が最も大きな割合を占めているが、その他にも朝鮮総督府の幹部、京城帝国大学の教授や高等学校の校長など教育関係者が多いのも特徴である。

崔載瑞は創刊号に掲載された「国民文学の要件」で、積極的に国策の遂行に協力することが『国民文学』の役割であり、朝鮮文壇の使命であると強調する[92]。徴兵制の実施の決定が発表されてからは、徴兵制への積極的な参加、成功を願う文章が数多く掲載された。朝鮮人が「日本国民になれる」道は、

図 14 『国民文学』の新聞広告
出典：『毎日新報』1942 年 12 月 9 日。

皇国臣民の一員として「徴兵」という国家の呼びかけに応えることであり、徴兵制について「感激」「喜び」「涙」と表現している。同誌には、軍の報道演習をテーマにした小説や実際に軍の演習訓練に参加した作家の記録もみられる。[93] そして、四三年の九月号には、報道演習の本格化について軍の報道部長が語っている。[94] 戦争がさらに激しさを増した四四年の五月号の座談会では、作家側から実情がわからないので「戦争の第一線に行かして貰ひたい」という発言が出てくる。[95]

朝鮮が日本の戦時体制に組み込まれていくなか、志願兵制や徴兵制によって、完全な「日本人」になりたいという朝鮮人の渇望は、親日作家や入隊した青年の手記や日記でも確認できる。日本の同化政策によって植民地支配体制に包摂されてしまった朝鮮人がいたことは間違いないだろう。

しかしながら、朝鮮総督府の監視と強制に抵抗しつづけた人々も数多くいた。芥川賞候補作となった小説『光の中に』を発表するなど、優れた文学者として創作活動を続けた金史良は、軍部から戦争を支持するよう強要されたが、それに反発して中国に逃亡し、抗日活動に深く関わった。朝鮮人が一律に徴兵制を歓迎したわけではなく、積極的に協力する者から逃亡や抵抗をする者まで、受け止め方は様々だった。民族独立をめざし、上海の大韓民国臨時政府を中心に抵抗運動が展開された。植民地の人的・物的資源を総力戦体制に動員するために日本がとった政策は、被植民者の強い反発と反論を招いたのである。

第四節　朝鮮における戦時動員体制の構築と抵抗

労働力不足と朝鮮人強制動員

一九三七年に日中戦争に突入すると日本国内の人員の需要は激増した。朝鮮は満州国とともに大陸兵站基地とされ、日本の戦争経済に組み込まれて、鉱工業は収奪された。米は作付けと供出が強制された。朝鮮人は志願兵や徴兵制によって兵士として動員されるほか、労働力としても大勢動員された。出征兵士の増加によって軍需産業の生産力が低下し、特に石炭鉱業における労働力不足が深刻になったためである。朝鮮人の動員は、日本政府と朝鮮総督府の労働動員政策に基づいて極めて計画的に実施されていたという特徴がある。こうして多くの朝鮮人が、鉱山、土木建築、軍事施設・軍需工場など重労働分野へ動員され、過酷な労役を強いられた。

戦局の拡大により急激に枯渇した日本国内の労働力を補うため、朝鮮人を強制的に動員する政策は、一九三九年七月四日に閣議決定した「昭和一四年度労務動員実施計画綱領」で本格化する。同計画は、「一 軍需ヲ充足スルコト、二 生産力拡充計画ヲ遂行スルコト、三 輸出ヲ復興スルコト、四 国民生活ノ必需ヲ確保スルコト」を目的とし、第二章の一般労務者需給調整方策で、「朝鮮人ノ労力移入ヲ図リ適切ナル方策ノ下ニ特ニ其ノ労力ヲ必要トスル事業ニ従事セシムルモノトス」と規定した[96]。朝鮮人労働者の重要産業への移入の方針や再配置を定めた朝鮮人動員を目的とした計画であった。この決定に基づいて、同月内務次官・厚生次官から地方長官宛てに「朝鮮人労務者内地移住ニ関スル件」の通牒が出た。朝鮮総督府も「朝鮮人労務者募集並渡航取締要綱」を制定し、一元化された朝鮮人の強制的な移住が始まったのである[97]。

朝鮮人の移住政策は、すでに一九三四年に閣議決定によって実施されていた。だが、企業が朝鮮半島で労働者を募集することは全面的に禁止されていたため、民間企業の労働力不足を解消する手段ではなかった。そのため、「国家総動員法」（一九三八年）に基づいて、一九三九年に徹底的な朝鮮人動員計画が決定されたのである。

労働力動員の方式

朝鮮人動員は方式によって三期に分類される。一九三九年に導入した「募集」方式、四二年から始まった「官斡旋」方式、最後は四四年からの「徴用」方式である。

一九三九年七月に閣議決定と厚生・内務両省次官の地方長官宛通牒「朝鮮人労務者内地移住ニ関スル件」により、八万五〇〇〇人の朝鮮人の移住が決定した。こうして民間企業や日本人事業者は朝鮮で集団的募集が認められ、地域ごとに日本人警官などが協力する形式をとった。朝鮮人動員の方法として最初に募集方式がとられたのは、日本政府が朝鮮人の抵抗を恐れたのも一因である。また、企業も労務管理上好ましくない者の就労を警戒していた。この方式は「募集」と称していたが、そもそも日本政府の定める労務動員計画の一環で実施され、朝鮮総督府の地方行政・警察当局や地域有力者の強力な勧誘がなされており、その内実は強制連行に近いものであった。これが朝鮮人戦時動員の始まりであった。だが、この政策はアジア・太平洋戦争が勃発してから労働力不足の深刻化に伴って閣議決定で停止された。

一九四一年から朝鮮半島で「国民皆労運動」が広まっていたことも注目できる。国民皆労運動は、総力戦に打ち勝つために、官民が一体になって国民の労務体制を整備することであり、朝鮮人の労働力と生産力を拡充し、高度の国防国家体制を完成させる目的があった。朝鮮総督府や朝鮮軍は、銃後の朝鮮人と前線の将兵が一丸となって戦争に参加しようと呼びかけた。国民皆労運動は、全朝鮮人に総力をあげて働くことを求める運動であった[98]。

一九四二年一月から、朝鮮総督府の外郭団体・朝鮮労務協会が運営する「官斡旋」方式が登場する。この方式は、召集された日本人の穴を埋めるため、一九四二年に新たに決定された朝鮮人労働者の「労務動員計画・国民動員計画」による。官斡旋の特徴は、これまで動員されていなかった未婚女性、学生、労働者も新たに動員の対象となったこと、業種も金属・航空機・化学・運輸部分まで拡大されたことであった。この動員計画は、朝鮮総督府と朝鮮労務協会が事務の簡素化と効率化をはかり、労働者の募集と選定、集約作業、日本までの連行、日本企業への引き渡しにいたるすべての工程を管理・統制するものであった。警察が朝鮮人を様々な口実で署まで連れて行き、その場で企業の代理人に引き渡して日本に連行するといったことも行われた。その結果、一九四一年まで六〇%台であった目標達成率は、四二年度には九二%に上昇し、四三年度には一〇二%となったという[99]。超過達成したのは、従来の七道に江原道、黄海道の二道が追加され、各道に労働者の供出が割り当てられたためであった。この頃から日本側は、朝鮮人労働者を臨時労働力ではなく、量的にも質的

図 15　軍属を募集する新聞広告
出典：『毎日新報』1944 年 7 月 12 日。

にも基幹労働力として捉えるようになった。

超過達成でもさらなる労働力の確保を企業が強く求めると、国民徴用の強化が必要であると訴える報道が頻繁に登場した。また、勤労報国隊の強化、工場で働かせるための青年の勤労動員、男子勤務の補充代替として女性も積極的に勤労動員させる必要性が説かれた[100]。労働力の補塡がより切実な問題となったのである。

結局、一九四四年八月から日本政府は、これまで国民徴用令の対象ではなかった朝鮮人を適用対象として徴用することに踏み切ったのである。令状による徴用という動員方式によって、多数の朝鮮人が本土をはじめ沖縄やサハリン南半部などへ強制的に連行され、炭鉱・鉱山・土木工事・軍需工場・軍務労務の苛酷な労働に従事させられた。徴用を逃れるために中国にわたる人や、集団的な抵抗も一部みられたが、日本は必要な労働力をいつでも動員できるようになったのである。朝鮮人の徴用と併せて、同じ月に勤労報国隊、学徒、女子労働者の動員をさらに強化した学徒勤労令、女子挺身勤労令が出され、学徒勤労報国隊、女子挺身隊が創られた。

こうした募集、官斡旋、徴用という労働力動員は、民衆の抵抗もあって段階的に実施されたものの、基本的には日本政府の意図通り進められた。朝鮮人の割り当て・人員募集、募集期間と地域、輸送方法は、国家総動員体制のもとどの工程も日本政府の決定により遂行されている。いずれも日本政府と朝鮮総督府の地方行政・警察当局、面官吏、協和団体などが密接に連携し、深く関わっているので、国家権力による強制連行は否定できない。

過酷な労働条件と抵抗

募集や官斡旋、徴用というように、日本政府と朝鮮総督府は、極めて徹底的・計画的、かつ全面的に強制動員を遂行した。このような過程を経て動員された朝鮮人は、朝鮮内や日本だけでなく、満州国に開拓民として送り込まれた。満州へ動員されたのは、朝鮮各地から選別された小作農が中心であった。

強制連行は日本の植民地支配の重要なファクターであり、基本政策の一つで、朝鮮人動員者数は一九三九年から四五年までに一〇〇万人以上に達した。ただし帝国議会、厚生省労務局、内務省警保局などの諸統計資料が一致せず、その正確な数は現在でも明らかになっていない。

強制連行された朝鮮人は大半が、炭鉱や鉱山など重労働が求められる現場に振り分けられた。軍事施設の飛行場や地下壕は、朝鮮人を大勢動員して建設された。朝鮮人の労働条件は過酷であった。劣悪な居住環境、低賃金と長時間労働、危険な労働現場への強制配置により、死亡率は恒常的に高かった。そのため逃亡する者が後を絶たず、また食事や賃金差別に抗議する紛争も各地で頻発した。

栗屋憲太郎によれば、すでに一九四〇年の六月段階で、労働条件を不満とする朝鮮人のストライキ・怠業・抗争は一九七件、参加人数は一万五三〇〇人にも達していた。四三年には二七四件、一万五一六四人、四四年には三〇三件、一万五七三〇人であった。特に、集団暴行・直接行動の激増（四三年一四七件。四四年二五五件）は、日本政府や経営者に衝撃を与えたという。[101]

連行先から逃亡する人も、もちろん多かった。炭鉱など危険で過酷な労働環境で肉体労働を強いられた朝鮮人にとって、最後の抵抗手段は逃亡であった。捕まったら残酷なリンチが待っていたが、朝鮮人強制連行真相調査団の調査によると、強制連行が開始された一九三九年から三年間に炭鉱では三五・六

%が逃亡したという。また別の調査では、一九三九年から四五年三月までに連行された朝鮮人のうち二二万人余名が逃亡したという。[102] 朝鮮人労働者がいかに過酷な労働を強いられていたのかがわかる。

この他にも、様々な形の動員があった。陸海軍の軍属や、朝鮮では一九四四年から始まった学徒勤労動員、朝鮮の一二歳から四〇歳までの女性が対象となった女子挺身勤労動員が行われた。女性は労働力不足を補うためだけでなく、徴兵制実施に伴って「皇軍の母」になるよう様々な要求をされた。日本軍の慰安婦にされた女性も多数存在した。

注

(1) 稲葉継雄「塩原時三郎研究——植民地朝鮮における皇国化教育の推進者」『九州大学大学院教育学研究紀要』創刊号(通巻第四四集)、一九九八年、一八五頁。
(2) 宮田節子『朝鮮民衆と「皇国化」政策』未來社、一九八五年、一四八頁。
(3) 朝鮮総督府編『施政三十年史』一九四〇年、四〇九頁。
(4) 金誠「植民地朝鮮における皇国臣民体操の考察」『札幌大学総合論叢』第二八号、二〇〇九年、八六頁。
(5) 藪景三『朝鮮総督府の歴史』明石書店、一九九四年、一九〇—一九二頁。
(6) 『釜山日報』一九三八年三月五日。
(7) 前掲『施政三十年史』七九〇頁。
(8) 朝鮮総督府『総督府官報』一九三八年一〇月八日。前掲『施政三十年史』七九三頁。
(9) 朝鮮教育研究会『文教の朝鮮』一九三八年六月号、三八頁。
(10) 『京城日報』一九三七年九月二五日。
(11) 前掲『施政三十年史』七九三頁。
(12) 『京城日報』一九三七年一〇月二一日。

(13) 朝鮮総督府『朝鮮総督府施政年報昭和一三年』一九三八年、二一八―二一九頁。
(14)「志願兵の正課に皇國臣民體操」『京城日報』一九三八年二月八日。
(15) 朝鮮総督府『朝鮮社会教育要覧』朝鮮総督府学務局社会教育課、一九四一年。
(16)『京城日報』一九三八年二月八日。鄭根埴「植民地支配、身体規律、「健康」」水野直樹編『生活の中の植民地主義』人文書院、二〇〇四年、七七頁。
(17)「新しい健康美」『毎日新報』一九四二年三月二三日。「男女体力章検定」『毎日新報』一九四三年六月一八日。
(18)「閨房にも体錬熱」『毎日新報』一九四一年一〇月一四日。「六万名の健民主任――大日本婦人会が各分会に配置」『毎日新報』一九四三年六月二五日。
(19) 前掲「植民地支配、身体規律、「健康」」九三頁。
(20) 辛承模「植民地朝鮮における兵役法改正と張赫宙の文学」富士ゼロックス小林節太郎記念基金編集・発行『小林節太郎記念基金二〇〇五年度研究助成論文』二〇〇六年、三頁。
(21)『毎日申報』一九三七年八月六日、一頁。
(22)『毎日申報』一九三八年一月一六日。社説「志願兵制度の施行」『毎日申報』一九三八年一月一七日、一頁。『京城日報』一九三八年一月一八日。
(23)『毎日申報』一九三八年二月二三日、一頁、三頁。
(24)『京城日報』一九三八年一月一八日。
(25)「半島人志願兵制度 愈々きょうより実施」『満州日日新聞』一九三八年四月四日。
(26) 前掲『朝鮮民衆と「皇民化」政策』五二頁。
(27) 同前。
(28)「志願兵制の対策研究」『京城日報』一九二七年一一月二三日、一頁。
(29) 朝鮮軍司令部「朝鮮人志願兵制度ニ関スル意見」(一九三七年) 公立公文書館アジア歴史資料センター、レファレンスコード C01004599600。
(30) 志願兵制の実施については、宮田節子「朝鮮における志願兵制度の展開とその意義」旗田巍先生古稀記念会編

『朝鮮歴史論集 下巻』龍渓書舎、一九七九年。戸部良一『戦争のなかの日本』千倉書房、二〇二〇年、八九―九〇頁。

(31) 前掲『戦争のなかの日本』九一頁。
(32) 前掲「朝鮮人志願兵制度ニ関スル意見」(一九三七年)。
(33) 「半島人志願兵制度 愈々きょうより実施」『満州日日新聞』一九三八年四月四日。
(34) 『毎日申報』一九三八年二月二日。
(35) 『京城日報』一九三八年四月三日。
(36) 『京城日報』一九三八年六月一八日。
(37) 『京城日報』一九三八年四月三日。
(38) 『京城日報』一九三八年一月一八日。
(39) 糟谷憲一『朝鮮半島を日本が領土とした時代』新日本出版社、二〇二〇年、一八二頁。
(40) 『京城日報』一九三八年一月一八日。
(41) 宮田節子・金英達・梁泰昊『創氏改名』明石書店、一九九二年、二九頁。
(42) 『毎日申報』一九三八年一月一八日、三頁。『毎日申報』一九三八年一月一九日、三頁。『毎日申報』一九三八年一月二一日、四頁。「開城最初の志願兵出願」『毎日申報』一九三八年一月三〇日、三頁。「志願兵志望者江陵でも続出」『毎日申報』一九三八年二月一日、四頁。「帝国軍人志望に血書で決意表明」『毎日申報』一九三八年二月二日、四頁。
(43) 『毎日申報』一九三八年二月一九日の報道(一頁)では、志願者がすでに三五〇〇人に達していると報道しているが、同年度の志願者数は二九四六名であった。志願者数に敏感であった朝鮮総督府の隠蔽・操作があったことは想像に難くない。
(44) 樋口雄一『戦時下朝鮮の民衆と徴兵』総和社、二〇〇一年、一四頁。
(45) 小磯國昭『葛山鴻爪――小磯國昭自伝』丸ノ内出版、一九六八年、六四一頁。
(46) 「朝鮮軍司令部に新聞班を編成」『京城日報』一九三七年一〇月二一日。

(47)『毎日申報』一九三八年一月二三日、三頁。
(48)『朝鮮時報』一九三八年一月一八日、一頁。
(49)『朝鮮時報』一九三八年一月二八日、一頁。
(50)『毎日申報』一九三八年一月七日、二頁。
(51)『京城日報』一九三八年一月一八日。『毎日申報』一九三八年一月一八日、三頁。
(52)『京城日報』一九三八年一月一八日。
(53)同前。
(54)「志願兵制実施を聴き、翻然悔悟した思想犯」『毎日申報』一九三八年二月四日、三頁。
(55)『毎日申報』一九三八年一月一八日、一頁。
(56)『毎日申報』一九三八年一月六日、一頁。
(57)『毎日新報』一九四一年一一月一〇日。『毎日新報』一九四三年九月一九日。
(58)「映画『愛と誓ひ』評 上・下」『毎日新報』一九四五年五月二五日、五月二六日。
(59)「君國多事の秋に 志願兵(志望者)十萬突破、志願兵 母姉へ送る書」『三千里』第一二巻第七号、一九四〇年七月。
(60)前掲『朝鮮半島を日本が領土とした時代』一八七頁。
(61)姜徳相『朝鮮人学徒出陣』岩波書店、一九九七年、七頁。
(62)朝鮮軍報道部監修・朝鮮軍事普及協会編『朝鮮徴兵準備読本』朝鮮図書出版、一九四二年、三一頁。
(63)『京城日報』一九四二年五月一〇日。
(64)社説「徴兵制施行決定」『毎日新報』一九四二年五月一〇日、一頁。
(65)「徴兵制の歴史――列強の徴兵制はどのようなものか」『毎日新報』一九四二年五月一〇日、三頁。
(66)「徴兵感謝と我々の覚悟」『毎日新報』一九四三年八月七日。
(67)朝鮮総督府「第八十五回帝国議会説明資料、財務局長用」、昭和一九年八月作成。宮田節子「皇民化政策と民族抵抗――朝鮮における徴兵制度の展開を中心として」鹿野政直・由井正臣編『近代日本の統合と抵抗4 1931

年から1945年まで』日本評論社、一九八二年、二三九頁。
(69) 前掲『朝鮮民衆と「皇民化」政策』一〇四頁。
(68) 前掲『朝鮮徴兵準備読本』三一頁。
(70) 同前、二一頁。
(71) 同前、四一頁。
(72) 同前、四一頁。
(73) 同前、三七頁。
(74) 岡久雄「朝鮮青年体力検査を終えて」『朝鮮』一九四二年五月号。
(75) 『釜山日報』一九四二年五月一三日、一頁。
(76) 前掲『朝鮮半島を日本が領土とした時代』一八八頁。
(77) 『釜山日報』一九四二年九月一六日、一頁。
(78) 『毎日新報』一九四二年五月一八日、三頁。「徴兵制感謝法会 太古寺で必勝祈願」『毎日新報』一九四三年八月七日。
(79) 『毎日新報』一九四三年三月二六日、四頁。
(80) 前掲『朝鮮半島を日本が領土とした時代』一八六―一八七頁。
(81) 前掲『朝鮮民衆と「皇民化」政策』六一頁。
(82) 金田龍圭「徴兵制実施と吾が学徒の覚悟」『国民文学』第二巻第七号、一九四二年八月、四〇頁。
(83) 趙景達『植民地朝鮮と日本』岩波書店、二〇一三年、一九〇頁。
(84) 前掲『朝鮮半島を日本が領土とした時代』一八七頁。
(85) 前掲『戦争のなかの日本』八八―八九頁。
(86) 田中宏「日本の植民地支配下における国籍関係の経緯――台湾・朝鮮に関する参政権と兵役義務をめぐって」『愛知県立大学外国語学部紀要』第九号、地域研究・関連諸科学編、一九七四年、八二頁。
(87) 樋口雄一『皇軍兵士にされた朝鮮人――一五年戦争下の総動員体制の研究』社会評論社、一九九一年、一六〇―

一六八頁。
(88)「朝鮮と徴兵制度」『京城日報』一九三六年一一月二六日。
(89) 同前。
(90)『毎日申報』一九三七年八月五日、一頁。『毎日申報』一九三七年八月一五日、三頁。
(91) 南富鎭・松下玲音「雑誌『国民文学』研究――不協和音を奏でる「英雄」たち」『アジア研究』第一一巻、二〇一六年、四一頁。
(92) 崔載瑞「国民文学の要件」『国民文学』第一巻第一号、一九四一年一一月。
(93) 崔載瑞「報道演習班」『国民文学』第三巻第七号、一九四三年七月、二四―四八頁。「朝鮮軍報道班員の手帖」『国民文学』第三巻第七号、一九四三年七月、五〇―六一頁。崔載瑞「徴兵制願行」『国民文学』第三巻第八号、一九四三年八月。
(94) 長尾尚作「時事有感――徴兵制・戦局・文学者など」『国民文学』第三巻第九号、一九四三年九月、四頁。
(95) 座談会「決戦美術の動向」『国民文学』第四巻第五号、一九四四年五月、五九頁。
(96) 石川準吉『国家総動員史 資料編 第1』国家総動員史刊行会、一九七五年、三二四―三二八頁。
(97) 大江志乃夫・浅田喬二・三谷太一郎編『岩波講座 近代日本と植民地5 膨張する帝国の人流』岩波書店、一九九三年、一〇三―一三〇頁。
(98)「国民皆労座談会」『京城日報』一九四一年九月二三日。
(99) 林建彦・阿部洋編『ニッポン・コリア読本――教科書に書かれなかった歴史の真実と日韓・日朝関係発展の課題』教育開発研究所、一九九一年、二三九頁。山口隆『他者の特攻』社会評論社、二〇一〇年、二〇六―二〇七頁。
(100) 社説「労務動員に協力せよ」『京城日報』一九四三年一〇月九日。
(101) 粟屋憲太郎「国民動員と抵抗」『岩波講座日本歴史21 近代8』岩波書店、一九七七年、一八八頁。
(102) 同前。

第二章　植民地朝鮮における科学談論と朝鮮総督府の航空政策

第一節　最先端技術としての「飛行機」表象

国家総力戦体制と飛行機の軍事的重要性

先端テクノロジーの集合体といえる飛行機は、近代国民国家において国力の粋を極めたものだった。朝鮮でも一九一〇年代から科学技術の進歩の象徴として大衆に認識され始めた。飛行機を大衆がよく目にするようになったのは、一九一四年に勃発した第一次世界大戦からである。第一次世界大戦では、それまでの戦争とは異なる強大な軍隊が出現しただけでなく、飛行機が兵器として初めて使用された。空襲という新たな戦闘形態が生まれ、兵士だけではなく一般市民も直接被害を受けるようになったのである。これにより「戦場と銃後」といった従来の区分は、変更を余儀なくされた。何よりも第一次世界大戦は、政治・経済・社会など、国家の総力をあげた長期にわたる激烈な戦争となり、一般国民までもが戦闘に巻き込まれたという点で従来の戦争とは異なっていた。

こうした戦争の様相の変化は、全国民が戦争の主体で、国民の政治的・思想的団結力が大切なこと、飛行機などの新兵器が勝敗を決する重要な要因となることを日本政府に認識させた。すなわち、国家総力戦体制の到来である[一]。第一次世界大戦は、欧米列強と肩を並べるには、軍事的な改革が必要だと日本に認識させたのである。すでに日露戦争が終わったころから、飛行機を兵器として実用化する可能性を探っており、欧米の水上機の分析を進めていたが、第一次世界大戦中の一九一六年に、日本海軍は航空隊を発足させたのである。

この時期、朝鮮総督府の機関紙『京城日報』は、毒ガス兵器や新しい火砲、機関砲等を備えた装甲自

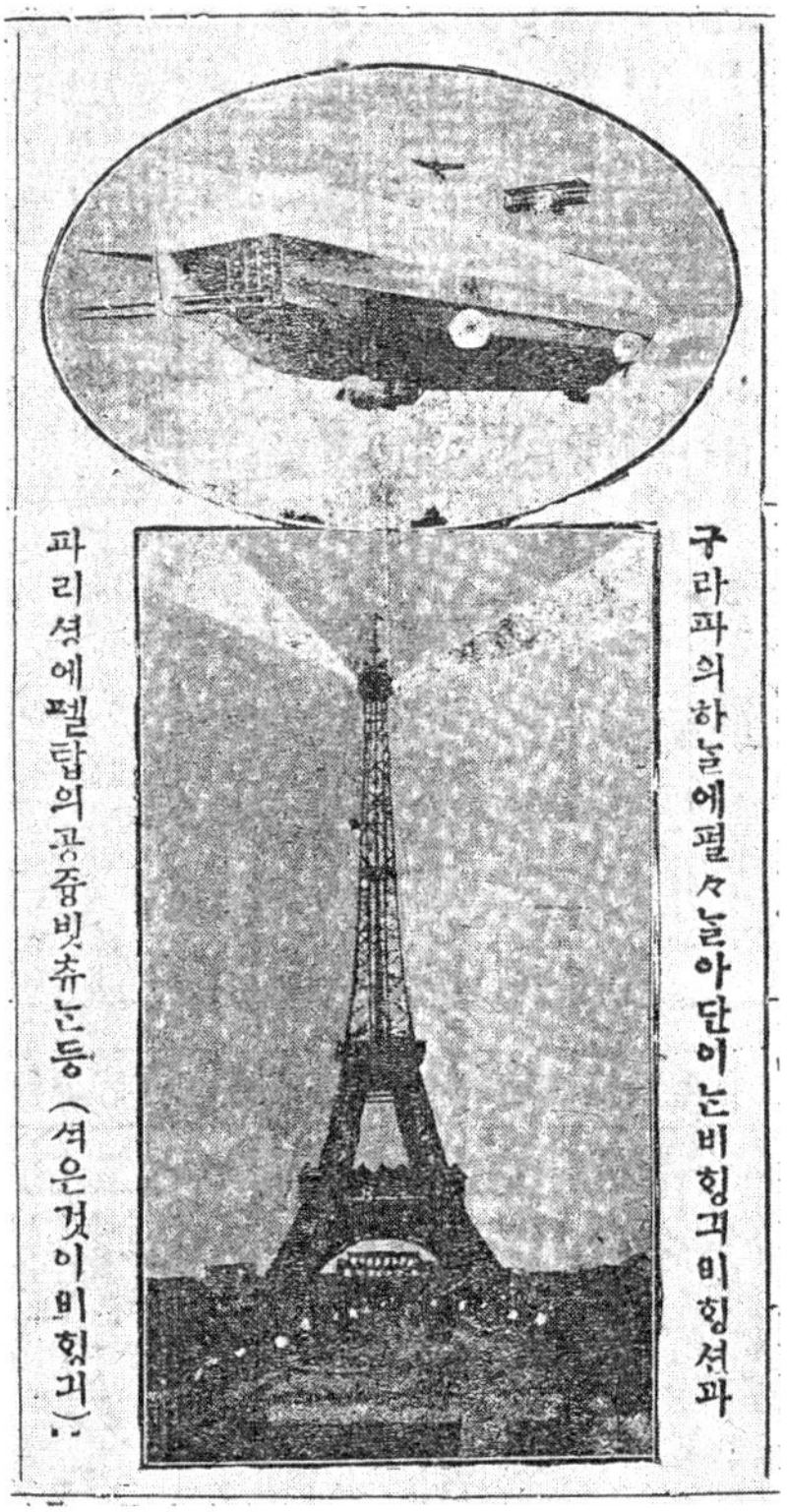

図16　フランス・パリの上空を飛ぶ飛行機を紹介する報道

出典：『毎日申報』1914年8月1日。

歐州戰爭畫報
獨逸に設立されたる殊勳飛行器の銅像

図 17 ドイツに建てられた殊勲飛行機の銅像
出典：『釜山日報』1916 年 4 月 1 日。

動車などが、ヨーロッパの戦争にどのような影響を及ぼしているのかを解説する記事をたびたび掲載している(2)。航空機の発達が戦争にどのような変化をもたらしたのか、以下のように詳細に紹介している。

> 航空機に就ては今更ら喋々を要しない、大戦前迄は世界各国中最も長足の進歩をしている仏国ですらも尚お屢々犠牲を払い器械等に於ても未だ制式を決定するに至らなかつたが官民の奨励努力が相待つて非常な進歩を示し、大戦勃発前より既に戦闘兵種の一として重大なる役務を為すべく期待されていた、而して戦争が始つて以来其戦術的使用法に於ても芸術的に於ても頗る多大の進境を見一方には大なる犠牲を払いつつも熱心に操縦者及び器械の補充に力め以て層一層の進歩を現している、今や制空権の獲得は戦闘実行上最も重要視さるるに至つた畢竟戦前僅に萌芽を出した航空機は則ち現下の戦争の実際に大なる教訓を受け略ぼ完全なる域に達しつつあるのであ

る。(3)

戦争は航空産業と飛行技術を飛躍的に向上させた。戦争と結合した飛行機の表象は、「国家」が強大であるという印象を国民に植え付けた。飛行機は、科学技術に対する関心を高めただけでなく、国家の科学技術力と国民を結びつける役割を果たしたのである。

国家を理解するにあたって飛行機が重要な存在になったのは、国家の統制の下で航空技術と航空機が徹底管理・開発され、軍事目的で利用されたためである。飛行機に代表される戦争武器の表象は、抽象的な国家のイメージを具体的にする役割を果たしただけでなく、国民を国家体制に順応させる機能も担った。そして、飛行機は植民地朝鮮の民衆にも、植民地支配と戦争体制を認識する視角を提供しただけでなく、帝国日本と朝鮮総督府の新しい国家統治に順応させる皇国臣民としての自覚を促したのである。

朝鮮最初の雑誌『少年』における飛行機

朝鮮人は、日本が大陸を侵略しだした一九三〇年代から科学技術の総和である飛行機に関心を持ち始めたわけではない。一九一三年に朝鮮の空を初めて飛んだ飛行機は、日本人が操縦していた。このパイロットは、日本海軍軍属技士を務めた奈良原三次であった。奈良原は、東京帝国大学工学部に在学中から始めた飛行機の研究を海軍に入隊してからも続け、退役後一九一〇年に日本で初めて飛行機の製作と飛行に成功した。

その後も自ら民間飛行場を開設し、民間パイロットを養成するなど、日本の航空産業の発展に寄与し

図18　日本から朝鮮へ到着した飛行機の様子を報じた記事
出典：『毎日申報』1913年3月19日。

た。その奈良原が、一九一三年八月二九日、京城（現在のソウル）の龍山日本軍司令部の練兵場で、朝鮮における初飛行を披露したのである。翌一四年にも朝鮮総督府の要請で、再び日本の民間飛行士が京城で公開飛行を行った。朝鮮人に飛行機の飛ぶ姿を見せて、帝国日本の先端技術や航空技術文明を誇示する狙いがあったのである。

朝鮮人は、一九一三年の公開飛行で初めて直接飛行機を目にしたが、間接的には一九一〇年に経験していた。一九一〇年代から朝鮮では科学と飛行機に関する多様な言説が本格的に登場するが、それは雑誌『少年』によるところが大きかった。印刷媒体が少なかったこの頃、朝鮮を代表する文学者・崔南善は朝鮮最初の総合教養雑誌『少年』（一九〇八年八月〜一九一一年五月）を発行した。写真や記号、図形など視覚資料が数多く掲載されており、「読む」雑誌というよりも「見る」雑誌を目指した。特に飛行機関連の多くの写真が紹介されている。

一九一〇年二月号の『少年』は飛行機特集号といえる。様々な種類の飛行機の写真が掲載されているだけではな

図19　雑誌『少年』の発行とその内容を伝える記事

出典：(上)『大韓毎日申報』1908年11月11日，(下)『皇城新聞』1908年11月28日。

い。「空中飛行」という記事は、欧米諸国をはじめ、学界や経済・産業界はみな飛行機の開発に関心を寄せており、ドイツのツェッペリン伯爵が発明した「飛行船」を世界史における画期的な出来事と評価している。[4]朝鮮でも飛行機は自然を征服する先端科学技術の象徴とみなされていたが、同誌が約二〇頁にわたって「泰西列國の飛行機発達史」という題目で詳しく紹介していることは目を引く。[5]『少年』は次の三月号でも、「発動機で引行する軍用飛行機」の写真や様々な空中飛行機を掲載している。

雑誌『少年』に数多く掲載された飛行機の写真と絵は、ツェッペリン伯爵によって発明された硬式飛行船の影響を強く受けていた。巨大で偉容を誇る硬式飛行船が世界の注目を集めたのは当然であった。ツェッペリンはその後も技術の粋を集め、一九〇六年には二四時間滞空飛行に成功する等、次々と改良を重ねていく。ドイツ国民はツェッペリンの飛行船に熱狂し、飛行船とツェッペリンはドイツの象徴になった。第一次世界大戦では偵察目的のみならず、イギリスやベルギーを爆撃する等、軍事目的にも使われた。一九〇〇年代から一九三〇年代まで、ツェッペリン飛行船は、ヨーロッパをはじめ世界の関心の対象となった。飛行船を製造する技術は、国家の運命を定める力として、さらに人間が神の領域に近づく崇高な表象としてとらえられたのである。

朝鮮における飛行場整備と民間航空事業

ここで注目すべきは、朝鮮総督府が朝鮮半島の地理的重要性と飛行機の軍事的な必要性から、京城に飛行場を整備するとともに、航空産業や民間航空会社を育成したことである。一九一六年三月、朝鮮駐屯日本陸軍は、京城を流れる漢江の中洲・汝矣島に航空機簡易離発着場を設置し、同年一〇月より汝矣島飛行場として本格的に使用するようになった。それ以降京城周辺ではしばしば飛行機が空を飛ぶ姿が見られ、第一次世界大戦後は、飛行機で世界一周をする西欧の飛行士が朝鮮に立ち寄るなど、飛行機に関する報道もかなり増えた。一九一七年に行われたアメリカ人パイロットのアート・スミスの曲芸飛行は、いかに朝鮮人が飛行機に関心と憧れを持っていたのかが確認できるイベントであった。当時京城の人口は約三〇万人だったが、このとき汝矣島飛行場の周辺に約五万人がつめかけたのである。

こうした飛行機に対する強い関心により、一九二〇年代には朝鮮に民間航空会社が設立される。日本では一九二二年に井上長一が日本航空輸送研究所を設立し、日本陸軍航空局の支援のもと、民間航空育成策の研究と定期路線を開拓するための試験飛行を開始していた。朝鮮総督府でも日本と同様、航空事業育成の方針を決定し、一九二四年六月に航空行政を管轄する逓信局が「朝鮮航空事業調査委員会」を設置し、地方飛行場の整備や航空人材の育成について検討を始めた[6]。さらに、翌二五年一二月には、朝鮮総督府の支援を受け、日本軍出身の西尾三郎が汝矣島飛行場に格納庫を建て、輸送から調査、修理、航空撮影まで担う「朝鮮航空研究所」を設立する。二六年には朝鮮人航空士・李基淵が初の民族系航空会社「京城航空事業社」を創設するが、旅客運送便の運航には至らなかった[7]。一方、日本では一九二八年一〇月に日本航空輸送株式会社が設立され、既存の航空会社との再編を経て、翌二九年九月より東京や福岡と朝鮮の各都市、さらに朝鮮半島から大連まで旅客便の運航を開始した[8]。

一九二〇年代後半の昭和金融恐慌を契機に日本は中国・満州への影響力を強め、朝鮮半島の軍事的重要性はいっそう高まった。朝鮮総督府逓信局は、かねてより日本陸軍が使用していた汝矣島飛行場を拡げて、航空振興策の一環として「京城飛行場」と改称し、二九年四月に正式開場した。前年の一九二八年一二月には朝鮮南部の蔚山にも飛行場を建設し、その後も平壌や新義州など、朝鮮北部を含めて飛行場の整備を進めていった[9]。

一九三〇年には、朝鮮人の操縦士や整備士を育成する「朝鮮飛行学校」も京城飛行場内に設立された。開校当初から朝鮮総督府の管理下にあったが、学校経営は安定せず、総督府の航空奨励補助金を頼みとし、総督府が進めていた魚群探知飛行に携わってなんとか事業を継続した。民間航空を取り巻く環境と同校の業務内容が大きく変化したのは、一九三七年に日中戦争が勃発して以降である。朝鮮総督府の指示によって、中国海南島の日本軍需工場等へ朝鮮人徴用工や兵士、兵器を輸送するようになった。その後、日本軍との合弁による朝鮮航空製作所が設立されたが、太平洋戦争に突入すると朝鮮にある航空会社は国策会社となり、所有するすべての航空機は日本軍に徴発されたのである。

強力で崇高な国家像と飛行機の表象

飛行機は大衆に希望と夢に溢れた未来を示して、テクノロジーに対する盲目的な信頼を強化する役割を果たした。朝鮮総督府は、崇高なテクノロジーの象徴である飛行機を支配と統治に有効に利用しようとした。想像を絶するスピードで飛ぶ飛行機を見た朝鮮人のなかには、日本が統治する新しい時代に畏怖を感じ、既存の思想や国家体制を古めかしく思う人もいた。それほど飛行機は強烈な印象を与えたのである。視覚媒体は大衆に国家権力を受容させるのに大きな効果があることはよく知られているが、日本政府も朝鮮で新聞広告やポスター、映画、博覧会を大いに活用した。朝鮮博覧会は、産物や工芸品、科学技術を純粋に展示したというよりも、帝国日本の繁栄をアピールする場として大衆を動員する狙いがあった。

では、朝鮮のメディアは、いかに飛行機を描いたのだろうか。朝鮮総督府の機関紙『毎日申報』には、先端テクノロジーを象徴する飛行機のイメージを利用した広告や国家体制の宣伝がよく掲載された。その典型が、滋養強壮剤「大力丸」の広告である。力強さの象徴として大衆に認識されている飛行機を使うことによって、大力丸も飛行機のように強力な薬品であるというイメージを伝えようとした。イラストには、上空の飛行機が噴射する大力丸とそれを熱狂的に受け止める朝鮮人の姿が描かれている。[10]

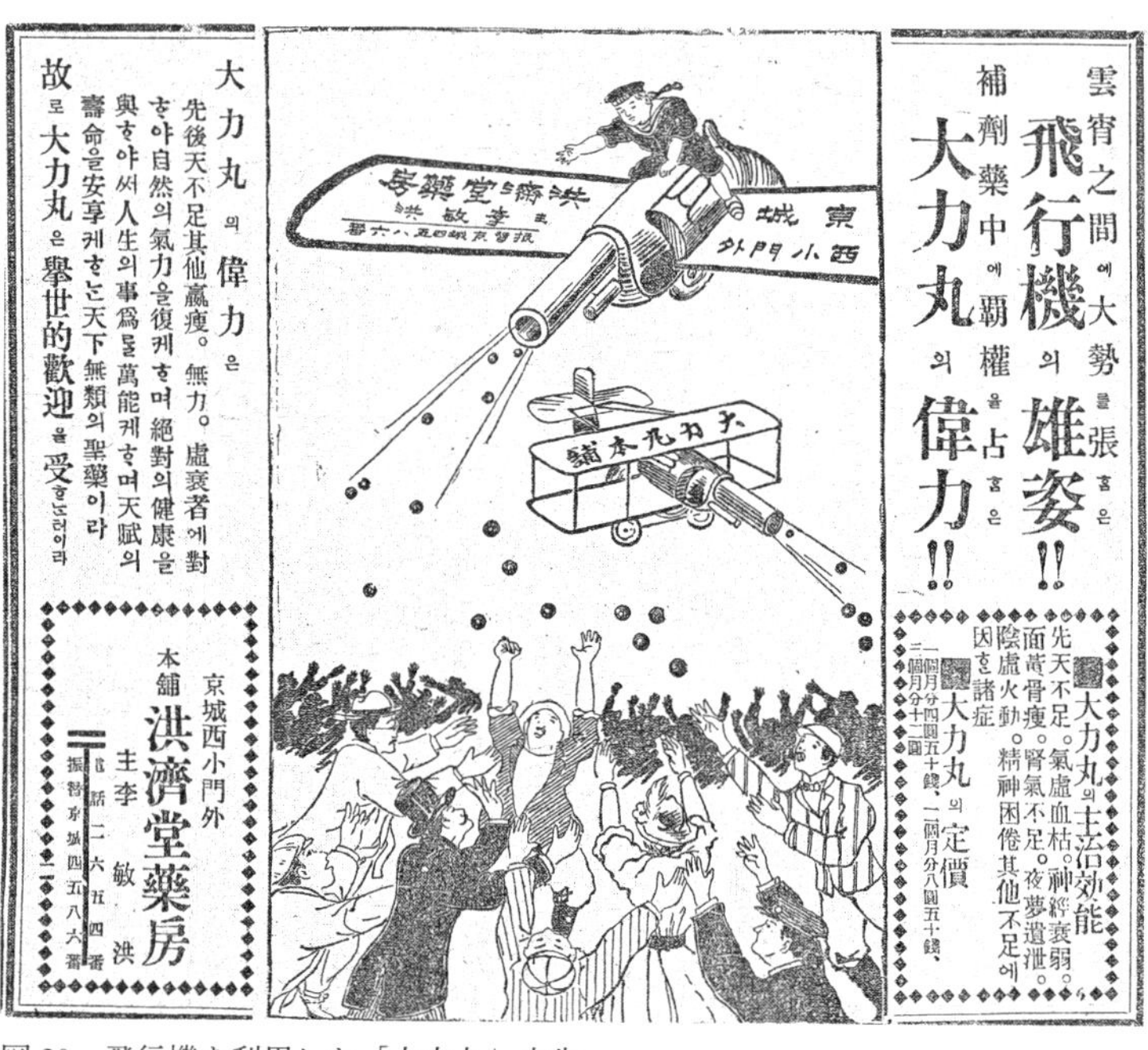

図 20　飛行機を利用した「大力丸」広告
出典：『毎日申報』1919 年 3 月 12 日。

　この広告は、薬品本来の情報を提供しておらず、効能の神秘性を助長している。飛行機を利用した大力丸の広告は、象徴操作を通してファンタジーを作り出すのである。ほかにも、納税を督励するポスターにも飛行機は登場している。朝鮮の忠清南道のポスターでは、船体に「納税宣伝號」と書かれた飛行船からチラシが撒かれている。飛行船には日章旗を掲げた人が乗っており、地上にいる多くの人々は飛行機からばら撒かれた納税チラシを喜んで受け取っている。飛行機が撒く「権利を主張する前に納税を」「滞納は公民の敵」というチラシは納税に神聖性を与え、絶対的な命令に発展する効果がある。
　以上、一九一〇年代から二〇年代

にかけて新聞や雑誌に頻繁に登場する飛行機のイメージを利用した二つの広告を取り上げたが、総督府の政策を宣伝する媒体にも飛行機が頻繁に登場した。飛行機は、先端科学技術の表象であり、強力で崇高な国家像に結びつけられたのである。そして、戦時下では、この表象は戦争と結びついた。兵士、戦車、飛行機のイメージを用いた広告は戦時イデオロギーを広め、なかでも薬品の広告は圧倒的に多い。朝鮮人の身体や健康が帝国日本の重要な資産として管理され、健兵健民政策が進められた時期であり、疾病と戦う薬品のイメージは軍隊にぴったりだった。

第二節　朝鮮総督府による航空思想の宣伝や普及

空や飛行機に対する憧れ

朝鮮総督府は軍事動員を進めるにあたり、朝鮮人青少年たちの空への憧れも積極的に利用した。一九二〇年代から三〇年代は世界の航空技術が飛躍的に発展を遂げ、若者は飛行機に強い憧れを抱いた。

この航空熱は、「民族の英雄」と呼ばれる飛行士・安昌男の登場でさらに加熱する。安昌男が日本で朝鮮人として初めて一等飛行士免許を取得し、日本飛行協会主催の飛行大会で最優秀賞を獲得したというニュースは、朝鮮の新聞で大々的に報じられた。天才飛行士の歌が作られ流行するほど朝鮮社会は沸き立った。一九二一年には安昌男の後援会が組織され、飛行機の購入を目的に二万ウォンの募金運動が始まった。翌年に東亜日報社の主催で実現した安昌男の祖国訪問飛行には、見物しようと京城の飛行場に五万人が殺到し、人々の関心の高さが充分に推測できる。(11)

一九二〇年代に朝鮮の人々が空や飛行機に高い関心を持っていたのは、新聞と雑誌に飛行機を紹介する記事が溢れていたことからも確認できる。朝鮮の上空を飛行機が飛んだだけでニュースになり、特に『東亜日報』には飛行機に関わる写真と記事がよく掲載された。[12] 飛行機には警官たちが厳重に警戒するなか、飛行機を一目みるために老若男女の見物客が雲霞のごとく集まって、午前八時にはもう人山を築いたという報道にも、[13] 朝鮮人がいかに飛行機に魅了されていたのかが窺える。空を飛ぶ飛行機はテクノロジーの集合体であったが、朝鮮人にとってはつねに神秘的な存在で、敬意と讃嘆の対象でもあった。飛行機は近代科学を超えたなにか崇高なものだった。

朝鮮総督府逓信局は、一九三〇年代から本格的に航空機の特質や文明上の重要性、軍用機としての役割を広げる航空思想やそれを宣伝する様々な行事を全国で開催する。その主な対象は、将来兵士になる児童と彼らの教員であった。学校で開かれた模型飛行機の講習会もその一つである。また、朝鮮総督府は京城府内の各小学校から選抜した教員と児童を飛行機に乗せて府の上空を一周する体験会まで催しており、このニュースも写真入りで新聞に大きく掲載された。[14]

平壌では、教員と生徒六〇名を無料で旅客機に搭乗させる企画を立て募集したところ、希望者が殺到したという。[15] 航空思想を普及する対象は、当初は主に児童と教員だったが、その後司法官、警察官、実業家まで拡大された。日本航空会社のスーパーユニバーサル四〇人乗で、京城上空を試乗する会に招待したりしたのである。[16] 試乗飛行のほか講演会や映画の上映会は地方都市でも開かれ、[17] 日本政府や朝鮮総督府が航空思想を普及・浸透させようとした意図がよく窺える。試乗飛行の新聞報道は航空産業への憧れを喚起し、帝国日本に対する反発を忘却させるほどの効果を生んだのである。

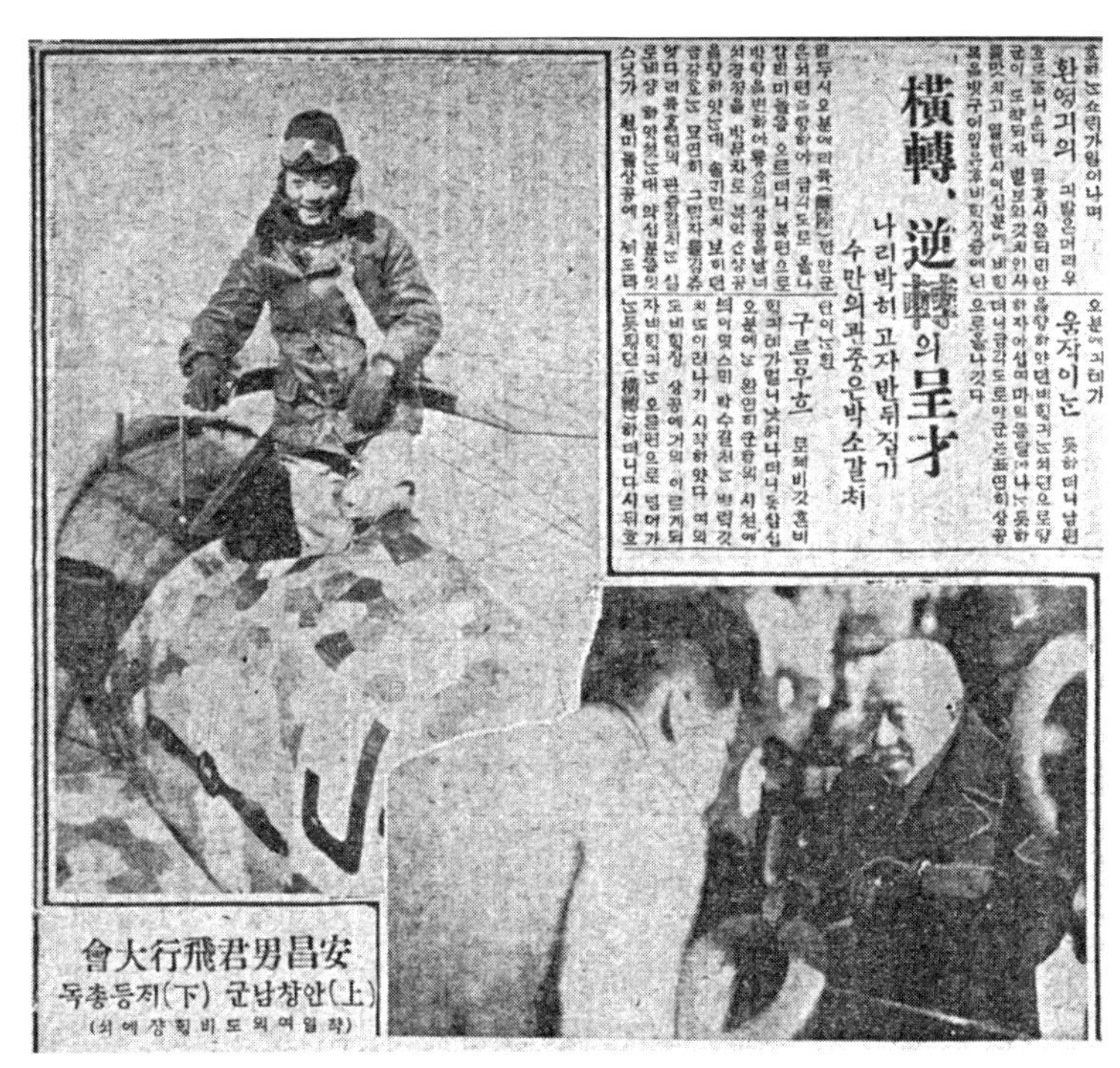

橫轉、逆轉의 呈才
나리박히고자반뒤집기
수만의관중은박소갈채

安昌男君飛行大會
(上)안창남군 (下)지등총독
(착륙여의도비행장에서)

図 21　安昌男の飛行大会と朝鮮総督・斎藤実の激励
出典：『毎日申報』1922 年 12 月 11 日。

図 22　学校における模型飛行機の講習会
出典：『朝鮮新聞』1931 年 8 月 11 日。

しかしながら、より注目すべきは、新聞や雑誌を通して、飛行機が朝鮮人の日常生活まで浸透したことである。実際に乗ったことがなく報道を見ただけの人が圧倒的に多かったが、飛行機に関する知識と憧れを大勢の人が持つようになった。

一方、朝鮮総督府は尉山、京城、平壌、新義州の四都市のほかに、羅津や雄基にも飛行場を新設する。陸海軍機の演習をはじめ民間機の往来、関釜空路開設計画等々で航空網が急速に密になった朝鮮半島の状況を踏まえ、逓信局の起案で朝鮮ではじめてゴー・ストップができるシステムと航空機の燈火、信号が採用され、「空中衝突予防府令」も発布された[18]。このように朝鮮総督府は航空関連政策を着々と進めた。日本政府がいかに戦時体制に向けて準備を固めていたのかは、次の『京城日報』の記事からも確認できる。

図23　航空思想を宣伝する総督府関係者（京城）
出典：『毎日申報』1933年2月20日。

昔の戦争は地上と海上だけで行われたが、今の戦争は航空機の発達によつて空も利用せらるることになつた。そこで戦場は平面から立体にかわり、その地域も拡張されて国内に迄およぶ様になつた。日露戦争の時などは日露両軍が満洲でこそ火花をちらして勝敗を争つたが、両国の本土が無事にすんだ。併しこれからの戦争はそうはいかぬ。敵の飛行機や飛行船は海でも山でも越えてやつて来る爆弾は兵営だらうが民家だらうが相手かまはず落ちて来る。従つて今後は海と陸との防禦の外に空の防禦といふことが必要になつたのである[19]。

軍部が戦争と飛行機をどのように認識していたのかが把握できる。さらに朝鮮総督府の管理のもと、朝鮮では飛行機の生産も進められた。昭和飛行機株式会社は平壌に工場敷地二二万坪を買収し、機体工場の建設に着手した。同社は、第一期計画で修理工場を、第二期計画で機体工場を整備し、将来的に朝鮮における完成機の自給を目指していると報道された[20]。

国家再建と飛行機

巨大でおそろしく速い飛行機は、近代科学技術に接したことの少ない朝鮮人に刺激と魅惑を与えたが、日本統治下で飛行機を利用して独立を果たそうとした動きがあったことは興味深い。独立運動に携わっていた植民地の青年にとって、飛行機は単なるロマンチックな夢の存在ではなかった。国を失った青年たちは、早くから飛行機を独立闘争の武器や啓蒙手段として認識しており、飛行技術を学ぶため日本だけでなく、中国やソ連、アメリカに渡った。

独立運動を展開した人々は、朝鮮人飛行士を養成するための飛行学校も設立した。先述した朝鮮人初のパイロットである安昌男も、日本で飛行士として出世する道を諦めて中国に亡命し、中国人と朝鮮人の飛行士を養成する教官として独立運動を支えた。中国・上海に拠点を置いた大韓民国臨時政府も、アメリカのカリフォルニア州に飛行士養成所を設立し、飛行隊の編成を試みた。朝鮮上空で、飛行機から独立活動を促す宣伝ビラを撒くためであった。

大韓民国臨時政府で、民族と国家再建に飛行機がいかに重要な存在なのかを強調し、実践に移した人が、内務部長・安昌浩である。彼は愛国啓蒙運動を展開し、朝鮮独立に一生を捧げた。彼の日記には、独立運動における飛行機の重要性のほか、臨時政府で飛行機を購入して日本に対抗する計画が細かく示されている。[21] 秘密裏に二〇萬元で飛行機を購入して、朝鮮人の民族意識と独立意識を高揚させることが目的だった。また、軍事的な狙いもあった。日本の物理的暴力に立ち向かうためには、日本を超える科学技術力を所持するしかないという考えゆえである。この計画は頓挫したが、アメリカに飛行学校を設立し、中国軍所属の朝鮮人パイロットを輩出することができた。

戦時下の航空政策

日中戦争や太平洋戦争は、日本の国家体制のみならず、植民地支配政策にも大きな変化をもたらした。一九三七年六月三日の『朝鮮総督府官報』は、内閣総理大臣・林銑十郎の名前で、「国家総動員体制準備」とそれに関わる訓令を発表した[22]。『朝鮮総督府官報』に「国家総動員」という言葉が登場したのはこれが初めてであったが、日中戦争が勃発する約一カ月前にすでに国家総動員の構想が準備されていたのである。そして、戦局が進んだ一九四一年に、朝鮮総督府は軍官民合同団体の「朝鮮国防航空団」を設立する。

一九四二年には、操縦士予備軍である青少年に向けて、国民学校で飛行機等の模型製作を教程にしたり、中等学校に滑空科科目を設置するとともに、大々的な航空イベントを開催し、子どもたちの空に対する憧れを喚起した。四三年には滑空指導者養成所や滑空訓練所を開設するなど、朝鮮総督府は航空熱を助長する政策をさらに整備した。朝鮮人の日常生活に飛行機は浸透していったが、植民地朝鮮の青少年にとって飛行機が本格的に日常性を帯びるようになったのは、模型飛行機という遊びが定着してからである。

春になると、庭で、運動場で、野外に出かけて、広い平野で、紙で折った飛行機を飛ばしたり模型飛行機を飛ばしたりするのに良い時です。そのため、我が国民学校では空を征服する力を養うため

に、航空熱をさらに育てて、将来大きな飛行機に乗って大空を飛ぶ勇気と技術の準備をしなければならない時です。そのためには、学校でも家でも飛行機「遊び」をすることが飛行機に対する知識と熱意を養うことにつながるので、皆さんは模型飛行機を作って運動場や家の隣の広い庭でひらひらと飛ばしましょう。(23)

國民新報　　昭和十六年三月三十日

君達の腕だ
双肩に擔ぐのだ

朝鮮國防航空團の誕生

地上の鐵壁
國防布陣は

高度の航空防備であつてその機械化國防の第一線に寄與するところの内地の民間航空團體強化に呼應し全朝鮮の中等學校以上の學生々徒と一般青少年を主體とした朝鮮國防航空團が、この程、めでたく誕生し、總裁には大野政務總監、副總裁には山田遞信局長が、それ〴〵就任され、半島航空陣への雄々しき出發をすることになつた。その發團式における、南總督の航空に對する訓示は別掲のごとくであり、大空への異狀な憧れを持つ學生に對し總督は

〝君達の腕が、日本航空界の腕なのだ〟

との激勵のことばを與へられ、大野總裁はまた

〝朝鮮における航空施設は内地に比べると遙かに低い、これは朝鮮の一般人士の間に、航空知識が徹底してゐない結果で

図 24　朝鮮国防航空団の誕生を報道する記事
出典：『国民新報』1941 年 3 月 30 日。

図 25　朝鮮の少年飛行兵たちの大々的な郷土訪問
出典：「半島の若鷲 家郷へ帰る」『アサヒグラフ』第 88 号，朝日新聞社，1943 年 9 月。

「青空をトンボのように飛ぶ模型飛行機」と題したこの記事は、紙や模型の飛行機で遊ぶことを積極的に勧めている。飛行機に対する知識を増やすことが、将来的には「空を征服する力」を養い、青空を飛ぶ勇気と技術を準備するためだというのである。『毎日新報』も、素晴らしい飛行士になることは誰もが抱く少年時代の夢であり、皇国臣民になるために、模型飛行機を作って飛ばそうと呼びかけた[24]。

朝鮮総督府は一九四〇年以降、「航空記念日」を制定し、様々なイベントを全土で大々的に行った。朝鮮人に一層航空の重要性を認識させ、知識の充実を図るとともに、飛行機の増産と航空兵の大量獲得を狙ったのであった。一九四三年九月二〇日、四回目の航空記念日では、大勢の少年飛行兵た

無敵荒鷲部隊의偉容 ①

來廿日第四回航空記念日

図 26　第 4 回「航空記念日」を報じる記事
出典：『毎日新報』1943 年 9 月 15 日。

ちが「郷土訪問」し、学校や地域で戦争動員の一役を担った[25]。

　福岡県の大刀洗陸軍飛行学校をはじめ、九州や四国の訓練校に所属する朝鮮人少年飛行兵たちは、みな出身地の学校を訪問した。少年飛行兵の名前と訪問地域は、新聞で詳細に報道された[26]。九月一四日から一週間にわたった「航空週間」に、各地の学校では少年兵の講演会をはじめ、飛行大会、模型飛行機大会、映画上映会、航空展覧会、「航空の歌と舞踊大会」が開催された。朝鮮では陸海軍航空部隊に対する感謝式典や、航空殉職者の慰霊感謝祭など、戦時動員の宣伝道具として航空行事が催されたのも注目に値する。クライマックスは、朝鮮神宮で開かれた「青少年学徒航空蹶起大会」であった[27]。

　こうして様々な航空イベントを体験し

た朝鮮人の少年たちは、空と飛行機に強い憧れを持つようになったのである。翌一〇月には、航空戦力の飛躍的増強という趣旨の下、「青少年航空訓練実施要項」が発表され、一段と訓練は強化された。

もう一つ強調すべき点は、一九四四年九月、朝鮮総督府によって、初めて朝鮮に部品の製作から組立まで一貫して手がける航空機製造会社が設立されたことである。すぐに戦力となる戦闘機を製造することは戦争の遂行に重要な課題であり、敵に撃ち落とされて不足した飛行機を朝鮮でも生産する計画であった。朝鮮総督府はこの「朝鮮航空機工業会社」の発足にあたり、同社は二六〇〇万の朝鮮民衆の魂を込めた航空機を米英撃滅の戦場に送り出す愛国と殉国の精神の結集で誕生したと宣伝した[28]。さらに、高い生産能力をもつ航空機製造会社が朝鮮で設立されたことは、日本の戦力向上につながり、大きな意味があると評価した。朝鮮総督府と朝鮮軍、財界が同社に最大の支援を約束したのもそのためである[29]。

戦時下朝鮮における飛行機と科学技術の言説・表象

朝鮮総督府が行ったこれらの政策を積極的に支持すべく、朝鮮の新聞や雑誌には、飛行や操縦士、科学技術に関する言説が頻繁に登場するようになる。その代表的なメディアは『毎日新報』と、『朝鮮日報』が発行した雑誌『少年』(一九三七年~一九四〇年)である。これらのメディアが朝鮮人に与えたインパクトは少なくない。

飛行機関連の報道は、戦時下で急増する。これは過去の戦争とは違い、航空力は戦局を左右する、まさに「国力」であるという意識が浸透したためであった。特に『毎日新報』には、児童や女性、文芸などに関する家庭面があったが、ここでも飛行機や航空政策を紹介する記事が増えていった。人間も鳥のように、飛行機に乗れば空中を自由に飛べるというメッセージや、敵を叩き壊すには飛行機が最適であるという戦争宣伝まで多様な飛行機記事が報じられた。戦争で飛行機がいかに重要なのかを説明し物資節約を訴える記事[30]、子どもたちに飛行機に関する知識を伝える記事[31]、模型飛行機の作り方を紹介する記事[32]、「空の少年勇士万歳」といった陸軍少年飛行兵の志願を奨励する記事が[33]、『毎日新報』には溢れていたのである。このように飛行機関連の記事が増えたのは、大衆の関心が高まったことと日本が追求する総力戦体制の課題が合致した結果だと考えられる。

だが、一方で『毎日新報』では、特に日中戦争に突入後は飛行機に否定的な記事は見当たらない。つまり、総力戦体制になるなか、朝鮮総督府によって、墜落事故など負のイメージを与える記事は制限され、夢と幻想を語る報道は増えたのである[34]。

『朝鮮日報』発行の『少年』にも、飛行機や科学技術に関する言説が頻繁に登場した。同誌も崔南善が一九〇八年に創刊した朝鮮最初の雑誌『少年』と同様、少年たちの好奇心を満たすため、豊富な絵と写真、そして挿画と図版、カラー表紙を用い、科学技術に関する記事をよく掲載した。科学技術に関する記事が多かったのは、朝鮮総督府の科学政策による影響が強い。一九三四年に総督府は「科学デー」を制定し、学校や地域社会を中心として科学知識普及のための活動を始める。朝鮮の科学普及協会や科学知識普及会がその中心的な役割を担った。「科学」という言葉が朝鮮のメディアによく取り上げられ、大衆性を持つようになった背景には、このような総督府の諸政策が存在したのである。

日本政府は戦争遂行のために科学のイメージを利用したが、『少年』でも最も人気が高かったのは「百年後の世界」という連載であった。この連載は、科学技術が発展した未来の暮らしを予想して描い

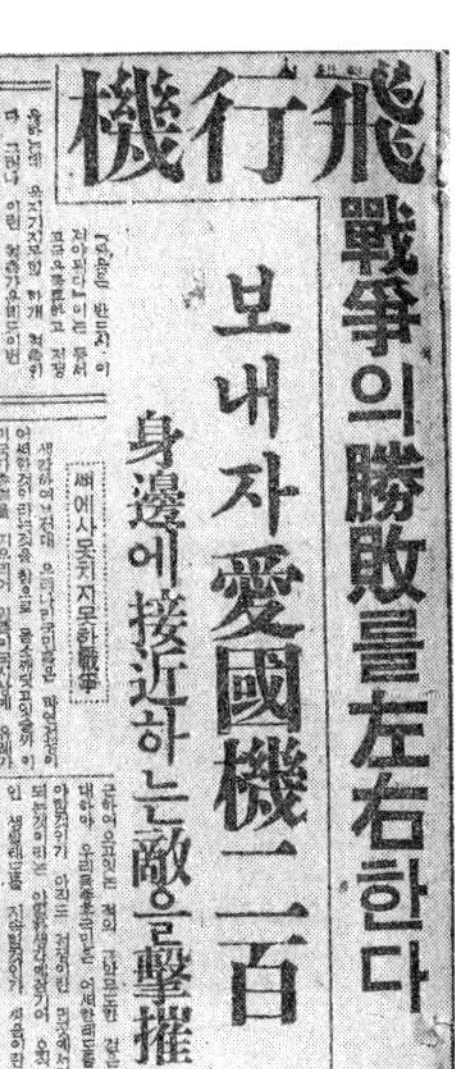

飛行機

戰爭의勝敗를左右한다

보내자愛國機二百

身邊에接近하는敵을擊摧

[illegible]

無敵皇軍에게武器보내자

[illegible]

必勝

日常生

[illegible]

図 27　飛行機が戦争の勝敗を左右すると主張する記事

出典：『毎日新聞』1944 年 2 月 24 日。

たコーナーである。空を飛ぶ機械や遠くまで短時間で移動できる車両、時間と空間を短縮させる機械など、科学技術の進歩がもたらす未来の生活像が紹介された。飛行機は、こうした未来の中心的シンボルであった。『少年』は、飛行機の写真と絵を数多く掲載し、朝鮮の少年たちの航空熱を煽った。飛行機を詳細に説明する「飛行機が飛ぶまで」欄や短編小説「飛行機」はその好例である[35]。空や飛行機に憧れる童謡や童話も定期的に掲載された。「青い空に 飛行機が飛んだ ぐるっと一回りしてから 山を越えていく 草をかる子どもが こっちへ来い と飛行機を見て 身振りをする」[36]という童謡は、飛行機に親しみをもたせる効果があった。

『少年』は戦争と深い関わりを持っていた。読者欄・戦線通信には、出兵した少年兵たちの声が掲載された。「戦線通信――戦場から送り出す手紙」欄は一九三七年四月号から始まり、彼らの手紙や手記、写真を定期的に取り上げた。戦場にいる少年兵たちの手紙と手記は、朝鮮の同世代の少年たちに戦争への参加を促す強力なプロパガンダとして作用した。同誌は日中戦争のみならず、世界の様々な戦争、最新兵器を紹介して、少年たちに戦争に対する憧れを抱かせたのである。

日本では、一九四〇年第二次近衛内閣の発足とともに、科学と技術は戦争とさらに深く結びついていく。戦争に勝つために、重工業や機械工業をはじめとする科学技術の発展が不可欠とされたのである。四〇年代以降、新聞・雑誌には「兵器科学」「国防科学」「戦時科学」「国民科学」等、戦争と結びついた科学が溢れた。そして飛行機は、「科学の結晶体」「科学の精髄」「科学の花」と位置づけられ、兵器として最も重要な役割を果たしていったのである。(37)

第三節　皇軍パイロットの養成制度

戦局が悪化するなか、操縦士や熟練技師の確保は、戦争の勝敗が懸かった喫緊の問題であった。当時、操縦士が一人前になるためには、少なくとも三年・六〇〇時間程度の訓練を受ける必要があったが、これまでの戦闘で多くの操縦士を失った日本軍にはとにもかくにも時間がなかった。そこで日本政府と朝鮮総督府は、朝鮮人も操縦士に志願できるよう制度を整備する。「陸軍少年飛行兵」「航空機乗員養成所」「陸軍特別操縦見習士官」「特別幹部候補生」を整備・導入し、朝鮮人が皇軍パイロットになれる制度を整えたのである。もちろん、操縦士に志願した朝鮮人も日本人も、この段階では想像もしていなかったが、戦争末期に彼らのなかから特攻隊員が選ばれた。

陸軍少年飛行兵

これらの制度のうち、最も長い期間、少年を募集したのが「陸軍少年飛行兵」である。操縦士になる最短コースであったため、特攻死と認定された朝鮮人はこの制度によるものが最も多い。

日本は一九三三年四月、航空戦力を補強するために「陸軍飛行学校ニ於ケル生徒教育ニ関スル勅令」を公布し、初等教育を終えた満一四歳から一七歳を対象とした少年航空兵制度を新設して募集に入った。入校した少年飛行兵は、無料で一年間の基礎教育と二年間の操縦・整備・通信分野の専門教育を受け、卒業すると下士官に任ぜられ部隊に配属された。一九三四年二月一日には少年航空兵第一期生一七〇名が、一九三五年二月一日には第二期生二六〇名が入校する一年に一回の募集であったが、一九三八年からは一年に二回の募集となり、募集人数も増えた。身体検査と学科試験による入学選考は、もちろん厳しかった。飛行機乗りとしての適性が重視され、血圧などの健康診断に加え、操縦に支障がないか細かく身体検査も行った。

少年飛行兵の養成は、東京陸軍航空学校（一九四三年「東京陸軍少年飛行兵学校」に改称）が担当した。同校は、一九三七年に開校して以来、陸軍が少年飛行兵を養成する学校として機能し続けた。単に飛行機のことだけを学べばよいというわけではなかった。陸軍軍人としての修業を積まなければならず、精神教育の面でも、いわゆる戦時の最大要素とされた「軍人精神」を一刻も早く身に付けるよう叩き込まれた。精神教育で特に強調されたのが、必勝の心構えであった。軍隊教育の基礎となる体力の練成につ

図28　陸軍少年飛行兵の募集記事とポスター
出典：（左）『毎日新報』1945年1月27日，（右）『毎日新報』1943年9月17日。

いても、「体力ノ強弱ハ、志気ノ振否ニ至大ナ関係ヲ有ス、体力強健ナレバ志気マタ旺盛ナリ、風土ノ変易ニ克チ困苦欠乏ニ堪ヘ各種ノ任務ヲ完全ニ遂行スルヲ得ベシ、故ニ軍人ハ体軀ヲ鍛エ筋骨ヲ練リ持久力ヲ養イ以テ至難ナル任務ヲ尽スニ豪モ遺憾ナキヲ期スベシ[38]」というように、頑健なる体力は、また旺盛なる気力を生み、不屈の魂となってあらわれると考えられていたため、体育科目に当然ながら重点が置かれた。

体育には、機先を制して一撃必殺する精神を養うことを目的とした銃剣道、諸手軍刀術、短剣術をはじめ、柔道、相撲があった。また、チーム・ワークと闘志を高めるために野球、ラグビー、蹴球、排球も行われた。さらに一九四〇年頃からは、急激な運動に耐えるためのフープ体操（回転器を使用する）、筋骨を柔軟にするマット体操、それにデンマーク体操を取り入れた航空体操が新たに加わった。

一九四〇年に明治神宮外苑で開催された第一一回明治神宮国民体育大会には、海軍の予科錬とともに少年飛行兵が初めて参加した。純白の体操服で登場し、航空体操を披露して国民の大きな関心を集めた。少年兵の鍛えられた身体と気合いに満ちた航空体操やフープ体操は、一段と大会を盛り上げ、日本人を

図 29　陸軍少年飛行兵の訓練の様子。上：フープ体操の妙技，下：平均体操
出典：日本雄飛会編『あゝ少年飛行兵――かえらざる十代の手記』原書房，1967 年，21-22 頁。

熱狂させた。この大会で国民は改めて少年飛行兵の力量を確認し、彼らを一層誇りに思ったことはいうまでもない[39]。

少年飛行兵の導入初期、朝鮮人の志願状況についてはあまり報道されていない。だが、年に二回募集されるようになった一九三八年から志願する朝鮮人が増え始めたと『毎日申報』は伝えている。学力試験に合格した江原道出身の朝鮮人を取り上げたり[40]、志願者四九名のうち三〇名が朝鮮人だとその気概を評価した記事もみられる[41]。

一九四三年三月には、少年飛行兵規則が大きく改正される。戦局の悪化に伴い、飛行機の増産と航空隊の拡充が必要となり、少年飛行兵を増強するためであった。従来、朝鮮出身の志願者は、日本の少年飛行兵学校に入学すると一年の基礎訓練を受け、特性によって操縦・整備・通信の三科に分属され本格的な訓練を受けることになっていた。

しかしながら、新制度では、現制度と併行して志願者のうち満一六歳以上の者のなかから、軍の要請に応じて飛行兵学校を経ずに直ちに操縦か整備か通信の各科学校に入学させ、短期間で所要訓練を終えて戦場に送り出すことができるようになった。すなわち、少年でも実戦にすぐさま参加できるようにしたのである[42]。この決定により、少年飛行兵学校の三年だった教育課程を二年に短縮する短期速成制度（乙種）が施行された。

この時期、少年飛行兵学校の入隊資格や訓練見学記が連日報じられていることも大きな特徴である。わずか三カ月しか訓練を受けないアメリカの操縦士と比べ、日本の少年飛行兵は素質と技術の面で圧倒的に優秀であり、ゆえに航空戦でアメリカの損害は日本の五、六倍に達するという記事が紙面をにぎわせた(43)。陸軍少年飛行兵の募集と採用は、一九四五年に敗戦するまで続けられた。戦死した朝鮮人特攻兵一七名のうち、陸軍少年飛行兵は九名で最も多かった。林長守（一二期）、印在雄（松井秀雄、一三期）、河東繁（一四期）、李賢哉（広岡賢哉、一四期）、金光永（金田光永、一四期）、朴東薫（大河正明、一五期）、木村正碩（一五期）、韓鼎實（清原鼎實、一五期）、尹在文（東局一文、一五期）である。木村正碩は、第七七振武隊として一九四五年四月二八日沖縄海上周辺にて戦死したものの、未だに遺族をはじめ、出身地や出身学校など何も明らかになっていない。知覧特攻平和会館の展示室に掲げられた木村正碩の遺影

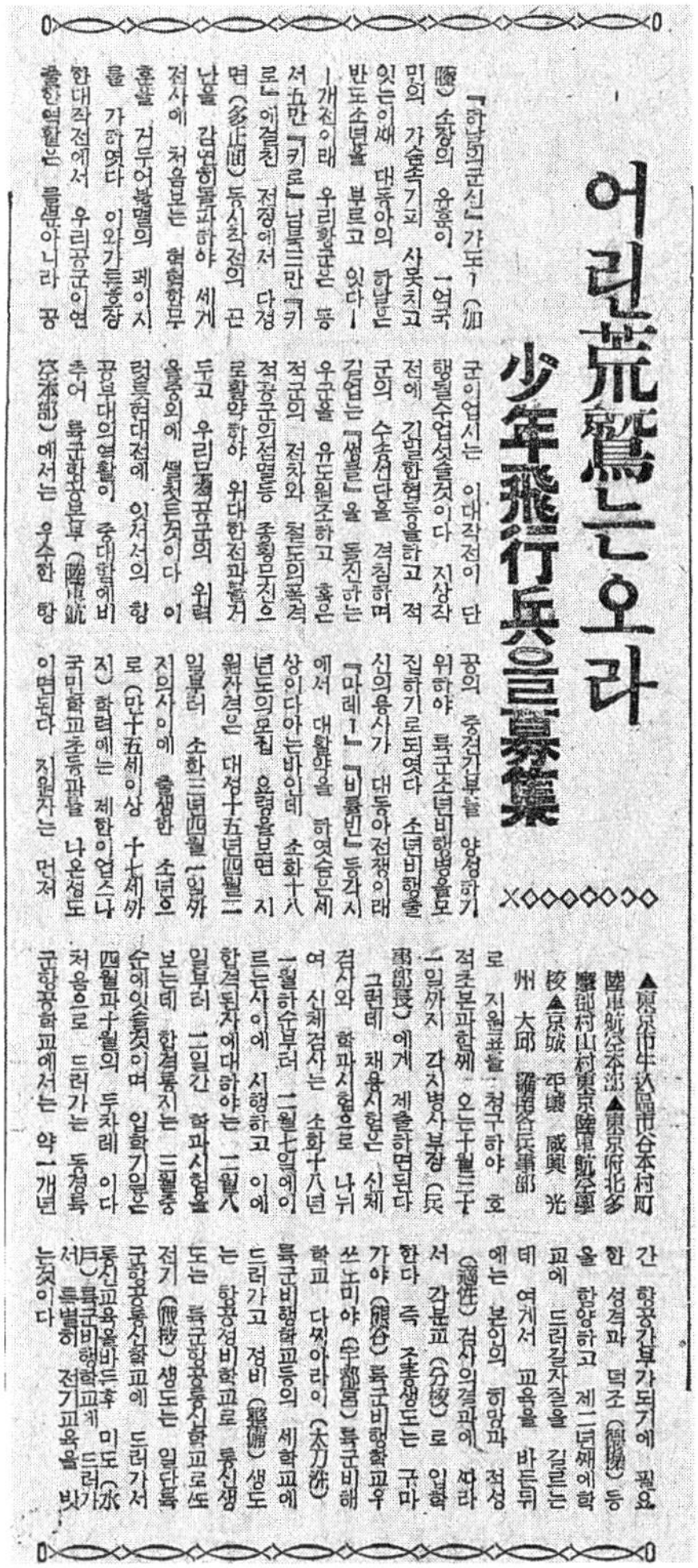

어린荒鷲는오라
少年飛行兵을募集

『하날의군신』가또ー(加藤) 소장의 유훈이 ー억국민의 가슴속기피 사뭇치고 잇는이때 대동아의 하날은 반도소년을 부르고 잇다ーー개전이래 우리황군은 동서五만『키로』남북三만『키로』에걸친 전정에서 다경면(多正面)동시작전의 곤난을 감연히돌파하야 세계전사에 처음보는 혁혁한무훈을 거두어 불멸의 페이지를 가하엿다 이와가든장한대작전에서 우리공군이연출한역할은 큰뿐아니라 공군이업시는 이대작전이 단행될수업섯슬것이다 지상작전에 긴밀한협동을하고 적군의 수송선단을 격침하며 길업는『정글』을 돌진하는 우군을 유도원조하고 혹은 적군의 전차와 철도의폭격 적공군의섬멸등 종횡무진으로활약하야 위대한전과를거두고 우리무적공군의 위력을중외에 떨친드것이다 이럿듯현대전에 잇서서의 항공부대의역할이 중대함에비추어 륙군항공본부(陸軍航空本部)에서는 우수한 항공의 중견간부를 양성하기 위하야 륙군소년비행병을모집하기로되엿다 소년비행출신의용사가 대동아전쟁이래『마레ー』『비률빈』등각지에서 대활약을 하엿슴은세상이다아는바인데 소화十八년도의모집 요령을보면 지원자격은 대정十五년四월二일부터 소화三년四월一일까지의사이에 출생한 소년으로(만十五세이상 十七세까지) 학력에는 제한이업스나 국민학교초등과를 나온정도이면된다 지원자는 먼저

▲東京市牛込區市谷本村町陸軍航空本部▲東京府北多摩郡村山村東京陸軍航空學校▲京城 平壤 咸興 光州 大邱 羅南各兵事部로 지원표를 청구하야 호적초본과함께 오는十월三十一일까지 각지병사부장(兵事部長)에게 제출하면된다 그런데 채용시험은 신체검사와 학과시험으로 나뉘여 신체검사는 소화十八년一월하순부터 二월七일에이르는사이에 시행하고 이에 합격된자에대하야는 二월八일부터 二일간 학과시험을 보는데 합격통지는 三월중순에잇슬것이며 입학기일은 四월과十월의 두차례 이다 처음으로 드러가는 동경륙군항공학교에서는 약一개년간 항공간부가되기에 필요한 성격과 덕조(德操)등을 함양하고 제二년째에학교에 드러갈자질을 길르는데 여기에서 교육을 바든뒤에는 본인의 희망과 적성(適性)검사의결과에 따라서 각분교(分校)로 입학한다 즉 조종생도는 구마가야(熊谷)륙군비행학교우쓰노미야(宇都宮)륙군비행학교 다찌아라이(太刀洗)륙군비행학교등의 세학교에 드러가고 정비(整備)생도는 항공정비학교로 통신생도는 륙군항공통신학교로또 전기([illegible])생도는 일단륙군항공통신학교에 드러가서 통신교육을바든후 미도(水戶)륙군비행학교에 드러가서 특별히 전기교육을 밧는것이다

図30　少年飛行兵の募集を詳細に紹介する記事
出典：『毎日新報』1942年8月2日。

の下には、「遺族・連絡先が不明です。お心当たりの方、教示下さい」と小さな紙がいまでも貼ってある。[44] この九名のほか、通信士の山本辰雄(一四期)は、飛行機に放火した疑いで死刑に処されている。

航空局の独立と航空機乗員養成所

航空機乗員養成所は、そもそも軍の施設ではなく民間パイロットを養成する機関であったが、一九三八年二月、日本軍の飛行士養成のための新しいコースが作られた。軍のパイロットを養成する新コースの誕生は、航空関連の業務を担当してきた航空局が役割を強化するため、一九三八年二月に逓信省分室から完全独立したことと深く関わっていた。

航空局は長官の下に庶務課、監理部、技術部を置き、監理部に規劃、調査、監督の三課、技術部に航務課、乗員課、機材課の三課を設け、航空路の開拓、乗員の養成、機材の整備などを担った。そして、独立後の初仕事として、二億五〇〇〇万円の巨費をもって「航空充実五年計画」を実施することになった。その計画で日本内外航空路の拡充、航空従業員養成、中央航空研究所の設立、航空機製造事業の奨励、航空機乗員養成所の設置などが予定された。

同計画の初年度予算として、航空機製造事業法施行費が八万円、中央航空研究所の設立準備費が五〇万円、国際航空路開設準備費が八〇〇〇円、内台定期線施設改善費が二六万円など、総額七八一万五〇〇〇円が計上された。最も予算が多かったのが航空機乗員養成所の設置準備費用であり、一一六万円であった。初年度は国産機の大量生産を目的とするもので、その施行に当る人件費が大半を占めていた。

航空機乗員養成所はパイロットの養成機関として、一等飛行士・一等機関士向けの中央養成機関を一カ所、地方に二等飛行士向けの地方養成所（三〇万坪の飛行場付き）を数カ所設置する計画を定めた。地方の養成所で尋常小学校卒程度の少年を採用し、中等教育を授けながら二等飛行士に五年かけて育てる。その卒業生の中から選抜された者が、中央養成所でさらに一年間、一等飛行士や機関士の教育を受ける仕組みであった。[45] 中央養成所は千葉県松戸に、地方養成所は仙台、新潟、鳥取、熊本、新居浜（愛媛）の五カ所に新設された。[46]

『東京朝日新聞』は、飛行機は日進月歩しており、従来の製造技術や設備や人材がほとんど役に立たなくなったと述べ、航空局の航空充実五年計画について、以下のように強調する。

支那事変におけるわが空軍の活躍は必然的に航空予備軍としての民間航空の拡大強化を要請する。だが、現状のままではどうにもならぬ弱体ぶりである。陸海軍をはじめ、民間航空の元締である航空局が躍起となつて量と質の拡充を目論んでいるのはまことに無理からぬことであるが地上設備の改良増設といひ、乗員の養成或は内外航空路の開設等何れも少からざる経費を伴ふのみでなく、これに要する資材なども相当窮屈になつて来ている今日、民間航空の進路は決して容易ではないと思はれる。[47]

航空機乗員養成所の応募資格は、本科生が一一～一三歳の国民学校初等科修了以上の者（卒業予定者）で、修業年数は五年間であった。操縦士は一六～一八歳の中学校三年修了または卒業者で、一年間教育を受けて卒業と同時に軍籍に入り、六カ月間の訓練を経て伍長になる。募集要項は、全寮制で学費が無料のうえ、生活必需品や毎月小遣いが支給されると謳った[48]。そのため、朝鮮人少年に人気が高かった。教育内容は軍隊とまったく変わらず、卒業生は陸軍の部隊に配属され、第一線の戦力となった。民間の機関とはいえ、その多くは特攻訓練や作戦に投入された。特攻隊員として戦死した朝鮮人は、李允範（平木義範、五期）、岩本光守（一二期）の二名である。特攻死ではないものの、出撃途中に墜落死した近藤白英（一〇期）もいる。

陸軍特別操縦見習士官

陸軍少年飛行兵制度と航空機乗員養成所は一九三〇年代から整備されていたが、陸軍特別操縦見習士官（以下、特操）は、一九四三年に航空戦力の緊急拡充を盛り込んだ閣議の決定後、「急造」された制度である。七月三日に「陸軍航空関係予備役兵科将校補充及服役臨時特例」（法令五六六号）が制定され、七月五日に公布された陸軍省告示第一三号によって第一期の募集が始まったのである。

特操は身体が丈夫かつ改めて基礎軍事訓練を受ける必要のない高等教育機関の卒業生・在学生から志願者を募り、一年六カ月の操縦技術の教育と徹底した思想検証を行い戦場に送り出す、一種の「操縦士即席養成プログラム」であった。幹部候補生を速やかに養成するために設けられた制度であったが、多くの特操出身者が特攻隊に編入され、犠牲となった。

応募資格を有していたのは、大学学部・予科、高等学校高等科、専門学校、高等師範学校、師範学校の卒業者だった。陸軍将校による飛行機操縦検定の合格者などすでに操縦技術を取得している者は、修業期間を一年に短縮した点が海軍飛行科予備学生とは異なっていた。この制度に志願できる大学・専門学校などの学生数は、当時の朝鮮全体の人口二六〇〇万人のうち、わずか数万人であり、彼らは朝鮮でも超エリートであった。すでに所属していた学校で教練授業を履修しており、改めて基礎軍事訓練をする必要の無いうってつけの人材であったので、高難度の飛行教育をたやすく、そして素早く履修できたのである。[49] また、特操採用者には曹長の階級を与えるとされたが、これは従来海軍と異なり大学や高専出身者であっても入隊当初は兵としての教育を行ってきた陸軍にとっては、例外的な試みであった。それだけ状況が逼迫していたともいえるし、少尉候補生に準じる海軍予備学生に身分をそろえなければ志願者を集められないと陸軍が考えたからであろう。[50] 朝鮮人青年は巨大な帝国日本の秩序と構造の下に巻き込まれていくことになった。

特操は応募者の身体検査と口頭試問を行ったが、朝鮮人学徒が合格することは極めて難しかった。『毎日新報』は、特操一期生採用試験に合格した、延禧専門学校（現在の延世大学校）の学生と普城専門学校（現在の高麗大学校）の学生を大きく取り上げている。

一人は、延禧専門学校三年生の金尚弼（結城尚弼）で、もう一人は、普城専門学校法科三年生の平山勝夫（朝鮮名不明）である。この記事は、二人が空の戦場へ行かねばという強い決意を抱いて試験に応募し、優秀な成績で合格したと強調し、普城専門学校の副校長・金泳柱の声もあわせて紹介している。

ほんとうにうれしいです。平山君は成績も優秀なだけでなく、元来から行動や語調など、あるいは級長として号令する時はまるで軍人のような姿でした。凄惨な時局に折よく軍に合格したので、後輩たちもとても元気を出しています。この熱誠にむち打ってこれからも続々と先輩に従うよう指導

빛나는 陸軍特別操縱見習士官

延專、普專在學生과

歌手蔡奎燁君이 堂々히合格!!

◇延專生結城尙弼君

지난八月一日부터 여새동안 룡산(龍山)육군관문 애국관(愛國館)에서 시행된 제一차육군특별 조종견습사관(操縱見習士官)전형시험에 훌륭히합격한 부내연희전문(延專)학교 三년생 유홍히(結城尙弼)(二三)군은 그동안 도ー쿄ー(東京)로 [illegible] 가 구단시와 [illegible](九段)군인회관에서 九월六일부터 동十五일까지 제二차전형시험에 유감없이 이미시말 [illegible] 도 거뜬없이 통과하여 [illegible] 그 [illegible] 이을 안고 경성에도리온 유홍히군은 평안남도진남포비석정(碑石町) 五十五번지에서 [illegible] 출생 [illegible] 기상 [illegible] 회를 [illegible] 하고있든 유홍히상려

열광(熱狂)[illegible]을 축하하는동시 예진들을 격려하기위하야 十六일오후하시에 동교에서 장려회(壯行會)를 [illegible] 하고 입대는 오는 十월一일이라한다 군이 두숙하고 있는 부내 [illegible] 정(...)一七 [illegible] 번지 군의두 [illegible] 로 찾으니 군은 아축도 [illegible] 에서 [illegible] 이 시라지 수 안은채 다음가치 감상을 말하다

제국군인이 되려고 [illegible] 만 [illegible] 고 잇다가 저와한 [illegible] 이 되고보니 엇개에메여진 임무가 [illegible] 을 늣김니다 아모튼 모교인 연희전문학교의 명예를 위하야 맛지 노력하겟습니다 그리해하는 것이 결국 [illegible] 나라를 위하는것도 될것이니까요

(사진은 유홍히군)

—◇—

◇普專生平山勝夫君

육군특별조종견습사관 시험에 영예에빗나는 학도들의 [illegible] 랑—

[illegible] 남태평양 [illegible] 의 [illegible] 로나가고야 말다는 [illegible] 를 굿게하고서 이번시험에 [illegible] 하엿든바 우수한성적으로 드듸어 [illegible] 하엿다 이영광스러운 합격에 모교의 [illegible] 과 [illegible] 도 기쁨에 넘치엇는데 이기쁨을 [illegible] 이 라 [illegible] 는 [illegible] 이 꼬부 교장 김영주(金永注)씨는 감격에 넘치는 [illegible] 다음과가치말하엿다

[illegible] 학으로 [illegible] 니다 [illegible] 군은 성적도 우수한 [illegible] 어 [illegible] 부터 [illegible] 이 [illegible] 가 [illegible] 호 [illegible] 습니다 [illegible] 군이 합격되엇스므로 [illegible]

([illegible])[illegible] 가 육군특별조종견습사관제二차시험에 당당히 [illegible] 하여 조종사관이 되게 [illegible] 다

[illegible] 의 [illegible] 가 [illegible] 를 [illegible] 하는 [illegible] 에서서 이에 [illegible] 우수한 [illegible] 가 만히 [illegible] 으로 육군에서는 육군특별조종견습사관의 모집을 발표하자 응모자는 상당한수에 달하고잇섯는데 이에 [illegible] 는 지난八월[illegible] 일 [illegible] 차저가 [illegible] 그리하야 동十[illegible]일 제一차시험을 거처 어제十五일에 [illegible] 제二차시험에서 [illegible] 합격한그는 [illegible] 대망하든부 [illegible] 제국 [illegible] 이되어 [illegible] 지아니서 [illegible] 적미 [illegible] 의 [illegible] 당々히 [illegible]

図 31　朝鮮人学徒の特操一期生合格を報じた記事

出典：『毎日新報』1943 年 9 月 17 日。

してまいります。[51]

二人の報道において共通しているのは、大きな写真とともに、二人が成績優秀であっただけでなく、スポーツも万能であったことを強調している点である。一生徒の合格が学校全体の栄誉として受け止められ、後輩たちが倣うべき模範的な存在に掲げられた。朝鮮で特操一期生に合格したのは七七名だったが、そのうち朝鮮の大学・高専に通った日本人が七〇名で、朝鮮人はわずか七名だった。[52]

もちろん、日本で大学に通いながら、特操に志願した朝鮮人も多かった。『毎日新報』は、東京で特操に合格した二人の朝鮮人大学生を取り上げている。慶応大学一年生の辛致浩（佐野光男）と明治大学三年生の大原孝卿（朝鮮名不明）である。辛致浩は、志願した時に父が励ましてくれたことや、半島青年の名誉をかけて精一杯戦うこと、関東で中等学校に通っている弟も志願しようと努力していることを語った。[53]

特操の第一期生として約二五〇〇人が採用され、訓練は一九四三年一〇月から始まった。彼らは、まず仙台・宇都宮・熊谷・大刀洗の陸軍飛行学校やその教育隊に振り分けられて基本教育を受けた。海軍飛行科予備学生とは異なり、ここでは入校して一〇日ほどでいきなり初飛行を体験させられた。入隊六カ月後の一九四四年三月下旬には基本教育を修了し、戦闘・偵察・爆撃に分かれて次の教程に入った。操縦訓練は、日本のみならず満州や中国本土、フィリピンの教員飛行隊まで出向いて指導を受けた。四月上旬から七月下旬までの四カ月間、一九四〇年前後主力戦闘機として使用された九七式戦闘機などを用いた訓練では、必ずしも十分な飛行時間が確保されていたわけではなかった。これを終えると、また日本各地の飛行場で今度は実戦用の飛行機で訓練を受けた。そして、訓練が始まってちょうど一年後の一九四四年一〇月一日に少尉に任官され、次々と戦地に向かったのである。一期生で少尉に任官されたのは二三八六名であった。[54] 特操出身者のほとんどは特攻隊に編入され、フィリピンと沖縄で戦死する。特操で戦死が明らかになっている朝鮮人特攻隊員の卓庚鉉（光山文博）、金尚弼（結城尚弼）、盧龍愚（河田清治）、石橋志郎（朝鮮名不明）の四名は、全員一期生である。特操第一期生の募集が始まった一九四三年は、まだ朝鮮人の徴兵も学徒出陣も行われていなかったが、特操にはすでに朝鮮人が入隊していたのである。彼らの入隊過程については、第五・六章において詳しく考察する。特操は、一九四四年六月と八月に採用された第三・四期生を最後に募集を停止する。

このほかにも、一九四三年に新設された特別幹部候補生制度がある。内地をはじめ、朝鮮・台湾・満州でも募集が始まった特別幹部候補生制度は、航空・船舶・通信の現役下士官を補塡する特別措置であり、中学三年生修了以上の一五～二〇歳を対象とした。四カ月間初等兵教育を受け、検定に合格すると幹部候補生になることができた。操縦士を志す幹部候補生は、埼玉県の熊谷陸軍飛行学校で教育を受けた。なかでも第七・八・九期に特攻戦死者が多かった。そのうち朝鮮人は、野山在旭（朝鮮名不明）一名である。

また、陸軍士官学校出身（航空士官学校）で特攻死した朝鮮人は、崔貞根（高山昇、陸士五六期）一人だけである。非日本人が陸軍士官学校に入ることは一流大学並みの狭き門であり、朝鮮人学生は一九三七年度に二名、三八年度には一名にとどまるほど、高い壁だった。日本人の特攻戦死者は、崔と同じ陸士五六期、その下の五七期に多かった。

さらに現役の優れた下士官を航空士官学校で教育して少尉に任官する「少尉候補生」や、幹部候補生で操縦経験のある者から採用する「操縦候補生」などの制度があったが、朝鮮人戦死者はこれまで見当たらない。

第四節　なぜ彼らは日本軍パイロットになったのか

なぜ多くの朝鮮人青年は日本軍パイロットになろうとしたのか。その動機は何だろうか。「日本人になりたい」という一心で、「皇軍」になると決めたのであろうか。そして、なぜ特攻隊員となったのか。彼らを日本帝国主義と侵略戦争に協力した単なる親日主義者として断罪することはできるのだろうか。日本統治期の差別や抑圧、暴力や搾取、同化や順応の構造のなかで、多くの若者が皇国兵士として戦争に参加した動機と思いをどのように考えればよいのだろうか。

朝鮮人の志願兵は、時間が経つにつれて爆発的に増えた。兵士不足が深刻な問題となり、日本政府と朝鮮総督府が綿密に半強制的な動員政策を運用したことがその最大の理由である。しかしながら、すべての朝鮮人が強制的に志願させられたとは言い難い。志願兵の増加は、朝鮮総督府の暴力的な強制だけでなく、当時朝鮮の社会環境や制度の仕組み、新聞・広告、文学作品・映画などメディアがあおり立てた社会の風潮と結びつけて理解しなければならない。また、朝鮮人青年の志願理由と心理状態、対日意識を抵抗か同化だけで捉えることには無理がある。朝鮮人の本心を把握することはなかなか難しい作業である。

植民地収奪の強化と朝鮮人生活の悪化

はじめに、朝鮮人青年が軍隊を選ばなければならなくなった理由の一つとしては、植民地収奪の強化と水害や旱害による深刻な食糧不足が挙げられる。朝鮮農民の階層は、小作農が中心であった。小作農民では、春になると食べるものが無くなる春窮農民（絶糧農家）が六割に達していた。

朝鮮人農家の食糧不足がますます激しくなるなか、戦時下の動員条件に影響を与えたもう一つの要因は、供出の強化である。樋口雄一が指摘しているように、帝国全体で食糧不足が深刻さを増して朝鮮米の需要が高まり、軍用米としての役割が大きくなったのである。米の全糧供出を保障するために、朝鮮人農家の家宅捜査が警官立ち会いの下で実施された。朝鮮農民には代用食、主に満州大豆の絞りかすが配給された。農民の食糧事情はさらに悪化していったのである。また、一九三九年の朝鮮は大規模な旱魃に襲われた。米の生産高は激減し、大凶作となった。朝鮮総督府が一九四〇年から米の配給を開始するとともに、「朝鮮増米六カ年計画」を実施するなど、問題は深刻であった[55]。この時、餓死した朝鮮人は、朝鮮総督府の官報に行路死亡人として掲載されているだけでも五〇〇〇人以上になった。こうした事態は継続していたが、朝鮮農民の生活をさらに悪化させたのは、一九四二年から四四年まで三年間に及ぶ米の凶作であった。四四年末の麦作も凶作となった。米の凶作は、旱害・水害に労働力不足、肥料の不足、強制供出、農具不足などが原因であった。自然災害だけではなく、物資不足という社会的な要因が加わった大凶作であった[56]。

また、家庭に配給される砂糖が減るなか、砂糖は航空燃料の製造に欠かせないので我慢するよう求める記事や、[57] 配給品が公平に分配されず、町会役員や班長の不正行為に調査のメスが入るという記事からは、[58] 食糧不足がいかに厳しいものであったかが窺える。強制供出と凶作が重なって、朝鮮農村の生活は極めて深刻さを増していた。

食糧不足と貧困に直面した庶民にとって、寝食が保証される日本軍への入隊は魅力的な選択肢であった。当時の中学校は月謝（五円）の他に食費や本代が必要で、工員の父親の月給（四〇円）では無理をさせることになる。陸軍少年飛行兵として入隊できれば、三食、衣服、小遣いまでもらえることは朝鮮人にとっては大きな魅力であった。[59] 立て続けに自然災害に襲われて食も職もない農村の状況を考えると、志願者の九割が小作農出身だったのは当然と言えよう。

進路選択と出世

経済的な問題とも関わるが、もう一つの志願動機は、進路選択の一つであった点である。朝鮮では初等教育の就学率が低く、ましてや中等学校への進学はより難しかった。総督府の教育政策により、初等教育が十分に整備されていなかったことに加え、中等教育の機会は極めて限られた状況だったためである。

だが、陸軍少年飛行兵学校、航空機乗員養成所をはじめとする諸制度は、無料で上級教育を受けられるチャンスだった。朝鮮人人口の八割を占めていた貧しい農家の少年にとって、経費がかからず、しかも専門的な技術も学べることは大きな魅力であった。

『毎日新報』には、航空兵になれる様々な制度をわかりやすくまとめ、朝鮮人少年に志願を呼びかける記事が頻繁に登場する。各制度の志願年齢、試験と入校過程をはじめ、入学してからの訓練と待遇、練習、身分、配属、実戦という流れが詳細に紹介されている。「進学の道」として前面に打ち出し、学費の心配なく教育が受けられ、卒業後も出世が早いと宣伝する。どの機種の航空機に関わるようになるといった航空熱をくすぐる情報も盛り込まれた[60]。飛行兵は教育と出世を同時に達成できる絶好の機会であると認識された。

裵姈美・野木香里の研究は、朝鮮慶尚南道馬山生まれで少年飛行兵第一九期生だった朴宗根にインタビューし、少年飛行兵に志願した動機を明らかにしている。朴宗根は家の経済的事情から中学校に進学できず、進路を模索したすえに志願をしたという。その他の選択肢としては徴兵か徴用しかなく、徴兵は下っ端からしごかれるだろうし、徴用は危険な労働を強いられるので避けたかった。尋常小学校の日本人校長による勧誘も志願した理由として挙げた。米英に対する敵愾心もあったし、さらに自分が志願すれば朝鮮人差別の改善に役立つだろうという思いもあったという[61]。

そして、どうせ徴兵されるのだから、早く軍隊に入って出世した方が良いと考えた。兵役が終われば、警察や憲兵、地方官庁の公吏などに特別採用されたからである。軍隊は階級社会なので、日本人から一方的に差別されることはないだろうし、しかも早く昇進すればその恐れはより解消されるだろうと考えた。戦功を挙げれば、家族や自分自身の生活や待遇もよくなる。そうした将来を夢見て、軍隊に志願したのである[62]。

また、日本は太平洋戦争が始まった当初は次々と勝利し、東南アジアのほぼ全域を占領していた。朝鮮のメディアが日本軍の躍進だけを報道したため、日本の統治は当分続きそうな風潮だった。朝鮮はいずれ独立できるという希望を持てない朝鮮人の若者にとって、飛行兵に志願することは現実的で最良の選択だったと言えるかもしれない。[63] もちろん、日本や満州（中国東北地区）に渡る人が増えたことは間違いない。だが、日本統治下、ほとんどの朝鮮人が家族の生活を支えるために朝鮮を離れては生きていけないという現実的な問題から、朝鮮の地で生きていくために仕方なく日本軍兵士になった側面も否めない。

飛行機に対する憧れ

大空を飛ぶパイロットになりたいという、飛行機に対する憧れも重要な動機の一つであった。朝鮮総督府と軍部が醸成した航空熱は、朝鮮の青年たちが飛行機に関心を持つきっかけとなった。そして、飛行機は科学技術の象徴として継続的に朝鮮人に伝えられた。この表象は学校教育をはじめ、新聞や文学作品、ポスター、映画、広告を通して社会に広がった。「空の父空の兄」「若鷲の歌」「決戦の大空へ」「君こそ次の荒鷲だ」など飛行兵に関する時局歌がラジオから流れ、少年たちに人気だった。朝鮮の少年は、飛行機が離着陸する様子を直接見てさらに刺激され、大空の夢を広げていた。こうして日常生活の隅々まで飛行機が浸透した。日の丸のハチ巻きと白いマフラー、半長靴を身につけ、腰に下げ緒を結んだ日本刀をさして郷土訪問する飛行士は、朝鮮の少年にとって憧れの対象であった。航空決戦の呼び声が急速に高まった一九四三年頃から、特攻の時代を迎えるまで、青少年の航空熱は頂点に達したのである。[64]

朝鮮人特攻隊員で最年少で特攻死した少飛第一五期生・朴東薫（大河正明）は、幼いころから飛行機が好きで強い関心を持っていた。弟の朴尚薫は、「軍隊に憧れてでなく、飛行機に憧れていたからということに尽きます。子供のころから、夢中で模型飛行機をつくっては遊んでいました。戦時下では民間航空はほとんど機能していませんでしたから、飛行機乗りになるには、軍隊に行くしかなかった[65]」と語っている。朴東薫が幼い頃から飛行機に対して憧れを持っていたことは、『毎日新報』の記事でもよく確認できる[66]。

少年飛行兵第一五期出身の閔永洛も、朝鮮にいたころ「牛に草を食べさせていたら、爆撃機が数多く、天気が曇っていて、上がらないまま、漢江にそって汝矣島飛行場に行くのをみたんですね。それから飛行士になるのが夢になったんですね。人が見えるくらいに低く飛んでいたんです[67]」と実際に飛行機を目の当たりにしたことがきっかけで、操縦士になろうと決心したという。特操第三期生の朴炳植（法政大学の三年生）も、特操に志願したのは「憧れの飛行機乗り」への道が開かれるためであったと証言しているように[68]、飛行機に強く憧れて志願した朝鮮人も多かった。

皇民化教育の影響と日本人への対抗意識

また、皇民化教育の影響もあろう。一九二〇年代から三〇年代にかけて、朝鮮では朝鮮人を日本人化する内鮮一体や天皇の忠実な臣民作りが大々的に進められた。徹底した思想の弾圧と統制が敷かれ、植民地政策が社会の隅々にまで浸透した。一般家庭の少年たちはその統治下で初等教育を受け、成長したのである。皇民化教育と航空熱の影響を強く受けた朝鮮人青年にとって、皇国軍人になることは「内鮮一体」を具現化することであった。多くの朝鮮人青年が志願兵になって、よりよき日本人になろうとしたのも否定できないだろう。

姜尚中は、そのような渇望は「確かに植民地という強制と抑圧の現実なくしてはありえない。しかしよりよき「帝国臣民」になろうとする植民地「半島人」の欲望が、単なる強制にとどまらず、自発的な契機によってつき動かされていることも否定できないだろう[69]」と指摘した。この「自発的な契機」とは先述した通り、社会や時代により作られたものだった。軍隊に入れば憧れの空を飛べ、軍内部で努力することで、差別もなくなり、日本人になれる、と少なくない朝鮮人が信じた。皇民化政策と航空熱は、こうして朝鮮人の若者を戦場に送り込んだのである。

また、日本人に負けたくないという対抗意識もあったと思われる。日本人でもなかなか合格できない諸制度に合格することで、自負心を満たしたかったのであろう。朝鮮人は軍隊に入ると日本人兵士とされたものの、軍内の配属、日本人上官による差別などで絶えず朝鮮人を自覚させられた。彼らは、自分は朝鮮を代表しているのだという意識を持つようになる。実際、遺族のあいだでは、朝鮮人の特攻隊員は日本のために死んだのではなく、朝鮮民族の魂を示すために死んだのだという発言がよく見受けられる。

半強制的な志願強要

歴史学者の山口宗之は、朝鮮人・台湾人特攻隊員について、徴兵制で無理やり兵役に就いたのではなく、自らの意志をもって軍人の道をえらび、特攻という己の運命を決めた人々であったと主張している[70]。だが、山口の言うように、戦争に参加した多くの朝鮮人は「みずからの意志」で入隊し、特攻を選んだのであろうか。戦死した隊員は自発的に特攻作戦に参加したのだろうか。

太平洋戦争で数千人の若者が特攻隊員として戦死したが、彼らがみな天皇と日本のために志願し、戦死したのかは疑問である。特攻作戦は、隊員の自発的な意志に基づいていたのか、それとも上からの命令なのか、これまでたびたび論争が繰り広げられてきた。そもそも死者が一人も出ないような軍事作戦などない。上官は常に部下を死に追いやることを覚悟して命令を下さねばならないが、特攻は最初から死ぬことがわかっている作戦である。軍が作戦として採用した以上、理不尽な命令でも部下は従うほかはないのである。だとすれば、特攻に自発的に志願する人が果たしてどのくらいいたのだろうか。ほとんどが二〇代前後の特攻隊員の全員が、国や天皇のため自らの命を捧げたいと心から思い、志願したと考えるのは無理がある。[71] 海軍が特攻作戦を始めた当初、陸海軍兵学校出身の軍人から志願者が一人も出なかったことからもわかるように、特攻作戦は建前では志願制を採っていたが、拒否できない半強制的に志願させられたというのが実情である。

少飛第一四期生で当時一九歳だった日本人兵士の椿恵文（旧名正夫）は、ある日の夜、部隊員の部屋に入ってきた少尉に、特攻隊編成の命令を受けたと告げられた。みな志願したいだろうが、選抜の都合上、ただ今より五分おきに隊長室に行って意志を申告せよと命じられた。そして隊長室に一人ずつ呼ばれ、その場で特攻隊への参加可否を答えさせられたのである。その緊迫した様子を次のように回想している。


いよいよ来るべきものが来た――私は息のつまりそうな重苦るしさに襲われた。私たちは比島戦で、特別攻撃隊が編成され、レイテ湾頭に散ったということを知っていた。しかし、それは正直のところ、何か別の世界の出来事のような感じで、現実がこのような形で、同じように自分の身に迫って来るとはいままで少しも考えていなかった。心のどこかに敵の軍艦に飛行機もろともおれの肉体をぶっつけるという自殺行為をやるという先輩たちの考え方にはとても理解し難い気持が心の隅に残っていた。だが、今それが突如自分自身の問題となったのだ。もはや冷静な批判などはできなかった。黒い死の手を差し伸べられたような感じであった。私はどうしていいかわからなかった。何と隊長殿に答えるか。頭の中は冷静な思考力を失って混乱し、ただ焦るばかりであった。[72]

生きるか死ぬかの決断を迫られた過酷な瞬間であった。椿恵文は、部屋中が重苦しい空気につつまれて胸が苦しかったこと、一刻も早く息が詰まるような圧迫感から解放されたかったことを告白している。結局、彼は仕方なく志願したのだが、これは全員同じだった。一七歳で特攻死した朴東薫も、生き残った同期の日本人も、志願を強要されたと証言しており、「志望しない」と答えた隊員は一人もいなかったという。[73]命令が最優先され上下関係の厳しい軍隊では、たとえ抵抗を覚えても、特攻には行かないとは言えなかっただろう。

特攻作戦は志願という名をつけたほぼ強制、あるいは拒めないような状況で進められたというのが本当の姿である。個人の意志など顧みられない軍隊での「志願」の有無は、まったく意味がないのである。朝鮮人が特攻隊へ志願することは、形式上志願の形を取っているが、文字通りの志願とは捉えられない。被植民者の朝鮮人は、もし断れば家族や同胞がさらなる差別を受けるのではないかという危惧も抱えていただろう。激しい葛藤を秘めていたにちがいない。

注

(1) 拙著『スポーツとナショナリズムの歴史社会学——戦前＝戦後日本における天皇制・身体・国民統合』ナカニシヤ出版、二〇二一年、二八—二九頁。
(2) 「顕著なる兵器の進歩」『京城日報』一九一八年二月一〇日。
(3) 同前。
(4) 「空中飛行」『少年』第二巻二号、一九一〇年二月、六五—六六頁。
(5) 「泰西列國の飛行機発達史」『少年』第二巻二号、一九一〇年二月、七四—九二頁。
(6) 『東亜日報』一九二四年六月二五日。
(7) 社団法人大韓民国航空会『大韓民国航空 1913-1969』二〇一五年、一〇四頁［ソウル］。
(8) 同前、一〇六頁。
(9) 伊藤茂「韓国民間航空黎明期の問題に関する研究——大韓国民航空社（ＫＮＡ）の成立から経営破綻まで」『日本国際観光学会論文集』第二六号、二〇一九年、九〇頁。
(10) 『毎日申報』一九一九年三月一二日。
(11) 「今日安昌男君 故国訪問大飛行」『東亜日報』一九二二年一二月一〇日三頁。
(12) 例えば、『東亜日報』一九二〇年五月二九日。「飛行機に乗ったマ中尉」『東亜日報』一九二〇年六月一日。「百名を乗せる世界第一の飛行機」『東亜日報』一九二一年四月二七日。『東亜日報』一九二一年九月二六日。「樋口中尉の飛行談」『東亜日報』一九二一年一〇月五日。
(13) 『東亜日報』一九二〇年五月二九日。
(14) 「児童に航空思想宣伝」『毎日申報』一九三三年二月二〇日。
(15) 「各学校生徒に航空思想宣伝」『毎日申報』一九三三年二月二八日。

(16)「府内有志招待 航空思想宣伝 試乗飛行」『毎日申報』一九三四年七月三日。
(17)「航空思想宣伝 地方巡回講演」『毎日申報』一九三四年一一月一一日。
(18)「繁忙を極める半島の大空」『京城日報』一九三四年三月二一日。
(19)「防空の話(一)」『京城日報』一九三〇年九月二八日。
(20)「半島の航空界に贈る・新鋭國産機」『京城日報』一九三七年一一月一八日。
(21) 安昌浩の日記は、一九二〇年一月から二一年三月まで全三冊で、今は原本が韓国の独立記念館で公開されている。主な内容は、大韓民国臨時政府の活動と組織運営をはじめ、構成メンバー同士の内紛を解決しようとする試みまで含まれている。
(22)「内閣訓令第二号――国家総動員準備ノ件」『朝鮮総督府官報』第三千百十二号木曜日(一九三七・六・三)。
(23)「科学教室」『毎日新報』一九四二年三月二九日。
(24)「青空の夢――模型飛行機を作り航空精神を養いましょう」『毎日新報』一九四一年六月二三日。
(25) 航空記念日は、一九四〇年は九月二八日であったが、四一年から九月二〇日に変更された。
(26)「郷土訪問飛行決行 朝鮮出身の少年航空兵たち壮挙」『毎日新報』一九四三年九月一四日。「郷土訪問飛行する少年航空兵廿日出発」『毎日新報』一九四三年九月一七日。
(27)「勝利は大空の征服者に」『毎日新報』一九四三年九月一四日。「航空の重要性鼓吹――第四回記念日黄海道行事多彩」『毎日新報』一九四三年九月二二日。
(28)「半島に初の航空機会社」『京城日報』一九四四年八月一七日。
(29) 社説「朝鮮と航空機工業」『京城日報』一九四四年八月二一日。
(30)「一日マッチの火 三回節約すれば飛行機四〇台ができる」『毎日新報』一九三九年一一月一二日。
(31)「飛行機の発達史――今年は飛行機が飛び始めて二〇年になる年」『毎日新報』一九四〇年四月三日。
(32)「模型飛行機 学年ごとに違う製造法」『毎日新報』一九四二年三月二九日。
(33) 例えば「あなたも私も少年航空兵(一)」『毎日新報』一九四三年一一月一日。「血書で航空兵志願」『毎日新報』一九四三年一一月一八日。

(34)「平壌 飛行機墜落」『毎日申報』一九三二年一〇月二〇日。「飛行機墜落 下士官惨事」『毎日申報』一九三四年五月一一日。「海軍飛行機 練習中墜落」『毎日申報』一九三六年七月四日。
(35)「飛行機が飛ぶまで」『少年』一九三九年六月、二二—二三頁。「飛行機」『少年』一九四〇年九月。
(36)金英一「飛行機」『少年』一九三七年九月、三七頁。
(37)「科学の総力集結」『毎日新報』一九四三年七月一二日。
(38)児玉敏光「陸軍少年飛行兵」日本雄飛会編『あゝ少年航空兵』原書房、一九六七年、二〇頁。
(39)同前、二二頁。
(40)『毎日申報』一九三八年一月二六日、三頁。
(41)『毎日申報』一九三八年一月三〇日、二頁。
(42)「陸軍少年飛行兵増強」『大阪毎日新聞』一九四三年三月二九日。
(43)「少年航空隊員はこのように育つ——土浦航空隊訓練見学記①」『毎日新報』一九四三年九月二二日。
(44)筆者が知覧特攻平和会館を訪れた、二〇二一年七月二九日当時。
(45)「航空日本のめざす 独り立ち」『読売新聞』一九三八年二月二日。
(46)「航空機乗員養成所を新設」『大阪朝日新聞』一九三八年二月二五日。
(47)「躍進の民間航空五年計画遂行へ 航空輸送、陣容を整備」『東京朝日新聞』一九三八年六月一日。
(48)「半島人志願者殺到 航空機乗員養成生募集に反映された熱意」『毎日新報』一九四三年一〇月五日。
(49)吉倫亨『私は朝鮮人神風だ』西海文集、二〇一二年、八九頁、九四頁、九九—一〇一頁、一二〇頁［ソウル］。
(50)西山伸「1943年夏の大量動員——「学徒出陣」の先駆として」『京都大学大学文書館研究紀要』第一六号、二〇一八年、六一—七一頁。
(51)「輝く陸軍特別操縦見習士官」『毎日新報』一九四三年九月一七日。
(52)「学徒征空の挺身隊」『毎日新報』一九四三年八月一〇日。
(53)「半島学徒二名 陸軍特別操縦見習士官試験に合格」『毎日新報』一九四三年九月七日。
(54)前掲「1943年夏の大量動員——「学徒出陣」の先駆として」一〇—一一頁。

(55) 樋口雄一「朝鮮人強制動員研究の現況と課題」『大原社会問題研究所雑誌』第六八六号、二〇一五年一二月、一三頁。樋口雄一『戦時下朝鮮の農民生活誌 1939~1945』社会評論社、一九九八年。
(56) 糟谷憲一『朝鮮半島を日本が領土とした時代』新日本出版社、二〇二〇年、一九五頁。
(57)「砂糖不足を忍ぼう 航空燃料の原料に」『京城日報』一九四四年八月一三日。
(58)「配給品は公平に、朗かに」『京城日報』一九四四年三月二八日。
(59) 山口隆『他者の特攻』社会評論社、二〇一〇年、二二九頁。
(60)「学徒達！大空の決戦場へ 下城航空課長青少年進学の道を明示」『毎日新報』一九四三年九月一四日。
(61) 裵姈美・野木香里「特攻隊員とされた朝鮮人」『季刊戦争責任研究』第五六号、二〇〇七年、六九―七〇頁。
(62) 前掲『他者の特攻』二二九頁。
(63) 同前、二三〇頁。
(64) 新井謹之助「特攻歌流るる果てに 銃後の現場――ある日々の精神世界」『別冊1億人の昭和史 特別攻撃隊 日本の戦史 別巻4』毎日新聞社、一九七九年、一九九頁。
(65) 桐原久『特攻に散った朝鮮人』講談社、一九八八年、一六四頁。
(66)『毎日新報』一九四五年四月一五日。
(67) 裵姈美・野木香里「聞き書き――陸軍少年飛行兵から特攻隊員になった朝鮮人」『在日朝鮮人史研究』第三七号、二〇〇七年、一〇三頁。
(68) 裵淵弘『朝鮮人特攻隊――「日本人」として死んだ英霊たち』新潮社、二〇〇九年、三六頁。
(69) 姜尚中「国民の心象地理と脱－国民的語り」小森陽一・高橋哲哉編『ナショナル・ヒストリーを超えて』東京大学出版会、一九九八年、一五二頁。
(70) 山口宗之『陸軍と海軍――陸海軍将校史の研究』清文堂出版、二〇〇五年、二六三―二六五頁。
(71) 保阪正康『「特攻」と日本人』講談社、二〇〇五年、五頁。
(72) 椿恵文「生と死の間で――「天険」特攻隊として出動して」前掲『あゝ少年航空兵』二一六―二一七頁。
(73) 飯尾憲士『開聞丘』集英社、一九八五年、二一―三頁。

第三章　朝鮮人特攻隊員の戦死と創られる「軍神」

第一節　朝鮮人特攻隊員「初」の戦死者・印在雄

特攻作戦の始まりと総礼賛

一九四四年一〇月に海軍神風特別攻撃隊（敷島隊）がフィリピン戦線で戦果をあげると、陸海軍共にその後も特攻作戦を採用し、一九四五年三月に始まる沖縄戦では特攻が航空部隊の主要な戦法となった。大本営は華々しく特攻の戦果を発表し、新聞はその威力と内容を詳細に伝えた。

初の特攻隊の体当たりを讃える記事は各紙に溢れた。『毎日新聞』は一面のトップに「翼の軍人・敷島隊五将士」という見出しで、「唯額かん・この忠烈」「愛機に爆装、體當たり 敵艦もろ共轟炸 偉勲不滅・全軍に布告」などと賛美した。(1) 同日の『朝日新聞』も、「神鷲の忠烈 萬世の燦たり 神風特別攻撃隊敷島隊員 敵艦隊を捕捉し（スルアン島海域）必死必中の體當り」「科学を超越した必死必中のわが戦法はわが尊厳なる国体に出づる崇高なる戦ひの妙義」「身を捨て國を救ふ 崇高極致の戦法」(2) と、海軍の関行男大尉率いる敷島隊五機がアメリカ空母一隻を撃沈、三隻を中小破した初戦果を大々的に報道した。その後も「神風隊 連続猛威振ふ」(『朝日新聞』一九四四年一一月一日)、「神風敷島隊 今ぞ進発」(『朝日新聞』同年一一月二日)、「凄絶 比島沖海戦・神風特攻隊の出撃」(『朝日新聞』同年一一月八日)と一面トップで、敷島隊の出撃前の様子や関行男大尉の人となり、飛行機の飛び立つ場面などが詳細に報じられた。陸軍の航空特攻も海軍の半月後の一一月に出撃し、大きく取り上げられた。「陸軍の特別攻撃隊出撃」「必死必殺の萬朶隊」「隊長等空戦・壮烈戦死」といった見出しを掲げ、特攻死した万朶隊隊員の氏名や部隊名、階級と全員の写真が詳細に紹介されている。

こうした報道で興味深いのは、戦争に費やす資源の量や技術力ではアメリカに後れをとっていても、日本人の精神力を発揮すれば必ず勝てるという特攻隊への期待と興奮が続いた点である。「日本固有の精神を具現化した特攻」「圧倒的な物量を有する米を打ち破る希望を大いに高めた作戦[3]」という論調は、敗戦まで継続された。

記事の内容は、戦果を讃えるものから、次第に隊員の遺した日記や手紙、彼らの人となりを紹介するものになっていった。日本は日露戦争以降つねに、三勇士や九軍神など大きな戦果をあげた兵士を神格化してきたが、特攻隊という組織的かつ大規模な軍神の誕生は、その戦法が本格化したことを意味している。一九四四年一〇月から敗戦まで、特攻隊を讃える記事が紙面を埋め尽くした。人々を戦争に動員するためとはいえ、自分の命を投げ出した者たちが英雄となり、死ぬことが称賛される時代だったのである。

朝鮮でも一九四四年一一月、初めての軍神が誕生する。海軍所属で特攻隊員になった朝鮮人は現時点では確認できず、特攻で死んだと確認されている朝鮮人はすべて陸軍所属である。そうした特攻死した朝鮮人は、さらに動員するための格好の宣伝道具とされた。戦況が悪化すると、日本は戦争動員を促すために、朝鮮出身の英雄を創出し始めた。一九四四年一二月から沖縄戦が終わる一九四五年七月まで、朝鮮人特攻隊員の死は『毎日新報』をはじめとする朝鮮のメディアで大々的に報じられ、軍神として称えられた。

その一人が、一九四四年一一月二九日、靖国隊の一員として出撃し、フィリピンのレイテ沖海戦で敵軍艦に突っ込んで、朝鮮人特攻隊員として初めて戦死した当時二〇歳の印在雄（日本名・松井秀雄）である。一九二四年朝鮮生まれの彼は、陸軍少年飛行兵第一三期生となり、特攻隊員に選抜された。レイテ沖海戦は、太平洋戦争のなかでも最大の日米軍による海戦であった。マリアナ諸島を占領した米軍は一〇月末にレイテ島タクロバンに上陸を開始しており、もしフィリピンが占領されれば、日本は物資の輸送路を絶たれ、苦境に追い込まれてしまう。そうなると、台湾や沖縄も危うくなり、本土まで攻撃される可能性があった。日本軍は総力を挙げて、フィリピンで決戦に臨むしかなかった。こうしたなか、朝鮮人初の軍神・印在雄が誕生したのである。

朝鮮人特攻隊員が初めて戦死してからおよそ三日後、『毎日新報』は「二機で戦艦一撃沈 四機、四艦船を撃摧」という大きな見出しで報じた。(4)『京城日報』も同じ日に、「半島の神鷲 松井伍長命中」「尽忠の至誠立証」「期待を裏切らず」と顔写真入りで伝えた。(5)日本は印在雄の死を「天皇のための犠牲」に美化して大々的に宣伝したのである。

特攻の記事で埋まった朝鮮の新聞

この日から三週間にわたって、どの新聞も彼の追悼と追慕、そして「松井伍長の後に従う」という各

每日新報

一機로戰艦一擊沈

四機、四艦船을擊摧

靖國隊、레이테灣에出擊

百米低空에서猛爆擊

【東京電話】大本營發表

一、我特別攻擊隊靖國飛行隊의 六機는 十一月二十九日 레이테灣內의敵艦船을 攻擊하야 二機로써 戰艦一隻을 擊沈

二、이攻擊에 參加한 靖國飛行隊員은 다음과같다

陸軍少尉 大坪明　同 松井秀雄

同 秦音次郎　同 寺島忠正

陸軍伍長 石井一十四　同 河島鑛藏

連夜敵陣地를襲擊

레이테敵敗勢挽回에焦躁

京城日報

一戰艦三船擊沈

戰艦又は巡艦一擊破

靖國隊再びレイテ突擊

半島の神鷲 松井秀雄伍長命中

盡忠の至誠立證

期待を裏切らず

勤勞軍援に重點

四部九課制

續いて二機

図 32　印在雄の戦果を報道する初めての記事

出典：（上）『毎日新報』1944 年 12 月 1 日，（下）『京城日報』1944 年 12 月 1 日。

界各層の声明で占められた。『毎日新報』をみると、印在雄の戦果をはじめ、彼の経歴や飛行機に対する愛情、飛行服姿や家族写真、息子の死と周辺の歓呼のなかで右往左往する家族の記事など、連日大きく報じている。こうした報道は一九四四年一二月に集中したが、彼の慰霊祭や告別式が行われた一九四五年二月まで続いた。『毎日新報』の記事には、以下のような特徴があった。

第一は、彼の不滅の精神と忠魂を讃え、特攻を宣伝したことである。「轟然、巨艦群覆滅 紅顔・松井伍長など偉功」(一九四四年一二月二日、一面)。「二六〇〇万肉弾総突撃の先鋒 半島に靖国の神鷲 萬古不滅、松井伍長の盡忠精神」(同二日、二面)、「感激感謝のみ 輝かせ 半島同胞の誇り」(同二日、二面)、「ただ感激するのみ! 木山徴中学校長談」(同三日、二面)というように、彼を朝鮮半島の誇りとする記事が最も目立つ。

第二は、家族が彼の生い立ちを語り、軍隊の上官が英雄に祀りあげたことである。「開城出生で陸軍航空入学 伍長略歴」(一九四四年一二月二日、二面)、「忘れがたい〝最後の別れ〟伍長の叔母様追憶談」(同三日、二面)、「軍神揺籃の地 松井神鷲感激の追憶」(同六日、二面)、そして、その生涯を詳細に記した「純忠 人生二〇の松井伍長の一代記」(同五日、六日、七日、二面)である。一二月五日から三回にわたって伝記が掲載されたことも注目できる[6]。皇国少年の「手本」にしようという意図がこの連載にはあっただろう。これらの新聞は、記者が直接特攻隊員の実家を訪ね、遺族に聞いた話を記事にした。特に特攻隊員として立派に育て上げた母親を讃え、その役割を強調する記事が目立った。これは当時朝鮮では母や妻、祖父母に、日本の戦争のために息子や夫や孫を送り出すことにかなりの抵抗がみられたからである。新聞の報道とは裏腹に、朝鮮では、神社参拝の拒否、労働力動員の忌避、金属製の器、米や食料などの供出物資の隠匿、動員先での抵抗というように、戦争の遂行に協力しない朝鮮人が徐々に増えていった。そして、家族を戦死する可能性が高い戦地に送り出したくない女性たちは、彼らを日本や中国へ逃亡させた。朝鮮総督府はそのため、母親らを常に強く意識していたのである。

第三は、印在雄を半島民衆の見習うべき目標として位置づけたことである。「松井伍長に続こう」（一九四四年一二月二日、一面社説）「その後に続こう 崇高一億讃仰の目標」（同二日、二面）、「半島の神鷲松井伍長に続け」「内鮮一体の精華 銃後も松井伍長を見習おう」「憤激を改めて 肉弾勇士に続こう！ 甘粕次長の班常会放送」「彼に続こう！ 青少年に期待する 夏山景福中学校長」（同三日、二面）、「半島軍神に続け 不滅、松井伍長の忠魂」（同四日、二面）、「若い忠魂に続こう 二六〇〇万が特攻隊に」（同八日、三面）などである。朝鮮総督府の幹部や学校長もメッセージを寄せた。第二、第三の松井伍長になるよう全学生に決起を促す記事もしばしば登場した。

第四は、銃後の臣民として増産と勤労で印在雄の忠誠心に応えようと呼びかけたことである。「一億総特攻」の掛け声の下、銃後にも一層奮闘するよう求めた。「若い英魂に対する報答は増産と貯蓄」（一九四四年一二月二日、二面）、「勝利の道へ松井伍長精神を 補給に半島少女 汗を流す」「忠魂に報答しよう 和永府尹開城府民に檄」（同四日、二面）などである。

こうした論調は、記事の分量に差はあったものの、朝鮮人特攻隊員に関する報道で共通して見られた。これは日本人特攻隊員の場合と変わらない。最盛期には朝刊八面、夕刊四面合わせて一日一二面を発行していた『毎日新報』は、一九四四年一一月には物資難により特別な日を除いてかろうじて二面を発行していた。そのような限られた紙面に印在雄の記事が溢れていたことは、いかに朝鮮総督府が彼の死を重要視していたかを示している。

半島出身者の最初の特攻死であるがゆえに、印在雄は他の特攻隊員に比べて圧倒的に記事数が多かった。報道量では特別な存在として扱われたのだった。印在雄は戦死してから三カ月間にわたって「半島の神鷲」として崇められ、内鮮一体の精華として讃えられた。

開城出生으로 陸軍航空入學

吉夢에 誕生된 神鷲 (上)

純忠、人生二十의 松井伍長一代記

図 33　上：印在雄や彼の家族写真，下：彼の一代記を伝える記事

出典：(上)『毎日新報』1944 年 12 月 2 日，(下)『毎日新報』1944 年 12 月 5 日。

昭和十九年十二月二日（土曜日）（二）　매일신보

二千六百萬肉彈總突擊의先鋒

半島에靖國의神鷲

萬古不滅、松井伍長의盡忠精神

[illegible]

光榮으로찬松井

各處에서弔問과香奠이

家族의낫

[illegible]

그뒤를딸으자

崇高、一億讚仰의目標

報道部長 談

[illegible]

母校開商에 萬歲聲震動

[illegible]

젊은英魂에報答은 增産과勤勞와貯蓄

韓總長談

[illegible]

感激과感謝뿐

빛내자、半島同胞의자랑

遠藤政務總監 談

[illegible]

開城出生으로 陸軍航空入學

伍長略歷

[illegible]

図34　靖国の神鷲として宣伝する記事

出典：『毎日新報』1944年12月2日。

松井伍長頌歌

朝鮮総督府は印在雄を英雄にするために、機関紙『毎日新報』と『京城日報』はもちろんのこと、朝鮮の作家や知識人、文化人を総動員した。親日詩人・盧天命は『毎日新報』に詩「神翼——松井伍長の霊前に」を寄せ、彼の死を賛美した[7]。朝鮮文人協会会長の作家・李光洙（日本名・香山光郎）も、雑誌『新時代』一二月号に「神兵松井伍長を歌うこと」という詩を載せた。

この頃『毎日新報』は「松井伍長に続こう」という記事を数回掲載したが、これを見て感激した詩人・徐廷柱（日本名・達城静雄）も「松井伍長頌歌」を発表した[8]。

盧天命の詩が掲載されてから三日後のことであった。徐廷柱はこの詩で英米連合軍への敵愾心を露わにし、朝鮮人青年の特攻死を大東亜共栄圏建設のための栄光ある自己犠牲として美化し、天皇のために命を捨てることを奨励したのである[9]。

飛行機を利用して朝鮮の青年を戦争に動員し、その「死」を賛美する日本の意図は、新聞や雑誌が伝える戦争の表象だけで展開されたわけではない。朝鮮の作家は日本の戦争政策に自発的にもしくは半強制的に便乗しながら、文学作品を通して死を賛美した。彼らにとって、戦争武器としての飛行機と朝鮮人青年の死は、作家の存在をアピールし、植民地化において生き残るための重要なテーマでもあった。

名誉ある死と強要される模範的な生き方

朝鮮総督府や親日団体の関係者たちは、印在雄の実家を相次いで弔問した。朝鮮総督府の社会課長を代表とする朝鮮総督・阿部信行の慰問使節は、地元行政責任者の開城府尹と警察署長の案内で赴いた[10]。総督夫人の阿部光子も同行し、朝鮮総督府は遺族に三五〇〇ウォンの債券を贈った。全国から届いた香典は二万円に達した。『毎日新報』は「二人の軍神の母対面　総督夫人弔問に松井伍長母堂感激[11]」と報じているが、軍神の宣伝効果を最大化するための最良の方法は、同じ痛みを抱える人を連れてきて、遺族の心を慰めるのが良いと考えられた。阿部総督夫妻の息子である阿部信弘中尉は、一九四四年一〇月一九日、イギリス軍航空母艦に体当たりして死んでいる。阿部光子が朝鮮人特攻隊員の慰問使節に随行したのはそうした意味を持っていた。

朝鮮総督府や日本愛国婦人会などが準備した印在雄の葬儀は、朝鮮式ではなく日本式で行われた。朝

(二) 昭和二十年二月二十二日 (木曜日)
고 마쓰이 소위의 고별식장전경

図35　印在雄の告別式を報じた記事
出典：『毎日新報』1945年2月22日。

鮮では、死者の霊を弔うために、遺族が大声をあげて泣きつづける風習が一般的だが、日本の葬式では泣かずに我慢することを美徳とする。天皇のために「名誉ある死」を遂げた特攻勇者の葬式で大泣きすることは禁止された。涙を見せることさえ禁じられ、日本式が強いられたのである。

印在雄の慰霊は葬式にとどまらず、弔問飛行や松井精神を顕揚する記念事業が行われることとなった。出生地開城府では、陸軍戦闘機一台の献納、滑空場の建設、顕彰する会による遺骨の保管が実施された[12]。全国から弔慰金が寄せられたほか、献納する飛行機のため募金が始まった[13]。そして生前に伍長だった印在雄は、少尉に特別昇進する[14]。

一九四五年になっても印在雄に関する記事は紙面に登場する。一月には、開城府議会主催の慰霊祭と東本願寺での慰霊祭が執り行われた。[15] 二月二〇日には母校の開城商業学校で告別式が開かれた。告別式には、三〇〇〇人が参列した。

印在雄を神格化する風潮が強まるなかで、家族は「半島が輩出した最初の特攻隊員松井伍長の遺族」として模範的な生き方を強要された。家族までもが大々的にスポットライトを当てられ、戦意高揚や皇民化のために利用されたのである。印在雄の母親は四七歳だったが飛行機工場の女子工員に、妹は勤労挺身隊に志願した。「松井少尉遺族決起」という見出しの記事で、二人は「皇恩に応える道は戦力増強に貢献するしかない」と勤労志願動機を述べている。[16] 神鷲の遺族たちは、朝鮮総督府の宣伝に利用され、ラジオ番組に出演を命じられた。ラジオでは特攻隊員の遺族による決意と出撃前に録音した朝鮮人特攻隊員の肉声も放送され続けた。

朝鮮総督府が朝鮮人特攻戦死者を称賛し、特攻の成果を大々的に宣伝したのは、朝鮮人の特攻戦死を「内鮮一体の精華」とすることで、朝鮮人の皇民化が高まったことを朝鮮内だけでなく、日本政府に対しても示すためであった。[17] これに加えて、軍隊内の不安な状況という背景もあった。志願兵制やその後の徴兵制によって動員した朝鮮人を、逃亡したり反日運動をしないよう牽制する狙いもあった。そのために一層「半島の神鷲」を喧伝する必要があったのである。[18]

第二節 「第二の神鷲」林長守と強化される特攻神話

自ら申し出た出撃か

特攻作戦が事実上終結した一九四五年七月まで、朝鮮人特攻隊員に関する記事は掲載され続けた。印在雄に次いで朝鮮の紙面を飾ったのは、朝鮮人特攻隊員で二番目に特攻死した勤皇隊出身の林長守（少飛一二期生）であった。

通信士だった林長守は、内鮮一体を率先して実現するために、上官の命令に逆らってまで特攻作戦に参加した「半島の神鷲」として表象された。林長守の戦死は日本軍にとって格好の宣伝材料であり、各紙はこの記事で埋め尽くされた。

林長守は一九二四年に朝鮮忠清南道大田府で三男として生まれたが、父親の林春煕が平安北道南市の鉄道局に勤めた関係で、教育は出生地ではなく、平安北道宣川で主に受けている。母親によると、林長守は幼い頃から明るい子で、国民学校の時から兵士になって戦争に行きたいと話しており、いつも兵隊さんごっこばかりしていた。飛行機が大好きで、飛行機の音が聞こえたら飛び出していくような子どもだったという。一九四一年に宣川昭和国民学校高等科を卒業するまで、家庭教師をして働きながら勉強を続けた[19]。卒業すると少年飛行兵を志願して、東京陸軍航空学校へ入学し、四二年九月の航空記念日には、忠清南道へ郷土訪問をしている。この年の陸軍少年飛行兵の郷土訪問飛行は、群山から清州方面と光州方面の二つのコースがあったが、林長守は忠清南道出身として清州コースの一人となり朝鮮を訪れている。そして大刀洗陸軍飛行学校、熊谷陸軍飛行学校、水戸陸軍航空通信学校を卒業して伍長となり、一九四四年一二月七日、フィリピンのオルモック湾で勤皇隊の特攻隊員として戦死したのである[20]。

しかしながら、通信士であった彼がなぜ特攻隊員として戦死したのであろうか。彼が所属した勤皇隊の隊長の山本中尉は、一際技量の優れた林長守を日本で少年飛行兵の育成に当たらせたいと考え、内地に帰らせるつもりであったが、林長守は自分から進んで山本隊長機に同乗すると申し出たという[21]。山本が「通信の者は連れてゆかんでもいいと思ふのですが、どうしても行くといってきか」ず、林が「ぜひ連れていっていただきます」と述べたというエピソードが新聞で紹介された[22]。記者は出撃隊員に渡された名簿に書き込んでいる林にインタビューしたが、「郷里には父がゐます」と一言述べただけで、あとは何を聞いても口を開かなかったと記事にはある。林はなぜ口を閉ざしたのだろうか。

彼は、実家は新聞を見て初めて息子が特攻隊員になったことを知るだろうと考え、出撃前にハガキを一枚家族に送っている。そのハガキでは次のように述べている。

　拝復　また寒くなりましたが私の部屋に座って故郷への思いと父母両親の愛に包まれて育った私を思います。どんな地位階級よりも嬉しいことは、両親の思いやりの他にありません。南方決戦場で

勤皇隊에半島出身林軍曹

出撃直前에進級

林軍曹等神鷲의壯容

肉彈突撃에뒤를잇는半島神鷲

敵艦船에必殺捨身

勤皇飛行隊의林軍曹、不滅할命中

図36　林長守の戦果を報じた『毎日新報』
出典：『毎日新報』1944年12月12日。

血を流し、一度荒鷲が現れると、敵の航空母艦は魚雷の餌になるでしょう。どうぞ穏やかにお過ごしください[23]。

ハガキの全文からは、両親に対する切ない思いや特攻作戦への強い自信が読み取れる。このハガキを

매일신보

出擊前林軍曹必死의覺悟

滿滿한滅敵의自信

軍曹絶筆로愛息追憶하는悲親

참말잘햇다

武勳에滿足하는叔父談

忠魂報答은

八紘一宇의精神

神鷲는敵艦

(二) 昭和十九年十二月十四日 (木曜日)

林軍曹의母堂을배우자

神鷲의背後에숨은崇高한어머니의힘

図37　林長守の母を朝鮮女性の模範として宣伝する記事
出典：(上)『毎日新報』1944年12月13日，(下)『毎日新報』1944年12月14日。

受け取った母親は「特攻隊に入って、国のために勲功を立てたので、これ以上の光栄はないと考えております」[24]と語り、その様子を同紙は「軍曹絶筆をおいて愛息追憶する慈親」と描写した。

読売新聞は日本文学報国会と連携して、著名な小説家や詩人、評論家ら五〇名を特攻死した日本人兵士の実家へ派遣し、母親の会見記を連載して顕彰運動を後押ししたが、朝鮮でも戦死した特攻隊員の母親が女性の模範として称えられたのである。銃後の女性の模範を示すことで、戦争に家族を送り出したがらない朝鮮の女性に積極的に協力するように仕向ける目的があった。

不滅の精神の持ち主

林長守が戦死した一九四四年一二月七日以降、新聞各紙は彼を軍神と讃えた。一九四四年一二月一二日付の『京城日報』は、「第二の神鷲」と表現した。『毎日新報』も身命を賭して敵艦船を撃破した半島の神鷲だと報じた。[25]さらに、帝国臣民として模範的な生い立ちを家族や親族に語らせ、彼を献身的に支えた「崇高な母の力」を高く評価している。[26]

また、親日派文豪の李光洙（香山光郎）は追悼詩を寄稿して、彼に続こうと呼びかけた。彼の忠魂に報いるには、米の供出を完遂しなければならないという記事も現れ、林の死は様々に利用されたのである。[27]これらの記事では、特攻機に乗り組む必要のない通信士だったにもかかわらず、上官に逆らってまで出撃したことが強調されている。このようにして、「不滅の精神」の持ち主は作られたのである。

林長守の実家には、地元の徴兵翼賛会から、海軍大臣や朝鮮総督府総督代理にいたるまで、相次いで弔問に訪れた。[28]まもなく、その功績を讃える忠烈顕彰碑が出身校の校庭に建立された。資材不足に苦しむ戦時下だったにもかかわらず、軍神の忠烈に感謝し、林の名がついた飛行機が二機も献納された[29]。

一九四五年一月二四日、陸軍省は特攻死した特別攻撃隊護国隊や勤皇隊所属の一七名を特進させると発表した。南方方面陸軍最高指揮官・寺内壽一は、彼らの行動と死は、崇高な皇軍の真意を発揮したことであり、その行動は壮烈で、その武功は抜群であると特進の理由について述べているが、ここに勤皇隊所属の第二の神鷲・林長守も含まれていた。林長守はこれによって、伍長から少尉へ特進した[30]。

その二日後の『毎日新報』は、彼の写真とともに「我らは従う 悠久の大義」という大きな見出しを掲げ、少尉に特進した陸軍省の発表を報じた。二六〇〇万朝鮮人にとって感激の極みだとして、彼が戦死するまでの過程を詳細に描いている。父親の林春熙は次のように語っている。

いつも国家のために命をささげようとしていた彼が勇ましい最後を迎えることとなり、彼も軍人として生まれたかいがあると思います。今回の感状とともに、恐れ多い、功四旭六の恩命を下さいました。至大な皇恩にどう答えれば良いのか分かりません。彼とわが一家の光栄です。とても身に余る恩命を受けたことにただ恐縮しています[31]。

その後、林長守の両親は朝鮮総督府総督や軍司令官などを訪問している。二人が繰り返し皇恩に感謝する様子が写真入りで報じられた。朝鮮総督官邸では、やはり朝鮮総督・阿部の息子で特攻死した阿部信弘中尉の冥福を祈った[32]。いくら戦死した特攻隊員の両親とはいえ、朝鮮人が総督や軍司令官を訪れるだけでなく、総督官邸まで訪問するということは、朝鮮総督府による事前の緻密な調整と演出がなければば実現できないことである。朝鮮人特攻隊員の死を利用しようとした総督府の意図が垣間見える。総督夫人の阿部光子も、一九四五年三月に林長守の実家を訪問し、霊前に供物を捧げるなど遺族を慰める演出をした[33]。

林長守の葬儀は、一九四五年四月に出生地の母校で行われた。総督府の幹部や住民など二〇〇〇名が参列する盛大な式で、関連記事は一面を飾った[34]。朝鮮総督府は印在雄に続き、林長守の死を最大限利用して、アメリカを相手に多くの戦果をあげていること、天皇と日本のために死ぬのは何よりも崇高な行動であることを強調した。

そして印在雄から始まった軍神の物語は、ついに映画化される。朝鮮民衆の士気を高めるためであった。朝鮮映画株式会社は印在雄と林長守の偉大な功勲を永遠に記録し、千辛万苦の末に散った彼らを追慕するために、朝鮮軍報道部の指導のもと映画『栄光』を完成させた。同社が主催した各地の上映会には、小中学生や一般人のほか、官公署職員、郷軍文化院職員、精神動員総連盟班長といった関係者が参席した。

第三節　強要された特攻と朴東薫の戦死

新聞報道と家族の証言の違い

少年飛行兵出身の印在雄や林長守に続いて特攻死した朝鮮人は、特別幹部候補生出身の野山在旭（朝鮮名不明、一九四五年一月三〇日戦死）である。陸軍飛行第一五戦隊として飛行兵として訓練を重ねてきた彼だが、最終的にはモーターボートに爆弾を積んで体当たりした。野山については、いまだ出身学校、階級、出撃基地も不明なままであり、彼に関する記事も見当たらない[35]。四番目の戦死者・岩本光守（朝鮮名不明、一九四五年三月二六日戦死）は、航空機乗員養成所一二期生である[36]。岩本についてはわずかな報道しかなく、戦死から二週間以上経った一九四五年四月一三日の『毎日新報』に「先輩に続く半島神鷲岩本軍曹 敵艦に必殺の攻撃」と掲載された。その後、しばらく紙面に彼の名は登場せず、六月に少尉に特進する旨が報じられた[37]。

このように『毎日新報』は、野山在旭と岩本光守にはさほど注目しなかったが、朝鮮人特攻隊員のなかで最年少の一七歳で特攻死した朴東薫（日本名・大河正明）は集中的に報道した。「那覇海上に散華した四番目の半島の神鷲扶揺特攻隊の大河伍長」と見出しを掲げ、松井秀雄、林長守、岩本光守に次ぐ四番目の朝鮮人特攻兵戦死者として朴東薫を取り上げた[38]。この記事に野山在旭の名はなく、朝鮮総督府の機関紙『毎日新報』ですら、その存在を把握していなかったのである。

朴東薫の死もまた、本土決戦を目前にした朝鮮総督府によって、名誉ある死として祀り上げられ、重要な宣伝道具となった。『毎日新報』は、彼が戦死した一九四五年三月二九日から約二週間後に、家族写真や朴東薫の写真を大きく掲載し、その戦死を称えている。「この聖なる悲報を聞け！」と始まる記事は、朴東薫の生い立ちをつまびらかにし、母性愛を強調する。

朴が二歳の頃に実母は亡くなったが、継母の深い愛情のおかげで、勇ましい荒鷲に成長し、日本の礎石になったという。朴東薫の父親は、乳さえ満足に飲めなかった時もあった息子が、今では立派な帝国軍人として成長し、精悍な荒鷲になった姿を見て満足げな笑みをこぼしていたと報道している。そして末尾では、彼が出撃する前に両親に送った手紙を紹介した。

待ちに待った希望の日がきました。小子は嬉しくて、嬉しくてどうしたらよいのか分かりません。栄光に輝く特攻隊として小子は出撃することになりました。（中略）小子が扶揺隊の一人として出撃すると決まったことを考えると感慨無量です。小子のように、幸せな人は世の中にはいないでしょう。(39)

(二)　昭和二十年四月十五日(日曜日)

那覇海上에散華한
네번째半島의神鷲
扶搖特攻隊의大河伍長

図 38　朴東薫の生い立ちと家族を紹介する記事
出典：『毎日新報』1945 年 4 月 15 日。

記者は、二六〇〇万人の朝鮮人は神鷲の後に続き、突撃する覚悟を鍛えなおさなければならないと主張する。朴東薫の死も徹底的に利用されたのである。

しかしながら、この手紙は朴東薫の本心だったのだろうか。家族の証言は、記事とは異なっている。彼は満州での飛行訓練を終えて沖縄特攻作戦に投入される前に、一九四五年二月二六日に朝鮮京城の飛行場付近で家族と最後に会う機会を得て、一夜をともに過ごしている。父親がなぜ特攻隊に志願したのかと尋ねると、彼は自分は長男だから特攻にはいけないと言ったが、上官たちが家族の世話はするから安心しなさいと志願を「強要」したという。親に内緒で少年飛行兵に志願したのがばれた時ですら、ひと言も言い訳をしなかった彼だったが、死を目前にして重い口を開いたのである。

志願が強要されたことは、朴東薫と陸軍少年飛行兵の同期で、同じ教育隊に配属された衛藤周蔵の証言からも確認できる。衛藤によると、一九四五年一月下旬、訓練中に教育隊長（中尉）から集合を命じられ、一人一人に紙が配られ、特攻隊を「熱望する」「志望する」「志望しない」の三項目のいずれかにマルをつけよ、と言われた。衛藤は「志望しない、にマルをつけた者はいなかったと思います。大河君をはじめ、私を含めて、一〇名程度が選抜されましたが、日を経たず、大河君ほか二名が、第一陣として隊から発って行きました。これが彼の顔の見納めでありました(40)」と語った。

日本を批判したり戦争継続に異議を唱えることが絶対に許されない戦時下で、突撃して死ぬ日を「希望の日」と表現したこの手紙は、皇国臣民を装ったともいえる。軍事郵便は、徹底的な検閲後に発送されていたことは周知の事実であり、誰よりもそれをよく知っている特攻隊員たちは、おそらく検閲を前提に手紙を書いたであろう。新聞も、帝国日本の威光を汚すようなことは書けず、特攻兵の手紙は植民地支配に都合の良いところだけ切り取って報道するのが当たり前だった状況を考えると、手紙の文面が朴東薫の真の気持ちとは言い難いだろう。軍が作り上げた特攻隊員のイメージと彼らの思いは、まったく異なっているのである。

特攻隊員の家族と栄光ある「特攻死」

さらに、『毎日新報』の記者が朴東薫の生家を訪ね、祖父と両親、四名の弟たちに聞いた話を詳細に伝えている。軍神の遺族を訪問し、家庭環境について語る記事は、朝鮮人特攻隊員の報道ではよく見られる。記事では、一九四四年四月一五日に少年飛行兵を代表して朝鮮神宮に参拝したことや単独飛行の過程、戦場へ向かうための様々な訓練の詳細が描かれている。そして最後には、特攻作戦に臨む彼が書いた手紙一枚を紹介し、祖国の大きな理想を胸に抱いたまま扶揺隊の一員として特攻作戦に参加した彼の功績を称えている。[41]

図39　最も若い朝鮮人特攻戦死者・朴東薫

出典：韓国 SBS 番組『気になる話 Y』2014年2月28日放送オンデマンド。

一週間後の四月二四日の同紙には、朴東薫の思い出を話す令叔寺山隊長の記事が掲載された。隊長が部下である朴東薫に本当の弟以上に愛情を注いでいたことや、彼が少年飛行兵学校で一番良い成績で卒業したこと、淡々と微笑みながら出撃した様子を語っている。[42]五月一日の記事では、彼の特攻死について触れながら、特攻勇士に感謝の意を込めて、増産に総力を注ぐべきであると同紙は主張した。[43]

その後、阿部信行総督が家まで弔問に来るという知らせがあり、村中が大騒ぎになった。彼の実家は小路の奥にあり、総督の車が入れない場所にあったため、道の脇の家を何軒か壊して撤去しようという話になったが、朴東薫の父親は反対した。もし日本が戦争に負けたら、自分たち一家はここには住めなくなるだろうからと。これは不適切な発言とみなされすぐに警察に連行されたが、戦死した特攻隊員の父親だったためもあり、二度と日本が負けると言わないことを約束し、釈放された。[44]

実際に弔問に来たのは、朝鮮人として初めて特攻死した印在雄のときと同様、阿部総督の妻光子であった。一九四五年五月九日付の新聞によると、光子は朝鮮総督府と大日本婦人会の幹部とともに訪問し、遺族を慰めたという。[45]葬儀は、印在雄と同じく、総督府や日本愛国婦人会の緻密な計画に沿って日本式で行われた。やはり涙を見せることが禁じられ、栄光ある死が称えられた。朴東薫の弟・朴尚薫は、「大きな葬式でした――村はじまって以来というほどの。これも、亡くなった兄のため、朴家のためというのではなく、日本の戦争のためとおよび婦人会の威勢を発揮する道具に使われたのです。葬式が終わったあと、父は全身の気力がなくなったのでしょう、ずっとふさぎこんでいる日々でした」[46]と振り返る。多くの朝鮮人が訪れる場だからこそ、日本側は名誉ある死を強調したのである。

例にもれず朴東薫の遺族にも、特攻隊員の家族として模範的に生き、朝鮮人に戦争に協力するよう訴えることが強要された。朴の弟は、全鮮ラジオ中継で、特攻隊員の弟として決意を述べねばならなかった。朝鮮総督府が用意した「敵米英を殲滅するまで戦い抜きます」という原稿を、日本語と朝鮮語で読み上げるように命じられたのである[47]。

特攻死した朝鮮人隊員の報道は、戦死者を「半島の神鷲」と祀り上げ生い立ちや戦果を詳しく伝えるほか、その家族まで立派な特攻隊員を育てたと称える点が共通している。遺族をはじめ母校の先生や友達、軍隊の上司・仲間による追憶を特集し、特攻死を讃える。「半島軍神に続け」「見習おう」という掛け声のもと、特攻隊員の栄光ある死を無駄にせず、米英との総力戦に、皇国臣民として積極的な勤労と増産、貯蓄をもって貢献しようという流れであった。繰り返し朝鮮人「軍神」「神鷲」を誕生させたのは、戦場の真相を覆い隠し朝鮮人を戦争へ駆り立てるためで、朝鮮総督府は新聞を徹底的に指導したのである。

第四節　内鮮一体の広告塔――少年飛行兵・李賢哉と金光永

郷土訪問

同じ京城出身の少飛一四期生の李賢哉（日本名・広岡賢哉）と金光永（日本名・金田光永）は、生前から日常の取り組みや郷土訪問飛行が頻繁に掲載されるなど、内鮮一体の広告塔として大々的にスポットライトが当てられた。

李賢哉は京城にある漢榮中等学院の二年生を終えてから、金光永は京城にある景福中学四年生の時、少年飛行兵学校に入学した。二人は少飛一四期生として大刀洗陸軍飛行学校で訓練を受け、一九四三年九月の第四回「航空記念日」のイベントで京城に郷土訪問飛行している。

大刀洗陸軍飛行学校は、少年たちに航空兵への志願を促すため、郷土訪問を実施した。その対象は日本だけでなく、朝鮮や満州まで及んだ。同校では、朝鮮出身の飛行士二一名が参加している。『毎日新報』はこの二一名の氏名や訪問先を詳細に伝え、李賢哉が京城の漢榮中等学院に、金光永が京城の昌信公立国民学校に向けて出発することも明記している。[48] 航空力の重要性を強調するために制定された「航空記念日」に、朝鮮の少年兵たちが日本からわざわざやって来てこれまで学んだ成果をアピールするほか、母校をはじめ全国各地で講演を行うこの企画は、各紙で大きく報じられた。

その前年の四二年八月にも、金光永は朝鮮に一時帰国し、母校の少年たちに大空への道と志願を訴える講演をしていた。彼の母親は、中学校二年生の時から航空兵になりたいと言い続け、結局は中学校を卒業しないまま少年航空兵学校に入学した息子の飛行機に対する熱情を説明し、彼が航空兵になったことは一家の名誉であり、嬉しいと記者に語っている。[49]

李賢哉も航空兵になりたいという強い意志を同じようにもっていた。兄の広岡哉天は、弟が幼い頃から航空兵をめざし学校に通いながらも熱心に身体を鍛えたこと、太平洋戦争が勃発すると敵国米英撃滅に参加したいと熱望していたことを証言した。今回の郷土訪問では烈々たる闘志をみなぎらせ、「殉国」する覚悟があり、自分の体は国に捧げたものであると家族に語ったという。[50]

全校生徒が集まったなかで行われた先輩の訪問飛行に、朝鮮人生徒は熱狂した。貧困に苦しんでいた青年が一躍英雄になった瞬間であった。二人は、朝鮮各地で講演と公開飛行を何度も行い、子どもたちに少年飛行兵に志願することを積極的に勧めた。[51]

鄕土訪問飛行決行

朝鮮出身의少年航空兵들壯擧

廿日

어버지 어머니 그리고 고향 사람들 어대꾼의 모습을보아주세요 이날개의 폭음을드러주세요……

二十日의 제四회『항공일』을 날바더 고향의하늘을찾아오는어린소년비행병들이잇다 미래의세계의 하늘은 이들의것 미명의비행기를 몰고 [illegible] 존엄한새출영 [illegible] 자는 설로이를것이다 우리는 무슨을드러 그들의씩씩한 날개를마지해야할것이 아니오 푸른가을하늘을 [illegible] 날더욱그들어린비행병들을 쓰거운감격으로 마지할 그가족들의기쁨은말할수업시클것이다 여기에 그들의부모들까지 『젊은날개』를마지하는감격과 자랑을드러보기로하자

외아들을大空에

◇…薩摩魂에빛나는月野君

하늘로고향을방문케된 영예의 쓰키노(月野)=창씨 소년비행사의본집을 부내미생정(彌生町)二二八번지로찻즈니 작년가을에장남이던버린 쓰키노(月野)=(창씨명) 사람밧에는 현재○○비행학교에재학중인외아들 센쇼-군의씩々한 사진만이외롭히 양친을위안하고잇섯다

「가족이라야 우리두늙은이뿐입니다만 외아들을항공병으로나라에바쳣다는것이 단하나의 안심입니다」라고 미소하는 『후지스케』옹의 늠々한정신이 엿보인다

『하늘로고향을방문한다니 반갑기는합니다만 하로라도훌륭한 결전장으로 달려나가준다면 어데더욱기쁨이 업겟습니다 사람은누구든지 결국한번은죽는것이지만 [illegible] 폐하의 방패가되여 [illegible] 키는뜻으로 사라지는것이 얼마나행복합니까 나의고향은가고지마(鹿兒島)입니다 전통에빗나는 사쓰마혼(薩摩魂)을 내아들이유감업시 발휘시켜주엇스면하고 바랄뿐입니다 하々々』

하고용감하게웃는다 여페 안젓든 옹의부인 다마(タマ)여사도 후덕한얼굴에 감격빗을띄우며

『광광은어렷슬때부터 기계체조를 조와하엿는데 비행학교에드러가기전까지도 매일학교뒤어대에서 철봉과 연기(?)를하엿습니다 그러케용을말하면 어서케힐리이나 [illegible] 면『나는 저하늘이 그리워요』하고항상대답하면서 웃기만하엿습니다 아마어렷슬때부터항공병을 지원한모양이야요』라고 자랑스러히말하엿다

大空의神兵에

金田光永君의抱負

가네다(金田光永)군은 결국 [illegible] 중학(?)[illegible]四년에 진급하든해 하날의신병(神兵)을 꿈꾸고 육군○○항공비행학교에 입학하엿다 지난八월에는 여름휴가를어더가지고 도라와서 자기모교인 창신국민학교에서 후배들에게 하날에의길을 외치고 갓섯든일도잇서 이번의향토방문비행은 더한층 가네다군의 가슴을설레이게할것이다 향토비행의 소식을가지고 부내동대문구 창신정(昌信町)七二의一三三번지의 본집으로 차즈니 가네다군의 어머니는 기쁨을다음과가치말한다

그애가 중학교二학년때부터항공병이되겟다해서 집에선 눈물어이하고 가라고햇스나 그여쿠四년진급하든해에 입학을하고말엇습니다 전에서도 광영이의빗나는 압날을 기다리고잇습니다 지난번여름에 나왓을때도 군인다운 모습에참으로 모다놀랏습니다 이번에는 장래의 젊은날개를보러온다니 기쁩니다

어릴때부터憧憬

廣岡君

히로오카(廣岡[illegible])군은 금년十八세로서 소화十五년에 부내[illegible]국민학교를 거처 한양중학원(漢陽中學院)에 입학하야 제二학년을 마친다음 바로○○비행학교에 예에입학을하엿다 부내하왕십리정(下往十里町)七○번지의二一호로 히로오카군의 생가를 차즈니 마침 [illegible]되는 히로오카재현(廣岡載賢)씨는 다음과가치말한다

내동생은 어렷슬때부터 항공장으로하야 [illegible] 병이되려고하엿스며 학교에단일때에도 [illegible] 공병이되겟다고 [illegible] 로하엿습니다 [illegible] 발되가 하로바삐 하늘을 [illegible] 장으로하야 적미영격멸에참가 [illegible]

図 40　李賢哉と金光永の郷土訪問（1943 年 9 月）

出典：『毎日新報』1943 年 9 月 14 日。

李賢哉の郷土訪問手記

一九四三年九月二二日付の『毎日新報』に掲載された李賢哉の郷土訪問手記は、二面をすべて埋める扱いであった。「胸に刻み込んだこの日の感激 郷土訪問手記」「お母さん立派ではありませんか」「見た慣れ親しんだ母校」「友よ 君たちも志願しろ」という見出しからも、子どもたちに志願を促したことがよくわかる。

この手記は、大刀洗陸軍飛行学校を出発する場面から始まる。上司は、今回の郷土訪問は鬼畜米英を撃滅するために空の決戦場に行く決意を一層固める機会であり、嵐のような歓迎のなかでたくましい後輩たちを受け入れることができる誠に嬉しい機会でもあると訓示した。李賢哉は祖国の空を飛ぶ気持ちを「私の情熱、希望、喜び」と表現し、少年飛行兵としての誇りと空に対する憧れを記している。故郷の山河に近づくにつれて、幼い頃の思い出が語られる。自分の一八年間の人生は今日のためにあった、心の中に燃える「純忠」の気迫が今日のように満ちた日はこれまでなかったと言う。母校漢榮中等学院では全校生徒が迎えてくれ、こう手記を締めくくった。「一人でも多くの後輩を大空の決戦場に向かわせるように激励する。碧血丹心の思いをもって一日も早く米英撃滅の戦線に向かおう。一台でも多くの飛行機を作り、戦線へ送り出すようにしよう(52)」。

この日の郷土訪問飛行は大きな成果を残した。李賢哉の母校から四人の後輩が少年飛行兵の試験に合格したのである。朝鮮を代表する作家の毛允淑は、この年の一二月に雑誌『新時代』に「若い翼――広岡少年航空兵へ」という詩を発表し、李賢哉を賛美した。

出撃の前

日本軍は特攻隊が出撃する部隊に多くの報道班員を派遣し、インタビューを行うとともに写真を撮影・送付することによって戦意高揚を図った。報道班員は戦線の拡大と戦争の長期化、戦局の後退局面に対応するために、陸海軍の両報道部いずれかに徴用された著名な文筆家やカメラマン、そして新聞・通信記者などで構成されたものである。『毎日新報』も一九四四年一二月から報道班員を陸海軍基地に直接派遣し、基地の様子や特攻作戦に参加する隊員たちのインタビューを詳細に報道した。

一九四五年五月一三日付の『毎日新報』は、二週間後に特攻出撃する予定の李賢哉と金光永のインタビューが、二人の大きな写真とともに掲載されている。

「念願は巨艦の轟沈　淡淡、大義に殉ずる心境」という見出しで、死を覚悟して肉弾突撃を敢行する彼らの覚悟が記されている。二人に対して『毎日新報』の記者は「今回の出撃を祝福します。崇高な職務に尽くす伍長に会うと皆さんの後を継ぐのに足りないことはないのか、これだけが銃後の国民としての心配です」と話した。二人は、出撃する前の気持ちを次のように語っている。

私のような微々たる存在が栄誉ある重務を引き受けることに感謝し幸せに思います。今、私には何の迷いもありません。ただ、いかにすれば敵の大きな艦船を轟沈させることができるのか、これだけが、私が少年飛行学校に入った日からの念願であり、また、これから私が肉弾突撃をするその瞬間までの念願であります。今回の戦争に勝つ鍵は、心の底から思う内鮮一体、その一言に尽きると信じています。これがすべての戦力の核心であると私は確信します。しかし、第一線で血を流し、血と血がお互いに絡み合ってからはじめて戦友愛がうまれ、真に一体となるのではないかと思います。すでに多くの半島出身の先輩がこの道を行きましたが、私も彼らの後を続くことだけに潔さを感じます。どうぞこれからも多くの後輩たちが後に続いて、米英の野心を打ち砕いてください[53]。

(二)　昭和二十年五月十三日（日曜日）

泰然自若、出擊앞둔半島○○두勇士

念願은"巨艦의轟沈"

淡淡、大義에殉하는心境

図 41　出撃前の李賢哉と金光永のインタビュー記事

出典：『毎日新報』1945 年 5 月 13 日。

記事は、殉国の血気をもって日本のためこの決戦に臨む二人の伍長の心境こそ、偉大なものであると称賛した。二人は朝鮮同胞のため、戦争の勝利のため特攻作戦に投入されるが、その顔には死に対する不安な表情もなく、まるで世の中で一番綺麗なものだけを集めたような、神聖な潔白の化身であると強調する。記事は彼らを称賛した後、「貯蓄しよう」「供出を強化させよう」「増産しよう」と植民地政策を宣伝した。[54]

それから二週間後の一九四五年五月二七日と二八日、第四三一振武隊所属の李賢哉と金光永は、それぞれ連合軍艦隊に突っ込み、沖縄上空で戦死した。二人は靖国神社に奉安された。

第五節 「最後」の朝鮮人特攻隊員戦死者・韓鼎實

日記から読み解く「皇国青年」

一九二五年生まれの韓鼎實(日本名・清原鼎實)は京城工業学校を卒業すると、陸軍少年飛行兵第一五期生として入隊した。陸軍航空総監部の航空総監賞を受賞するなど優秀な成績を収めて第一一三振武隊に配属され、一九四五年六月六日に沖縄海上で戦死した。朝鮮人特攻隊員で最後の戦死者であった。『毎日新報』はこれまでと同じように「半島の神鷲」と彼の死を称えた。[55]

『鹿児島日報』も、彼が戦死して四日後に「弟よ 空に續け 半島出身の清原伍長」という見出しで報じた。陸軍特別基地で隊員と寝起きを共にした記者が韓鼎實のことを追憶し、「礼儀の正しい快活な伍長さん」だったと紹介している[56]。また、出撃後に記者あての手紙が見つかったという。その手紙には、「弟よつたなき兄の心をば空につゞきて大君に捧げよ」「大君の御恵み深き半島の赤子は魂の御楯と進む」と書かれていた。魂の御楯とは、天皇を守る楯となる者という意味である。記者は「半島出身の神鷲としての誇りと崇高な大和魂を詠んだ短歌」と評価している[57]。

韓鼎實は生前から、理想的な皇国臣民として『毎日新報』に注目されていたが、日本軍が戦死を発表すると、その日記が大きく掲載された。「信念と情熱がある日記」として、中学時代から特攻作戦にいたるまでの過程を彼の写真とともに詳細に報道している。中学時代や北支の訓練時代の日記、そして出撃前に朝鮮人の戦意を高揚するために録音したメッセージから、皇国青年の一面がよく理解できる[58]。

韓鼎實の日記は、一九四一年の中学時代から始まる。陸軍少年飛行兵に合格してから「感激の涙が出た。私はいよいよ待望の大空の息子になった」(一九四二年三月二〇日)と、訓練が始まることが記されている。自分の入隊を「神国に生まれた臣民としての使命」(同年四月二四日)で、「私は終生、日本精神に生きることを神明に誓った。私は日本の息子」(同年五月六日)と述べる。「半島にも徴兵令施行が決まった。若いこの体、忠誠を誓う。仲間たちも尽忠一念に燃えている」(同年五月一四日)と徴兵制実施の喜びをつづっている。「偉大な九軍神よ！ 彼らは私の目標であり、私の先生である。私は必ず彼らの後に付き従う」(同年六月一日)と、ハワイの真珠湾攻撃で戦死し「九軍神」と称えられた彼らを見習うことを誓っている。「真の内鮮一体の第一歩は国語常用にある」(同年六月一九日)と、朝鮮民衆の民族性と人間性を踏みにじっていった日本の植民地言語政策を正当化している。

(二) 昭和二十年六月十一日 (月曜)

天劍隊에半島神鷲

【某基地 白矢報道班員=本社特派員發】 [illegible]

大義에殉할一念뿐

淸原伍長 必殺의出擊

[illegible]

孝誠이至極

少年期부터이미非凡

[illegible]

図 42　韓鼎實の戦死や家族を報道した記事

出典：『毎日新報』1945 年 6 月 11 日。

第一萬三千六百號

淸原神鷲의信念과面貌

情熱이點綴된日記

천정대(天[illegible])의 한사람으로 수만호반도출신가미와시의피를타고, 오위나와(沖繩)결전장으로 달려가기요하라(淸原鼎實)오장은 대의에살리는 거룩한이채한의 전형이었다 그는「대의생사」(大義生死)의 비글자로 자신의이상과 자신의지향 그리고자신의 생활전부를[illegible]하였다 그는그대로자가 자신의생명이며 그림자와[illegible] 이를실행하였다 그는 나라를자신의 어머니로알고 나라의가치 [illegible] 나라와가치 [illegible]인 첫번재사이었다 오장은최후의 그러고최고의 [illegible] 고 오위나와의[illegible] [illegible] 할때에[illegible] 모든[illegible]의 [illegible] 저려하야 [illegible]으로 고향과[illegible]에게 보내었다 그속에는 오장의[illegible]

파에 입학한 소화十五년봄부터 출격하는[illegible]까지 지의[illegible]이 애국심이 [illegible] 구[illegible]이 [illegible]것은 十여권의일기장이 마치 오장의화신(化身)가치 [illegible] [illegible]우고있었다 기자는 오장의[illegible]씨로부터 이귀중[illegible] 얻어보았다 [illegible] 그애국심[illegible] 사에대한 [illegible] 그리고소화[illegible] 입학한후부터 매일가치「나는폐하의고굉이다」라는 [illegible] 시작되어 반도[illegible]사랑하는[illegible] 대의에살리는 오장[illegible]의[illegible] 가득찬 그의일기(日記)—이것이 소화[illegible] 대[illegible] 만고에[illegible] 이안이고 무엇이라 [illegible] 서기자는 기록하라 오장의 거룩한모습을 [illegible] 그리기보다는 그의[illegible] 빛기(筆記)하야 오장의 [illegible] 추[illegible]한사[illegible]의 사기를 을[illegible] 무엇보다 가장[illegible] 그들이[illegible] 하[illegible]기었다 [illegible]소년들에게[illegible] 보내려한다

"大義生死"의大精神

烈烈, 征空에불탄鬪魂

大義生死

大空[illegible]

一、中學時代의日記

▲소화十六년十一월十一일=「…[illegible] 빛나는 참기[illegible] 보냈다 제하야 국가의 [illegible] [illegible]의 어떤[illegible]반다 [illegible] [illegible]는 [illegible]하야마지안는 소 [illegible] 반드시 [illegible]하던 다 [illegible]이다 사나 이가[illegible]」

▲소화十七년[illegible]=「…[illegible]

[illegible]의 [illegible] 마지하야 대공의 아[illegible] [illegible]하고 위대하여라 나의[illegible] 나의 [illegible]은 일본[illegible]의 [illegible]이었다…」

▲三월二十일=「[illegible]의 [illegible]지를 [illegible] 감[illegible]이 [illegible]다 나는 [illegible] [illegible] 대공 [illegible] 나는 어쩌지 우[illegible] 오[illegible] 여서 [illegible]」

▲四월十八일=「요시노(吉野)소좌의「[illegible]하야 무엇으로 [illegible] [illegible]사라 지는것으 [illegible] 어떤[illegible]」

▲[illegible]二十四일=「[illegible] 합격 [illegible] [illegible] 최대 [illegible] [illegible]하였다」

[illegible] 아이나는 신[illegible] 태어[illegible] 가있다 [illegible]나도 [illegible]하지 [illegible]」

▲五월六일=「나는[illegible] 입[illegible] 신에[illegible] 실[illegible] 서[illegible] 신의아들이[illegible]가 신에게[illegible] 반드시이[illegible] 서[illegible] 나는[illegible] 아[illegible] 대공의아[illegible]이다」

▲五월十一일=「[illegible] 책임 [illegible]

二、北支의訓練時代

[illegible]

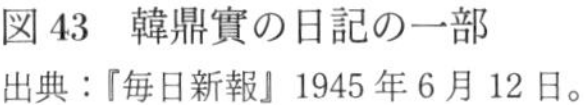

図 43　韓鼎實の日記の一部

出典：『毎日新報』1945 年 6 月 12 日。

訓練と出撃

北支の訓練時代の日記は、一九四四年から続く。[59] 少年飛行兵学校を卒業してから「必ず皇国の興廃を双肩に担う。大義生死は私の目標」(一九四四年八月四日)、「朝鮮青年たちの模範にならないといけない」(同年九月一九日)と述べる。

一九四四年一〇月からは、特攻作戦の開始とその成果を大々的に報道する記事が溢れるなか、特攻に関する記述が目立つ。「彼ら神鷲が日本にいて、彼らの後に続く我々がいる以上、必勝はあまりにも明確な事実」(同年一〇月二九日)と断言し、「我々区隊長、同期生である阿部信弘中尉が単機で航空母艦を撃沈させた。感慨無量だ。私もできるだけ大きな艦船を撃沈することを誓う」(同年一〇月三〇日)と阿部の特攻成功に深く感動している。彼は前述したように、一九四四年一〇月一九日にイギリス軍航空母艦に体当たりして戦死した、朝鮮総督・阿部信行の息子である。阿部中尉に強い刺激を受け、その後の日記では、特攻関連の記述が溢れている。「生の本能が少しでも残っていれば、むなしい死となる。特攻隊員は生の本能を抑えて、絶え間のない猛訓練と精神修養に励むことではじめて特攻隊員となる」(同年一二月二六日)、「私は天剣隊の一人である。皇国から命を預かってから二一年、聖上から初めて受けた感激である。いよいよ私にも栄誉な神気に満ち溢れた」(一九四五年二月二三日)と、熱望した特攻隊の一員になった感激を表している。

皇国臣民としての強い姿勢と意欲はその後の日記でも続いている。明治神宮が空襲されたことについて触れ、「神国日本の国民として恐縮の至りである」(同年四月一五日)と述べ、必ず敵を粉砕すると誓っている。「天皇の地方視察への感謝の気持ちと戦争完遂を念願する」(同年四月二九日)ことが述べられている。
日記のほか、出撃前に録音された韓鼎實の最後のメッセージも全文掲載された。韓鼎實は天剣隊の一員として出撃の命令を受けたと述べ、皇国の必勝を確信し、皇国から命を貰った喜びと帝国軍人として修養の一端を朝鮮人、特に若い半島の青年に伝えたいと語っている。また、皇国の三〇〇〇年の歴史は朝鮮人の歴史でもあり、遠い昔から朝鮮は実質的に皇国日本の一角であったこと、皇国は米英と戦争をしており、朝鮮人にも光栄な徴兵制が実施され、国政に参加できる道が開いたことを称賛している。朝鮮の若者は迷わず入隊し、敵との戦争で勝利し、立派な大東亜建設に参加せよと訴え、「輝く皇国三〇〇〇年」の歴史を守ってくれと強調した。(60) この録音メッセージは、朝鮮京城放送局を通して全国放送された。ラジオ放送から流れる遺言を聞く家族の写真が掲載され、録音はその後も連日のようにラジオで放送された。(61)

崇高한神鷲의肉聲
久遠의感激에싸인清原伍長遺族

図 44　韓鼎實の最後の録音メッセージを聞く遺族
出典：『毎日新報』1945 年 6 月 14 日。

朝鮮美術大賞の受賞歴がある京城師範大学教授・遠田運雄が韓鼎實の肖像画を描くなど、彼の特攻死も戦時動員のための宣伝道具とされた[62]。総督代理をはじめ、各界からの弔問が続くなか、注目すべきは、朝鮮文人報国会所属の文化人や作家が大勢遺族を訪問している点である[63]。朝鮮文人報国会は、内鮮一体と皇道文学の樹立と具現、国民文学の建設を掲げ、朝鮮俳句作家協会、朝鮮川柳協会を統合して結成された。一〇〇〇人近くの文化人と作家が会員で、親日文学作品を次々と発表、朝鮮総督府の内鮮一体と戦争動員政策に積極的に協力した御用団体であった。朝鮮はもちろん、日本、中国の戦地に赴いて日本軍を慰問激励するほか、各種文学演説会を開いて徴兵と徴用に積極的に参加するよう呼びかけた。日本の敗戦まで活動は続き、韓鼎實の実家を訪れたのもその一環である。

韓鼎實の日記は原本が現存せず、『毎日新報』には一部分しか紹介されなかったこともあり、どのくらい彼の内面が記事に表れたのかは確認できない。部分的な日記から、少なくとも彼が完全な日本人になるため、日本人以上に天皇に忠誠を誓い、帝国日本の戦争に命を捧げるという、模範的な朝鮮人軍国青年だったことは間違いないだろう。

特攻死した朝鮮人は、このように新聞、ラジオ、雑誌、文学作品、映画などあらゆるメディアにおいて、朝鮮総督府や軍部だけでなく、親族や出身校の教員、名士らまで巻き込んで「半島の神鷲」として祀り上げられ、軍神として讃えられた。彼らの存在とその死は朝鮮人に大きな影響を及ぼしたと考えられる。

注

(一)『毎日新聞』一九四四年一〇月二九日。

(2) 『朝日新聞』一九四四年一〇月二九日。

(3) 『毎日新聞』一九四四年一一月一二日。

(4) 『毎日新報』一九四四年一二月一日。

(5) 『京城日報』一九四四年一二月一日。

(6) 「吉夢に誕生した神鷲 上」『毎日新報』一九四四年一二月五日、二頁。「模型機作製に特才 中」『毎日新報』一九四四年一二月六日、二頁。「芳魂は大空に不滅 下」『毎日新報』一九四四年一二月七日、二頁。

(7) 『毎日新報』一九四四年一二月六日。

(8) 「松井伍長頌歌」『毎日新報』一九四四年一二月九日、二頁。

(9) 日本の植民地支配末期、皇国臣民化政策宣伝の先頭に立った徐廷柱（一九一五～二〇〇〇年）が親日文学活動を本格的に展開したのは、一九四二年七月『毎日新報』に「詩の物語——主に国民詩歌について」を発表してからである。大東亜共栄圏について内心感服していると述べた徐廷柱は、その後、親日文芸誌である『国民文学』と『国民詩歌』の編集を担当し、親日作品を次々と量産していった。解放後は韓国を代表する詩人として活動した。

(10) 「栄光であふれる松井家 各処から弔問と香典で忠魂弔慰」『毎日新報』一九四四年一二月二日、二頁。「長屋報道部長弔問」『毎日新報』一九四四年一二月三日、二頁。「総督、総監慰問使 江原社会課長松井家に」『毎日新報』一九四四年一二月四日、二頁。

(11) 『毎日新報』一九四四年一二月五日、二頁。

(12) 「大嵐のなか英霊弔慰 今日金原操縦士弔問飛行」『毎日新報』一九四四年一二月六日、二頁。『毎日新報』一九四四年一二月八日、三頁。

(13) 「異邦にいる青年たち 松井伍長弔慰金」『毎日新報』一九四四年一二月一五日、二頁。「松井神鷲に報答 開城で愛国機 軍部に一〇万円を献納」『毎日新報』一九四四年一二月二〇日、二頁。「神鷲松井機代身を献納 開城九万府民の血の沸く赤誠」『毎日新報』一九四四年一二月二一日、二頁。「半島労務勇士たち 松井伍長弔慰金」『毎日新報』一九四四年一二月二三日、二頁。

(14) 「松井伍長少尉に特進 破格の恩典に感激」『毎日新報』一九四四年一二月二八日、二頁。

(15)「松井少尉慰霊祭一一日開城で執行」『毎日新報』一九四五年一月一三日、二頁。「故松井少尉慰霊祭 開城東本願寺で厳粛執行」『毎日新報』一九四五年一月一四日、二頁。
(16)『毎日新報』一九四五年二月一五日、二頁。
(17)裵姈美「朝鮮人特攻隊員を考える」『わだつみのこえ』第一三二号、二〇一〇年、二五頁。裵姈美・酒井裕美・野木香里「朝鮮人特攻隊員に関する一考察」森村敏己編『視覚表象と集合的記憶――歴史・現在・戦争』旬報社、二〇〇六年、二七〇頁。
(18)裵姈美・野木香里「朝鮮人特攻隊員をどう考えるか」『歴史地理教育』第七三三号、二〇〇八年八月、二六―二七頁。
(19)「出撃前林軍曹必死の覚悟 満満な滅敵の自信」『毎日新報』一九四四年一二月一三日、二頁。
(20)「忠南出身が二人 待ち遠しい二〇日の郷土訪問飛行」『毎日新報』一九四二年九月一七日。「我らは従う悠久の大義 勤皇隊で目立つ林長守少尉」『毎日新報』一九四五年一月二六日。
(21)裵淵弘『朝鮮人特攻隊――「日本人」として死んだ英霊たち』新潮社、二〇〇九年、九九頁。
(22)「半島出の通信兵林伍長」『読売新聞』一九四四年一二月一一日。
(23)「出撃前林軍曹必死の覚悟 満満な滅敵の自信」『毎日新報』一九四四年一二月一三日。
(24)同前。
(25)「勤皇隊に半島出身林軍曹 出撃前に進級 林軍曹等神鷲の壮容」『毎日新報』一九四四年一二月一二日、一頁。「肉弾突撃に続く 半島神鷲 敵艦船に必殺捨身」『毎日新報』一九四四年一二月一二日、二頁。「出撃前林軍曹必死の覚悟 満満な滅敵の自信」『毎日新報』一九四四年一二月一三日、二頁。「輝かせ 我が誇り」『毎日新報』一九四四年一二月一三日、二頁。
(26)「本当によくやった 武勲に満足する叔父談」『毎日新報』一九四四年一二月一三日、二頁。「林軍曹の母堂に学ぼう 神鷲の背後に隠れた崇高な母の力」『毎日新報』一九四四年一二月一四日、二頁。
(27)「勝利は精神力 神鷲に続こう・半島青年玄相允」『毎日新報』一九四四年一二月一二日、二頁。「貯蓄決戦で神鷲に続こう」『毎日新報』一九四四年一二月一四日、二頁。「忠魂報答は生産 二〇〇万道民は奮起せよ 信原平北知事

談」『毎日新報』一九四四年一二月一三日、二頁。「半島忠霊を顕彰募金」『毎日新報』一九四四年一二月一四日、二頁。「神風特攻隊員に報答して糧穀供出完遂せよ」『毎日新報』一九四四年一二月一四日、二頁。

(28) 「大田徴兵翼賛会が林神鷲の遺族訪問」『毎日新報』一九四四年一二月一五日、二頁。「林軍曹に香典と弔慰使 総督、総監、海軍大臣代理等続々と到着」『毎日新報』一九四四年一二月一八日、二頁。「長屋報道部長林軍曹家弔問 一七日大田に」『毎日新報』一九四四年一二月一九日、二頁。

(29) 「武士なら名誉の戦死を 特攻隊が最大念願 追憶も新しい神鷲林軍曹の片貌」『毎日新報』一九四四年一二月一八日、二頁。「忠烈顕彰碑建立 大田佳陽町民たちが決定」『毎日新報』一九四四年一二月一七日、二頁。「林軍神忠烈感謝 平北で愛国機二台献納」『毎日新報』一九四四年一二月二八日、二頁。

(30) 「一七勇士一斉特進 半島出身林伍長少尉に」『毎日新報』一九四五年一月二六日、一頁。

(31) 「我らは従う 悠久の大義 勤皇隊で目立つ林長守少尉」『毎日新報』一九四五年一月二六日。

(32) 「温情に感激 故林少尉両親総督 軍司令官訪問」『毎日新報』一九四五年三月四日、二頁。「霊前に真心の供物 林少尉両親総督邸訪問 阿部軍神冥福祈願」『毎日新報』一九四五年三月五日、二頁。

(33) 「霊前に供物総督夫人 林少尉家弔問」『毎日新報』一九四五年三月二五日、二頁。

(34) 「神鷲を追慕 故林長守少尉の面葬」『毎日新報』一九四五年四月二六日、二頁。

(35) 鹿児島県知覧町にある知覧特攻平和会館の一階入り口にあるパソコン展示では、野山在旭の遺影が見つかっていないことを伝え、遺族・戦友・知人に向けて遺影探しの協力を呼び掛けている。

(36) 岩本光守は朝鮮の慶尚南道出身だが、植民地時代に福岡県へ移住したと考えられる。知覧特攻平和会館の展示では、福岡県出身、独立飛行第二三中隊と紹介されている。

(37) 「特進恩命の一四神鷲」『毎日新報』一九四五年六月一四日、一頁。「少尉に特別進級 神鷲岩本軍曹の光栄」『毎日新報』一九四五年六月一四日、二頁。

(38) 『毎日新報』一九四五年四月一五日、二頁。

(39) 「那覇海上で散華した四番目の半島の神鷲 扶揺特攻隊の大河伍長」『毎日新報』一九四五年四月一五日、二頁。

(40) 飯尾憲士『開聞丘』集英社、一九八五年、二一―三頁。

(41)「香煙が香しい祀堂に潮風に飛んでいた模型機 半島神鷲大河伍長生家訪問記」『毎日新報』一九四五年四月一七日、二頁。
(42)「桜のように散った扶揺隊員たちの遺芳 彼らを回想する隊長の令叔寺山氏」『毎日新報』一九四五年四月二四日。
(43)「原料採集に総力陣」『毎日新報』一九四五年五月一日。
(44) 桐原久『特攻に散った朝鮮人』講談社、一九八八年、一七〇―一七一頁。
(45)「霊前に黙禱 総督夫人大河神鷲家弔問」『毎日新報』一九四五年五月九日、二頁。
(46) 前掲『特攻に散った朝鮮人』一七一頁。
(47) 同前、一六八頁。
(48)「大刀洗飛行生巡回講演」『毎日新報』一九四三年八月七日。
(49)「大空の神兵へ 金田光永君の抱負」『毎日新報』一九四三年九月一四日。
(50)「幼い頃から憧憬」『毎日新報』一九四三年九月一四日。
(51) 国史編纂委員会『植民地少年の青空への夢』国史編纂委員会、二〇一〇年、一四頁［ソウル］。
(52)『毎日新報』一九四三年九月二二日、二頁。
(53)「念願は巨艦の轟沈 淡淡、大義に殉ずる心境」『毎日新報』一九四五年五月一三日。
(54)「泰然自若 出撃を前にした半島〇〇の二勇士」『毎日新報』一九四五年五月一三日。
(55)「天剣隊に半島神鷲 清原伍長 感激点綴（テンテイ）された遺咏」『毎日新報』一九四五年六月一〇日、二頁。「天剣隊に半島神鷲」「大義に殉ずる一念だけ 清原伍長必殺の出撃」「孝誠が至極 少年期からすでに非凡」『毎日新報』一九四五年六月一一日、二頁。
(56)『鹿児島日報』一九四五年六月一〇日。
(57) 南日本新聞社『特攻 この地より――かごしま出撃の記録』南日本新聞社、二〇一六年、二二九頁。
(58) 以下、「大義生死の大精神 一、中学時代の日記」『毎日新報』一九四五年六月一二日。
(59) 以下、「大義生死の大精神 二、北支の訓練時代」『毎日新報』一九四五年六月一二日。
(60)「大義生死の大精神 三、出撃前感激の録音」『毎日新報』一九四五年六月一二日。

(61)「崇高な神鷲の肉声 久遠の感激に包まれた清原伍長遺族」『毎日新報』一九四五年六月一四日、二頁。
(62)「記念すべき半島忠烈の画幅 清原神鷲像画、遠田画伯熱筆」『毎日新報』一九四五年六月一五日、二頁。
(63)「神鷲の遺影に拝礼 総督、総監代理清原伍長遺族訪問」『毎日新報』一九四五年六月一五日、二頁。
「文報会で清原神鷲遺族弔問」『毎日新報』一九四五年六月一七日、二頁。

第四章　戦後日韓両国における朝鮮人特攻隊員の忘却と正統性の構築

第一節　ＧＨＱの占領政策と虚構の時代

民主化・非軍事化改革と切り捨てられた朝鮮人

一九四五年八月一四日、日本政府はポツダム宣言の受諾を連合国側に伝え、翌一五日昭和天皇の玉音放送により、日本の降伏を一般の国民に公表した。ポツダム宣言の受諾と無条件降伏によって日本の侵略戦争は終わりを告げ、日本は連合国軍最高司令官総司令部（以下、ＧＨＱ）の全面的な占領下に入った。ポツダム宣言の無条件受諾は、天皇制と教育勅語体制の崩壊を意味した。日本の敗戦をまったく予想していなかった一般の国民は、敗戦とＧＨＱの占領という重い現実に直面した。だが、安丸良夫が指摘しているように、民衆意識の次元からすれば、敗戦とは日本帝国の崩壊というよりは、その生活における戦時の異常かつ悲惨な状況の終焉と常態への復帰を意味しており[1]、国民の間には戦争が終わり生きながらえたという安堵感や解放感も広がっていた。

ＧＨＱの戦後改革は、反ファシズム勢力のファシズムに対する勝利を受けて、天皇中心の「軍国主義的色彩の払拭」から始まった。一九四五年九月二二日に公表された「降伏後に於ける米軍の初期の対日方針」には、軍国主義および極端な国家主義を完全に排除する占領軍の徹底的な「民主化」と「非軍事化」の方針が明記された。

一九四五年一〇月には、GHQは政治的、公民的および宗教的自由に対する制限を除去する、いわゆる「人権指令」を発表した。この指令は、長期にわたって徹底的に臣民化を施した天皇制教育を解体し、教育の民主化を推進していくための準備であり、日本国民の自由や人権を抑圧・侵害する制度や法律を廃止するという禁止的措置に重点がおかれていた。さらにGHQは、戦前軍国主義の主要な原因が国家神道にあると認識し、絶対天皇制の思想を排除するために教育から神道的要素を払拭させるとともに、「神道指令」を通してその目的を具体化していった。

旧軍人らの団体は結成が不可能となり、復員兵を厳しく監視する体制がつくられ、戦死者の慰霊祭も規制された。さらに、重度の傷痍軍人を除くすべての軍人・軍属に対して恩給の停止と公職追放も実施された。こうして戦争犯罪人や協力者をはじめ、軍国主義者や極端な国家主義者とみなされた軍人、政治家、官僚、マスコミ関係者など、約二一万人が追放された。

このような改革が進むなか、一九四六年三月に来日した第一次アメリカ教育使節団による報告書は、教育の民主化の形を明確に示した。戦後教育改革のバイブルともいわれたこの報告書の内容は、教育に関するあらゆる面にわたっていた。その中心的な内容は、極度に中央集権化され、大衆と少数の特権階級で区別し、別々の種類の教育を行った戦前の教育を批判し、個人の価値と尊厳を基本とする民主的な市民を育成するために、教育の機会均等をはかる学校制度の整備、教育内容と教育課程の編成、社会教

図 45　皇居前を行進する米兵（1946 年 3 月 9 日）
出典：ジョン・ダワー（三浦陽一・高杉忠明訳）『敗北を抱きしめて上　第二次大戦後の日本人 増補版』岩波書店，2004 年，247 頁。

育の拡充などを明らかにしたことであった[2]。

一九四五年の敗戦前、一般在住者、強制動員労働者、軍人・軍属として日本本土にいた約二三六万人の在日朝鮮人はどうなったのだろうか。GHQが一九四五年一一月一日付で発表した「日本占領及び管理のための連合国最高司令官に対する降伏後における初期の基本的指令」によって、植民地解放後、日本に残留していた朝鮮人の法的地位は、軍事上の安全が許す限り「解放国民」として扱うが、必要な場合には「敵国人」として扱うことができるという二重の規定のもとに置かれた。GHQは日本本土にいる朝鮮人の存在は認識していたものの、具体的な対策を準備していなかったのである。そして、一九四五年一二月の衆議院議員選挙法改正で、朝鮮人の選挙権は当分の間「停止」とされる。さらに一九四七年五月二日に「外国人登録令」が公布され、即日施行されたことによって、日本国籍を有する台湾人、朝鮮人は「外国人」とみなされた[3]。こうして在日朝鮮人は、一九四八年に朝鮮半島に二つの国家が成立するまでは「どこの国民でもない」、事実上の「無国籍」の状況に置かれることとなった。

GHQが日本政府による在日朝鮮人の統制を認める措置を容認した背景には、朝鮮半島に帰国したものの生活基盤がないため日本に逆流する人が増え、そうした不法入国者を取り締まる目的があった。また、東西冷戦が激しくなるなか、共産党との結びつきが強く、在日朝鮮人社会で大きな影響力を持つ「在日本朝鮮人連盟」の動きを牽制する意味もあった。

東京裁判の虚構と保守政治の存続

日本の敗戦の翌年、極東国際軍事裁判(東京裁判)が開かれることになった。東京裁判では、処罰の対象と範囲をどこまで規定するのかが大きな焦点であった。日本の侵略戦争を裁くにあたって、平和に対する罪（A級犯罪）、通常の戦争犯罪（B級犯罪）、人道に対する罪（C級犯罪）[4]が対象とされたが、東京裁判で中心となったのは、占領地での殺人や捕虜の虐待など、欧米連合国と関連した戦争犯罪であった。オランダ代表判事のレーリンクが、アジア人よりも白人の被害に関心が払われたのは事実だと述べたように[5]、日本のアジア諸国に対する非人道的な行為は、東京裁判では無視されたのである。アジアの犠牲者が戦勝国の国民ではなかったということがあったにせよ、戦勝国がそれらの植民地の国民に対してあまり注意を払わなかったことは、東京裁判の最も深刻な「欠陥」と言えよう。

そのため朝鮮人の軍夫・軍属の徴用・動員などの被害は追及されなかった。アメリカ草案には当初朝鮮問題が入っていたが、連合国一一カ国で構成された東京裁判では、完全に排除されてしまった[6]。各地のBC級裁判でも、連合国は朝鮮・台湾の植民地支配にはまったく触れなかった。それどころか、旧植民地出身者を日本人として裁いたのである。朝鮮人戦犯は、彼らを俘虜監視員に徴用した日本軍の政策と、植民地問題を無視した連合国の裁判のはざまで生まれた[7]。連合国の中に、いまだ植民地を有する国家が含まれていたのが一因であった。さらに東京裁判では、アメリカと日本の保守政治家のもくろみ通り、すべての責任は軍部に転嫁され、特に陸軍の責任が重視された。昭和天皇自身も、軍部を中心とした軍国主義勢力の犠牲者であり、一部の軍人が天皇と平和的な指導者たちの反対を押さえて戦争を行ったという「歴史の虚構」がアメリカと日本の保守政治家によって共同で作られた[8]。

東京裁判で日本の植民地支配に関する問題が追及されなかったこともあって、戦前の政治指導者の朝鮮認識と歴史認識は、戦後も継承された。東京裁判は日本の戦争観や植民地認識を徹底的にただす好機であったが、朝鮮問題は起訴状から排除され、日本の植民地支配は罪に問われなかったのである。

さらに、日本は主権を回復し巣鴨拘置所の管理運営権を手にすると、東京裁判で実刑を受けた二五人の政治家と軍人などA級戦犯を一九五六年に全員釈放した。これにより、戦争責任者は法律上存在しなくなった。東京裁判を通じて侵略戦争を計画・準備・開始・遂行した昭和天皇をはじめ、戦争責任がある政治家と軍人はほとんど生き残り、その過程で戦後日本の保守政治が始まったのである。

侵略戦争を遂行した右派勢力の再登場は、必然的に戦後において近代以来の植民地主義や戦前の帝国主義的歴史認識を復活させる土台を作った(9)。敗戦は民主主義と平和憲法をもたらしたが、日本の社会的特質に変化はなかった。多くの日本人に、植民地支配と戦争、そして戦後改革が進む過程において、植民地支配と戦争責任を自らのものとする意識が完全に欠落していたことは、日韓関係のみならず、日本人の戦争観、加えて朝鮮人特攻隊員に関する意識にも大きな影響を及ぼすことになる。

寛大な講和条約と外国人となった朝鮮人戦争犠牲者

日本の侵略戦争と植民地支配に関連する国際的な戦後処理を定めたのが、サンフランシスコ講和条約であった。しかし、この条約も日本をアメリカの協力者とみなし、侵略戦争の加害者として断罪するものではなかった。東西冷戦と朝鮮戦争の勃発によって、アメリカは日本をアジアにおける共産主義の防壁として利用し、断罪と賠償をあきらめたのである(10)。

アメリカが対日賠償の請求権を放棄している事実が端的に示すように、この条約は「寛大な講和」という性格を色濃く持っていた。対日賠償問題は、第一次大戦における対独賠償問題とはまったく異なる方針で処理された。その特徴としては、第一に、懲罰的な巨額の賠償ではなく、敗戦国である日本に平和的生活の維持を認めたうえで、支払い可能な額の賠償を求めたものであり、第二に、現金賠償を避けて設備撤去による実物賠償ないしは役務賠償を基本としており、第三に、戦勝国による一方的な決定ではなく、受償国と日本との交渉に基づき総額と内容を決定する方式がとられた点が挙げられる[11]。アメリカの強い圧力で連合国のほとんどが賠償請求権を放棄し、結局、日本政府が講和条約の規定に基づいて賠償の要求に応じたのは、フィリピン、インドネシア、ビルマ、南ベトナムの四カ国だけとなった。これは日本の侵略戦争によって大きな被害を受けたマレーシアやシンガポールなどその他の東南アジア諸国に不満を残した。

そして最も大きな被害を受けた韓国と中国は裁判に招請すらされなかった。アメリカは韓国のみを招請するつもりで、吉田茂首相にその旨伝えたが、吉田は強く反対した。朝鮮は日本と戦争関係にないし、もし連合国として取り扱われると在日朝鮮人は連合国国民の地位を獲得することとなり、社会的に混乱するとアメリカを説得したのである。アメリカは態度を保留したが、結局当初の構想を放棄する。この結果、韓国の対日補償要求は全面的に否定された。もし、韓国が講和条約で調印国として参加できたら、日本に及ぶ影響は大きかっただろう。

講和条約で日本の侵略戦争と植民地支配が徹底的に追及されなかったことは、日本の保守政治家の歴史認識にも余波を広げた。「この平和条約は、復讐の条約ではなく、「和解」と「信頼」の文書であります。日本全権はこの公平寛大なる平和条約を欣然受諾いたします[12]」という吉田の受諾演説は、講和条約がどのような意味を持っていたのかをよく示している。

吉田裕は、戦争責任問題の曖昧化を許容するダブル・スタンダードが講和条約を契機に成立したと指摘する[13]。対外的には、講和条約の第一一条で東京裁判の判決を受諾するという形で必要最小限の戦争責任を認めることによって、アメリカの同盟者としての地位を確保する。しかし、国内においては、戦争責任や植民地支配を事実上否定するという二重の対応である。戦争責任に関する自覚や加害者としての当事者意識は希薄だったのである。

また、サンフランシスコ講和条約の発効と同じ日に、日本政府は従来の外国人登録令を改悪した「外国人登録法」(法律第一二五号)と「ポツダム宣言の受諾に伴い発する命令に関する件に基く外務省関係諸命令の措置に関する法律」(法律第一二六号)を公布し、施行する。旧植民地出身の朝鮮人はこれにより日本国籍を喪失して、「外国人」と位置づけられ、指紋押捺制度と罰則条文も制定された。法律が改正されるまでは、在留資格を取得しなくても引き続き日本に在留できたが、この通達によって在日朝鮮人の「外国人化」が進められる。彼らは日本国憲法に定めた「国民」ではなくなり、それを根拠に経済・就労活動、教育社会福祉制度から除外された。

こうして植民地時代に日本人として徴兵・徴用されながら、戦後は一方的に日本国籍を剝奪され、日本人でなくなったとして何の補償も受けることができない朝鮮人が生まれた。日本人の戦争犠牲者に対する援護の体制が着々と整えられるなか、日本国籍でないことを理由にあらゆる恩給や援護の対象、援護関係法から排除されたのである。日本人はもっぱら自国民とアメリカを念頭に置き、朝鮮半島出身の犠牲者は意識から抜け落ちていた。日本は植民地支配と侵略戦争について深く反省しないまま、そして、自国の帝国性の省察を経ず、加害の事実に向き合わないまま、戦後の再建を進めた。戦前の過ちを根底から追及すべきだったが、日本の帝国主義的意識は維持され、「虚構の時代」がスタートしたのである。

第二節　国家神道政策と特攻認識

特攻隊員への冷ややかな視線と特攻くずれ

GHQの占領政策が進むなか、日本人の国民意識は急速に変化していく。悲惨な敗戦に導いた政治指導者や特権的地位にあった軍上層部に対する批判が高まり、復員兵にもその反感は向けられた。

特攻隊員や訓練生についての見方も一変した。戦時中は畏敬の念を抱かれ英雄視された特攻隊員だが、敗戦とともに「軍神」は死語となり、忌まわしい過去の存在に追いやられた。メディアや日本人自身が作り上げ、仰ぎ見た軍神たちの勇姿は、敗戦とともに崩れ落ちたのである。[14] これまで「英雄」と特別視していた反動から、基地周辺の住民は元特攻隊員に罵声を浴びせ、石まで投げつけた。特攻は無謀な侵略戦争の象徴として叩かれたうえ、特攻隊員は「犬死」であったとしか評価されない世の中へと急変した。命がけで戦って帰ってきた若い元特攻隊員を迎えたのは、焦土となった故郷と、敗戦と窮乏に荒んだ人々であった。元特攻隊員に対する世間の態度は冷ややかなもので、生き残った特攻隊員に批判が浴びせられた。このような日本国民の意識の変化には、軍国主義を社会から払拭するGHQの政策が大きく関わっていた。

戦後初期、「特攻くずれ」という言葉が登場した。敗戦により復員してきた特攻隊の生き残りで、社会的な規範を無視し平気で常識外れの行動をとる人々を「特攻くずれ」と呼んだ。生き残った特攻隊員に対する風当たりは厳しかった。行き場のなくなった一部の青年たちは、その鬱憤を晴らすように反社会的な言動を繰り返し、愚連隊（不良仲間）となり、進駐軍のアメリカ兵や警察官に対し、反抗的な態度をとることで、自らを誇示した。それでさらに世間の同情を失うという悪循環を生んだ。[15]

山室建徳は、近代になると日清戦争・日露戦争などの戦争が起きるたびに多くの軍神が誕生したと述べ、軍神たちが国定教科書に必ず載って日本人の身近な規範となったと指摘している。だが、日露戦争で戦死した広瀬武夫中佐を軍神として祀る広瀬神社（大分県）など、軍神関連の神社の多くは、敗戦後は米軍兵士や高校生の遊び場となり、煙草を隠れて吸う格好の場所となるほど荒廃した。東京神田区にあった広瀬の銅像は、占領軍の指示ではなく日本側の判断で破壊された。かつての英雄のこの無惨な最期を、ニュース映画を通して、多くの国民が目の当たりにしたのだった。[16] 特攻戦死者の慰霊・顕彰のために建設された忠霊塔や記念碑も、公共の場から撤去された。アジア・太平洋戦争で軍神とされた特攻隊員は、敗戦とともに過去の存在として忘却されたのである。

ＧＨＱの神道政策と靖国神社の復権

靖国神社は、もともと戊辰戦争で戦死した明治新政府の軍人を祀るためにつくられた東京の招魂社だった。一八六九年に設立された招魂社は、一八七九年に「靖国神社」へと改称し、明治時代から第二次世界大戦に敗戦するまで、天皇の名のもとに内戦と対外軍事行動に出た軍人、官吏、軍属などの戦死者の位牌を合祀している。

明治政府は天皇を国の中心に据え、神社神道を国の宗教として定めた。靖国神社は国家神道の中心的な神社として、天皇や軍と深く結びつき、天皇制軍国主義の精神的支柱としてそこへ合祀された人々を英魂とした。特に一五年戦争中は、戦争を正当化し、戦意を高揚し、戦争に全国民を動員するための道具となった。天皇に忠誠を尽くして靖国の英霊になることが最大の「美徳」とされた。こうして多くの特攻隊員が鼓舞され、自殺攻撃の役割を担わされたのである。戦死を「栄光」であり「名誉」であると国民に考えるようしむけた施設が靖国神社であった[17]。

この靖国神社に対して、GHQは強い敵意を抱いていた。連合国においても、狂信的な国家主義と戦争に日本人を駆り立てた理由を国家神道に求める傾向が支配的であった。そのため国家神道の廃止や軍国主義の払拭は、占領政策の重要な位置を占めていた。なかでも軍国主義の精神的基盤である靖国神社の改革は、GHQにとって喫緊の課題であった。

一九四五年一二月、GHQは「国家神道、神社神道ニ対スル政府ノ保証、支援、保全、監督並ニ弘布ノ廃止ニ関スル件」、いわゆる「神道指令」を発令した。赤澤史朗によると、この神道指令は大きくいえば三つの特徴がある[18]。第一の特徴は厳格な政教分離条項である。神社への国家の財政的援助や神道教育などの公的支援を禁止し、国家との分離を命じるものである。これは国家神道体制が、他宗教の信教の自由を侵害していたとの判断に基づいていた。政教分離条項は日本国憲法に取り入れられ、戦後の国家体制の一部となった。第二の特徴は軍国主義、超国家主義のイデオロギーや宣伝を排除したこと、第三の特徴は、条件付きながら神社に宗教の一つとして生き残る道を開いたことであった。神道指令は、あらゆる宗教を公認する前提として、国家と宗教の分離と、教義や儀式の非軍国主義化という二重の条件を課したのであった。この二つの条件をクリアできた宗教だけが存続を認められたのである。赤澤史

図 46　GHQ 占領下の靖国神社
出典：『ライフ』1945 年 12 月号。

朗が「神道指令に適応しようとする中で、靖国神社は従来の軍国主義的性格から脱皮するきっかけを得た」[19]と強調しているように、神道指令は新日本国憲法の制定と戦争放棄、天皇の地位の象徴への転換、軍の解散などの占領政策とともに、戦後日本社会の民主主義的な価値の一つとして靖国神社に決定的な変化をもたらした。この指令によって靖国神社は軍の管理から離れ、その後は私法人としての活動を開始する。もちろん、靖国神社が国家や何らかの公的なものとの結びつきを再構築しようとし、神道指令の厳格な政教分離に抵抗したことも事実である。

また、一九五一年九月八日のサンフランシスコ講和条約の調印と占領の終結により、公務員の公葬への列席の規制が大幅に緩和され、吉田茂首相をはじめ各閣僚、衆参両院の正副議長が六年ぶりに靖国に特別参拝した。この年の例大祭は二日間で戦後最高の三五万人の参拝者を迎え、終日境内は賑わった。五二年一〇月一六日には昭和天皇が参拝して天皇と靖国神社との結びつきが公然と復活し、翌五三年一〇月一八日の例大祭からは勅使の参向も復活する。五七年一〇月には、靖国神社の事実上の地方分社である護国神社にも天皇がふたたび参拝するようになった[20]。

さらに六〇年代以降、靖国神社は社会的な注目を集めた。日本遺族会などが「靖国神社国家護持運動」を始め、自民党は靖国神社を国営化する法案を六九年から国会に提出する。五年連続で提出された同法案は成立しなかったものの、この頃から戦死者を国家が顕彰しようという動きが加速した。その後、一九七五年に三木武夫首相の敗戦記念日の参拝、七八年にA級戦犯の合祀、八五年に中曾根康弘首相の「戦後初」の公式参拝と続いた。東京裁判で死刑判決を受けた東条英機元首相らA級戦犯一四人を合祀したことは、日本の侵略戦争と東京裁判の結果を否定するものとして、中国や韓国をはじめ諸外国の反発を招いた。その後、靖国神社は、ナショナル・アイデンティティと密接に関連する「過去」と「記憶」の政治的意味合いが高まり、東アジアにおける戦争責任と歴史認識をめぐる記憶戦争の場となる。靖国神社は日本のために死んだ人々を追悼する中心的な場となり「日本人」を立ち上げる空間として、政治的・社会的な認知を高める効果を生み出した。

ここで重要なのは、靖国神社に合祀されている朝鮮半島出身の軍人・軍属の存在である。合祀者名簿には二万一〇〇〇人以上が記載されていると言われ、そこにはもちろん特攻隊員も含まれる。本人や遺族の意思とは関係なく、英霊として合祀されているのだ。同神社の附属施設・遊就館は、まず玄関ホールで零式戦闘機が来館者を出迎える。展示室一五（大東亜戦争5）と展示室一六（靖国の神々1）では、日本の自存自衛と人種平等による国際秩序の構築を目的としたアジア解放のための「聖戦」であったという戦争観を繰り返し強調する。館内では「祖国日本の防衛のため玉砕」した特攻隊を描く記録映画が上映されており、特攻隊員の悲運もお涙頂戴の「美談」に仕立てあげられている。軍国主義を問う視点も、自責の念もそこにはない。朝鮮人特攻隊員たちの遺影も飾られており、侵略戦争を正当化する道具として彼らは死後も利用されているのである。

アジアと日本の国民に多大な犠牲を強いたA級戦犯が合祀されている靖国神社で、強制的に動員され戦死した朝鮮人を慰霊・顕彰することは、加害責任や相手国の立場を無視した歴史認識である。韓国人遺族が日本政府と靖国神社に合祀の取り消しを求める訴訟が相次いでいることからもわかるように、靖国神社は東アジア国際関係における最重要課題として浮上しているのである。[21] 日本の植民地支配と侵略戦争はいまなお終結していない。

加害者意識の欠如と復活する特攻戦没者の顕彰

戦後初期に靖国神社の参拝者が急減したことからもわかるように、日本人の意識も従来の国家と戦争を肯定・賛美するものから、否定するものへと徐々に変化していった。軍人に対する不信感は高まり、GHQの占領政策がこのような傾向に拍車をかけた。戦時下では特攻戦死者らは英雄とされ、家族を「国家に捧げた」遺族は賛美の対象であった。だが、敗戦とともに特攻隊は旧日本軍の忌まわしい記憶として「封印」されたのである。

その一方で、占領期の終盤頃から、戦争に対する責任意識は希薄となり、日本国民は戦争の犠牲者であるという被害者意識が徐々に浸透していった。この点についてジョン・ダワーは、著書『敗北を抱きしめて』のなかで、刑死した戦犯らの遺言や別れの言葉が包括的かつ大規模に収録された『世紀の遺書』(一九五三年)を取り上げ、分析している。同書は巣鴨遺書編纂会がまとめたもので、ダワーは裁判で死刑宣告を受けた男たちの手紙に、ある言葉が頻繁に見られることに注目する。彼らの多くが自らの死を「国家の尊い犠牲」「敗戦の犠牲者」「民族の犠牲」と表現し、「日本再生のため」「世界平和のため」に意味があるものと説明していた。この「犠牲」という言葉こそ、戦争責任を曖昧にする効果をもつと彼は指摘するのである[22]。またダワーは、戦争犯罪裁判が行われたどの戦域でも、死刑判決を下された人々はみな無罪を主張し、白人に理不尽な暴力や不公平な扱いを受けた被害者だと自認する傾向が明確に見られるのに対し、他のアジア人たちをどれほど蹂躙し犠牲を強いたかという加害について言及する遺書はほとんどなかったと述べている[23]。

日本は、敗戦後も戦前の帝国意識・古い理念との深い省察と対決を経ないまま植民地支配に対する責任を否定し、いち早く新たな価値を受容していった。GHQの占領が終結し、五二年四月二八日に講和条約が発効されてからは、戦争責任の自覚と反省を完全に欠く風潮がさらに加速した。そして、右派のナショナリストが強い存在感を示すようになり、再び特攻隊員の死を祖国を守った崇高な犠牲として讃え始めるのである。

一九五二年には、及川古志郎元海軍大臣をはじめ、特攻作戦に直接関わった指揮官たちが発起人となり、東京都文京区の護国寺に特攻平和観音が建立された。特攻平和観音はその後東京の観音寺に移され、特攻隊の功績を後世に伝えるため「特攻平和観音奉賛会」が設立された。こうした顕彰の動きと併せて、占領期にGHQの統制によって製作することができなかった特攻隊の映画も徐々に登場するようになる。講和後の一九五三年には海軍飛行予備学生の遺稿集に基づく『雲ながるる果てに』が製作され、興行的にも批評的にも大きな成功をおさめる。特攻生存者が脚本に加わり、元予備士官を含む軍隊経験者が特攻隊員を演じている映画である。そして、一九五六年頃から特攻隊を描いた映画が急増し、戦争はたんなる娯楽作品の素材となった[24]。

GHQの指令により占領期に解散を命じられていた旧軍人団体は、続々と再結成される。一九五二年には、陸軍士官学校卒業生を中心とした正規将校の親睦団体「偕行社」と、海軍兵学校卒業者を中心とした正規将校の親睦・修養組織「水交会」が発足した。「日本傷痍軍人会」(一九五二年)、「財団法人日本傷痍軍人会」(一九五五年)も設立された。一九五三年には軍人恩給復活運動を展開する「旧軍人関係恩給権擁護全国連絡会」(六一年「軍恩連盟全国連絡会」に改組)や「日本郷友連盟」をはじめ、各地で在郷軍人会、戦友会、郷軍会の設立が相次いだ。さらに特攻に関わった部隊の戦友会や特攻基地があった地域を中心に、特攻戦没者の慰霊も始まる。戦友会の創設と併せて、特攻平和観音慰霊祭など、部隊や基地という枠組みを越えて慰霊する活動が盛んになる。その中心になったのは、部下を特攻に送り、戦後批判にさらされてきた陸海軍の指揮官たちであった[25]。

また、講和条約の発効前後には第一次「戦記もの」ブームが起こる。陸海軍の佐官級のエリート将校の著作が次々と出版され、ベストセラーになった。さらに、『経済白書』が「もはや「戦後」ではない」と強調した五六年には、戦後最高の発行部数を記録する「戦記もの」の第二次ブームが沸き起こる。無名の将兵の戦争体験記も、五〇年代半ば頃から目立つようになった。その影響は子どもの世界にまで広がり、五〇年代末に次々に創刊された『少年サンデー』『少年マガジン』などといった少年週刊誌が「戦記もの」であふれた。五〇年代の戦記マンガブーム、六〇年代に特攻隊を主題とする映画ブームが到来して、七〇年代までに数多くの映画作品が製作された[26]。

こうして朝鮮戦争特需や「もはや戦後ではない」という意識の広がり、高度経済成長を経て、日本人は戦争責任と加害の事実をさらに忘却していくのである。

第三節　冷戦のインパクトと追放される朝鮮人特攻隊員

抹消・忘却される朝鮮人特攻隊員

一九四五年の植民地解放後、朝鮮半島の民衆は、帝国日本の「臣民」から独立国家の「国民」へと身分が変わる喜びを味わった。だが、その喜びは長く続かず、朝鮮半島は激しい対立と混乱の坩堝と化した。アメリカとソ連の信託統治が始まり、イデオロギーや社会体制をめぐって様々な政治・社会勢力が登場した。新たな民族国家の建設という課題への左右分裂と対立は、朝鮮社会を引き裂いた。その結果、一九四八年に南と北に政治的理念を極端に異にする二つの国家が成立した。

しかし、このように社会が混乱し対立するなかでも、唯一思想や理念を問わず、あらゆる政治・社会勢力が共通して掲げた社会的目標があった。それは、日本の統治支配を追及し、それに協力的だった朝鮮人を親日派として裁くことだった。親日派や日本帝国主義の残滓を一掃する動きが加速した。日本軍に入隊していた者は、日本の協力者として厳しい批判にさらされることになった。植民地解放を契機に、燻り続けていた韓国人の反日感情が溢れ出した。また、朝鮮戦争で韓国のために戦って死んだ多数の人々のこともあって、余計に「日本のために戦った」兵士に対する世間の眼は冷ややかで、遺族でさえも冷遇されたのであった。

戦時中は軍神と祀り上げられた朝鮮人特攻隊員だったが、日本の敗戦とともに評価がひっくり返った。日本から解放されて喜んだ遺族たちだったが、特攻死を讃える記念碑が各地で破壊されるなど、新たな試練が続いた。「半島の英雄」を育てた愛国者から、朝鮮民族を裏切った売国奴の一家へと評価は急落し、日本の軍国主義を受け入れた「親日派」の烙印を押されて憎悪の対象となった。

特にソ連軍が駐屯した今の北朝鮮の地域では、対日協力者は徹底的に追及された。朝鮮興南出身の朴東薫（大河正明、少年飛行兵第一五期生）の死後、母校に建てられた慰霊碑は住民によって破壊されたという。[27] さらに遺族は、家と財産まで没収される苦しみを味わった。朴東薫の弟・朴尚薫は、「戦争が終わったら、その反動がひどかったのです。親日一家ということで、村人から白い眼で見られつづけました。父にしてみれば心外で、親日どころか、息子が志願したから止むなく許さざるを得なかったのですが、村人はそうは受けとめない。北ですから、そのうち、保安隊という共産党系の組織ができて、それからは「対日協力」のかどで滅茶滅茶にいじめられ、とうとう頭がおかしくなりました」[28]と語った。特攻隊員は天皇と帝国日本のために戦った者として、世間から冷ややかに見られたのである。朴東薫の家族は耐えかねて、朝鮮戦争中の一九五〇年一二月に韓国へ逃れた。また、金尚弼（結城尚弼、陸軍特別操縦見習士官第一期生）の兄・金尚烈も、親日派であると逮捕投獄され、弟の遺留品を押収されたりした。その後は弟が特攻隊員だったことを誰にも話さなかったという[29]。

一方、解放後の韓国メディアが朝鮮人特攻隊員について報道したのは、一九四六年一月一〇日が初めてである。『東亜日報』は、朝鮮人として初めて特攻死した印在雄（松井秀雄、少年飛行兵第一三期生）が、実は生きており、仁川に入港すると報じた[30]。『自由新聞』も、総督府の機関紙が半島の神鷲と大々的に報じた印在雄が帰還したのは、日本の浅薄な言論宣伝政策の結果であったと批判した。翌日の『東亜日報』は、さらに詳しく伝えた。一月七日に二五八一人の同胞が、ハワイから米軍の引率で仁川港に入港したが、その中に特攻隊員であった印在雄がいるという。

しかし、一月一二日付の『自由新聞』は、印在雄の生還は事実ではなく、息子の生還を待っていた両親は悲しみの涙を流したと報道した。結局、彼の生還説自体がデマであったのである。朝鮮人特攻隊員に関する記事はこれ以降途絶え、その後約四〇年間韓国社会から姿を消す。

民族の恥部

なぜ、朝鮮人特攻隊員の存在は、公的な歴史やメディアから抹消され、追放されたのだろうか。解放直後から韓国は、戦時中から抗日独立闘争を行っていたことを公式の記憶にするため、親日派の追放を試みた。「反日」という強力なイデオロギーにより、社会的統合を維持してきた韓国社会において、植民地支配の記憶は恥ずべきものであり、洗い流さねばならない残滓であった。しかし、大韓民国成立後の李承晩政権期に植民地遺産と醜悪な記憶を消し、親日派たちを追い出し、新たな国家と民族を作ろうとした努力の甲斐なく、為政者たちの政治的な判断と軍や政府の中枢に親日派が多数いたため抵抗に直面し、失敗した。親日派に対する微温的な処分により親日派の大部分が復権を果たしたことはよく知られている。そして、植民地時代において総督府の政策に協力した親日派と元軍人が、韓国政治や軍部の設立に重要な役割を果たすようになる。一九五〇年代と六〇年代の韓国政府の重要ポストに就いた官僚や国会議員は、植民地期の経歴を持つ親日派が多かった。

親日派にとっても特攻隊員は忘れたい存在だった。なぜなら、日本の支配政策が残した精神的な影響を含めて、その深刻さが明らかになるにつれて、それを支えた対日協力者に対する韓国国民の視線がさらに厳しくなったからである。為政者にとって朝鮮人特攻隊員は、帝国日本の秩序の先頭に立って日本人になろうとした、忘れたい「負の遺産」であり、韓国社会を再構築するにあたって事実上、一日も早く清算せねばならない政治的に不都合な存在であった。朝鮮人特攻隊員という記憶は、隠したい民族の「恥部」として、または告発し糾弾すべき民族の「裏切り者」として位置付けられ、韓国社会から忘却された。彼らの否定的なイメージは、「神風」とは天皇に絶対的な忠誠を誓った狂信的な集団だったという偏見や、強制的に徴兵されたのではなく志願して入隊したという事実により増幅された。太平洋戦争の戦死者のなかでも、特攻戦死者は典型的・代表的な日本への協力者として見られる傾向が強かった。

韓国では、日本の軍人・軍属となって戦争のために戦った人々は、対日協力者と非難され続け、今もなおその烙印は完全には消えていない。植民地時代の「犠牲者」として認められなかったばかりか、反民族的だとすら考えられたのである。そのため彼らの死と記憶は排除・忘却され、関連慰霊施設は長い間設立されなかった。特に、元日本兵は厳しい批判を浴びた。韓国社会において学徒兵を除けば、日本兵だった体験を語る韓国人が極めて少ないのは、こうした理由によるのである[31]。その上、朝鮮戦争で死んだ韓国軍兵士の「愛国者」「殉国者」のイメージと、日本の戦争で死んだ朝鮮人特攻隊員の「変節者」「裏切り者」のイメージは、互いが互いを強化する形で固着していったのである[32]。

このような朝鮮人特攻隊員像がつくられたのは、「反日」言説が大衆的に消費され政治的に利用されたことも一因だが、飛行機操縦という業務の特性上人数もごく少数で当事者たちがほとんど戦死してその実態と真相が明らかでなかったこと、遺族も「親日派の家族」と言われるのを恐れて長い間口を閉ざしていたことも重要な要因であった。

特攻隊員・金尚弼の兄の金尚烈は、一九八五年に知覧の特攻基地戦没者慰霊祭に参列するため来日した折、鹿児島県特操会が主催した懇親会でこう語っている。「部屋に飾ってある弟の写真は、訪ねてくる人によっては、家内がそっと押し入れに隠さなければならないのが、現在の韓国の実状なのです。弟が日本軍陸軍将校であり、しかも特攻隊だったことは、いまの韓国では親日派と目されて、世間が狭くなるのです[33]」。

第四節　創られる「反日」ナショナリズムの言説と記憶

国家アイデンティティの樹立と「日本」

韓国政府は、建国過程における政権の創出と国民統合、正当性の確保のために、植民地経験を積極的に活用した。大韓民国臨時政府をはじめとする海外で独立運動に携った人々を記念する行事も重要な政治的意味を持っており、朝鮮独立を志向した民族主義的な思想や運動に政治的な正当性を付与したことは自然な過程であった。そして、韓国社会において、植民地時代における「反日」「抗日」運動や独立運動の記憶が、国民統合と国民国家のナショナリズムを浸透させるイデオロギーの宣伝装置として社会全般に定着する。この歴史の記憶が誇らしい国史として現在まで持続的に再生産されたのである。

特に、韓国初代大統領・李承晩をはじめ、一九六一年に軍事クーデターによって政権を掌握した朴正熙大統領は、国家アイデンティティの樹立のために「反共」「反日」主義のイデオロギーを徹底的に利用した。[34] 韓国では、「反共」と「反日」という二つのナショナリズムの言説が、社会の中心的な支配イデオロギーになった。とりわけ「反日」は、約三六年間にわたった植民地期の記憶のせいで、強力な支配言説となる。「日本」という極度に否定的な対象を設定することで、国家アイデンティティをその反射として形成・確立しようとする欲求は、韓国社会におけるアイデンティティの基本構造であった。

まず韓国政府が手始めに取り組んだのが、国家記念日の制定であった。一九一九年に日本の植民地支配に抵抗して起きた三・一独立運動を記念する「三・一節」は、左派右派を問わず盛大に祝う。反日を媒介として、アイデンティティを覚醒させ国家に帰属意識を持たせるための、一種の国民統合の道具であり、韓国人が共有できる最良の歴史的経験であった。

八月一五日は、日本では、昭和天皇がラジオを通じて降伏と一五年に及ぶ戦争の終結を国民に伝えた終戦記念日であるが、韓国にとっての八月一五日は、日本とは大きく異なる。この日は日本の植民地から解放された大きな慶事の日であるが、恥ずべき国家喪失の記憶や抑圧の恥辱な植民地体験を共有する場でもある。一九四九年に韓国政府は、この日を「光復節」と名付け祝日とした。光復節は制定以後、単なる喜びの日ではなく、歴史教科書や領土、従軍慰安婦、靖国神社参拝などの日韓関係における諸問題について日本に提言する日となった。三・一節と光復節は、いずれも国慶日と呼ばれる五つの祝日の一つで、毎年のように政治家やメディアによって親日清算と反日の言説だけではなく、「抗日」「克日」「排日」「知日」が繰り返される。植民地の記憶がこれらの言葉を通して大衆的に消費され、政治的に利用されるようになったのである。

韓国社会における「反日」「排日」は、「反共」をはるかに凌駕する威力を持っていた。日本帝国主義を憎悪・糾弾する反日を利用した社会的統合の維持は、一九六一年に韓国初の本格的なテレビ放送の開始とともに、韓国公共放送（KBS）が制作してきた八月一五日の「光復節」関連の企画・特集のドキュメンタリーシリーズを通して、さらに強化された。社会学者の崔銀姫は、イデオロギーの宣伝装置として始まった、韓国のテレビ放送「八・一五」ドキュメンタリーシリーズが「反日」の支配的イデオロギーとして機能し、現在までその談論が持続的に生産されていることを見事に整理、分析している。[35]

韓国社会において、韓国人のアイデンティティを確立するのに「日本」という存在ほど大きな役割を果たすものはない。日本は新たな国民統合になくてはならない存在であり、政治的理念や立場を極端に異にする政治組織や社会団体をはじめ、世代、地域、職業などに伴うすべての差異と葛藤を一瞬にして解消する存在となっていたのである。「八・一五」ドキュメンタリーのみならず、毎年通過儀礼のように三・一節や光復節では、各種メディアが「反日」「祖国」「愛国」「民族」といった言説と表象を創り上げた。

こうした言説は歴史教科書にそのまま反映された。韓国では、長年にわたり小中高等学校の歴史教科書は国定のものに限られており、そこでは政府の意向を反映して、植民地時代の抑圧や反日闘争に大きく紙幅が割かれている。韓国人の集団的記憶を創出し維持する役割を、学校の教科書も担っているのである。

植民地支配の記憶生産

軍事クーデターで政権を掌握した朴正熙は、政治的な正統性が脆弱で、それを補強するために戦争と植民地の記憶を積極的に利用した。そのため朝鮮時代の有形・無形文化財を発掘・復元し、民族の英雄たちを神格化するべく、関連施設の整備を通して民族主義の強調や誇らしい韓国歴史の定立に特に力を入れた。豊臣秀吉の朝鮮侵略の際に活躍した李舜臣や、一九一九年の三・一独立運動を主導した柳寛順を記念する銅像や記念館が全国の学校や公園に建てられた。韓国の小学生が必ず一度は訪れる李舜臣の祠堂顕忠祠の整備や、抗日独立運動に携わった義士の祠堂建立、関連遺跡の整備・聖域化が積極的に行われたのもこの時期である。

また、国家主義的な記憶を再現するため、植民地関連の数多くの記念館が整備された。一九六〇年代から始まった抗日独立運動関連の祠堂建立など、関連遺跡の整備・復元は、一九七〇年代には韓国全土における博物館の設立・拡充へとつながった。国立中央博物館（七二年）をはじめ、公州博物館（七三年）、釜山市立博物館（七三年）、慶州博物館（七五年）、光州博物館（七八年）が開館した。ここでは、韓国の伝統文化遺産と国防遺跡、日本植民地支配の統治政策とその被害が詳細に展示された。

そして、一九八〇年代に入ると、植民地時代に焦点を当てたミュージアムが次々と建設された。その代表的なものが、八二年の日本の歴史教科書問題をきっかけとして造られた「独立記念館」である。同記念館は、三・一運動、大韓民国臨時政府、従軍慰安婦問題と強制徴用問題、そして反日闘争・独立運動に関することが展示されており、朝鮮が日本の侵略を受けながらも常に民族をあげて独立闘争をしてきた歴史を強調している。

さらに、ソウルの西大門独立公園内にある「西大門刑務所歴史館」も、植民地時代の記憶を再生産する代表的な歴史館である。独立運動に関わった多くの朝鮮人が拷問・処刑された元京城監獄跡地に造られた同施設は、刑務所という空間が持つ特殊性のなかで監獄での拷問と処刑の執行過程を体験できるように展示され、全国から体験学習・修学旅行で多くの学生が訪れている。西大門独立公園には殉国烈士追悼塔、三・一独立宣言記念塔、史跡三二号の独立門、そして殉国烈士の位牌が奉安されている独立館があり、独立運動の記憶の場所として位置づけられている。また、元従軍慰安婦のおばあさんたちが共同生活している「ナヌムの家」の敷地内にある「日本軍慰安婦歴史館」や韓国挺身隊問題対策協議会が運営している「戦争と女性の人権博物館」も、性奴隷をテーマにして建てられた人権博物館として普遍的な戦争被害の女性問題を扱う場所となっている。

これらの整備事業には、政府のみならず、地方自治体、民間団体、各地の学校が積極的に関わった。二〇二一年現在、韓国には独立運動に関する施設が九六三カ所、朝鮮戦争や国難克服に関する施設が一二六九カ所あり、合わせて二二三二カ所に及んでいる[36]。こうした記念館・慰霊碑・生家・銅像は、大韓民国の樹立直後と朴正熙政権期、そして歴史教科書問題があった一九八〇年代以降に集中して建造された。こうして、抗日・克日に関わる遺跡が国家主導で整備され、関係した人々は英雄や愛国者となった。

しかしながら、日本帝国主義の残滓の清算が韓国社会にとって遂行すべき緊急な課題であり、それが目標として設定され、反日・抗日がイデオロギーの宣伝装置として強化されても、太平洋戦争で犠牲になった朝鮮人兵士が植民地時代の犠牲者として追悼や慰霊の対象になることはなかった。前述した韓国社会内部の問題も一因だが、その他にもいくつかの理由がある。その理由として、第一は、戦場が朝鮮半島ではなかった点である。第二は、一つの政治主体として敵国と戦争を行ったわけではなく、植民地の臣民として日本の戦争に参加する間接経験であった点、第三は、戦争の勝利による独立ではなく、日本の敗戦の副産物として独立が与えられたため、記憶よりも「忘却」を選択した点が挙げられる。すなわち、自主的な独立戦争によって獲得した独立ではなく、連合国の勝利による植民地からの解放というのが実情であったのである。

注

(一) 安丸良夫『日本ナショナリズムの前夜――国家・民衆・宗教』洋泉社、二〇〇七年、二六二―二六三頁。

(2) 佐藤秀夫研究代表『米国対日教育使節団に関する総合的研究』国立教育研究所、一九九一年、三二頁。「第一次アメリカ教育使節団報告書」宮原誠一他編『資料日本現代教育史1』三省堂、一九七四年、四八頁。
(3) 姜徹編『在日朝鮮韓国人史総合年表』雄山閣、二〇〇二年、二三四―二三六、二五二頁。
(4) 「人道に対する罪」とは、極東国際軍事裁判所の憲章第五条に規定されている「戦前又は戦時中に為されたる殺人、殲滅、奴隷的虐使、追放、其の他の非人道的行為、若くは犯行地の国内法違反たると否とを問はず、本裁判所の管轄に属する犯罪の遂行として又は之に関連して為されたる政治的又は人種的理由に基く迫害行為」を指す。粟屋憲太郎「東京裁判にみる戦後処理」粟屋憲太郎ほか『戦争責任・戦後責任――日本とドイツはどう違うか』朝日新聞社、一九九四年、八六頁。
(5) B・レーリンク「東京裁判の現代史的意義――今こそ裁判の成果の実現を」『中央公論』一九八三年八月号。
(6) 前掲「東京裁判にみる戦後処理」八七頁。
(7) 内海愛子『朝鮮人〈皇軍〉兵士たちの戦争』岩波書店、一九九一年、五五頁。
(8) この点について詳しくは、渡辺治『戦後政治史の中の天皇制』青木書店、一九九〇年を参照されたい。
(9) 戦後日本の植民地支配に対する歴史認識を表す資料として、外務省の内部文書をあげることができる。平和条約問題研究幹事会が作成した「割譲地に関する経済的財政事項の処理に関する陳述」には、外務省の基本的な考え方が把握できる。このなかでは、「先ず指摘したい点は、日本のこれら地域に対する施政は決していわゆる植民地に対する搾取政治と認められるべきではないことである。逆にこれらの地域は日本領有となった当時はいずれも最もアンダー、デヴェロップな地域であって、各地域の経済的、社会的、文化的向上と近代化はもっぱら日本側の貢献によるものであることは、すでに公平な世界の識者――原住民を含めて――の認識するところである」(高崎宗司『検証 日韓会談』岩波書店、一九九六年、七頁)と述べている。このような戦後日本政府の歴史認識によれば、韓国は日本に感謝すべきであり、謝罪する必要もないということになる。朝鮮支配の過ちを根底から追及するべき戦後も日本の誤った意識は維持・継続してきたのである。
(10) アメリカの初期構想と占領政策の転換については、浅井良夫「占領政策の転換と「逆コース」」中村政則編『近代日本の軌跡6――占領と戦後改革』吉川弘文館、一九九四年を参照にされたい。

(11) 原朗「戦争賠償問題とアジア」大江志乃夫他編『岩波講座 近代日本と植民地8——アジアの冷戦と脱植民地化』岩波書店、一九九三年、二六九—二九〇頁。
(12) 山極晃「朝鮮戦争とサンフランシスコ講和条約」藤原彰ほか『岩波講座 日本歴史22 現代1』岩波書店、一九七七年、四一〇頁。
(13) 吉田裕『日本人の戦争観——戦後史のなかの変容』岩波書店、一九九五年、八二頁。
(14) 吉田裕『兵士たちの戦後史——戦後日本社会を支えた人びと』岩波書店、二〇二〇年、三三—三六頁。
(15) 永末千里『特攻くずれ自衛隊に入る』海鳥社、一九九五年、二頁。
(16) 山室建徳『軍神——近代日本が生んだ「英雄」たちの軌跡』中公公論新社、二〇〇七年、三三六—三三七頁。
(17) 大江志乃夫『靖国神社』岩波書店、一九八四年、一九〇頁。
(18) 赤澤史朗『靖国神社——「殉国」と「平和」をめぐる戦後史』岩波書店、二〇一七年、五三—五九頁。
(19) 同前、五三頁。
(20) 前掲『兵士たちの戦後史——戦後日本社会を支えた人びと』六七頁。
(21) 靖国神社への合祀の取り消しを求める韓国人遺族の訴訟は、二〇〇七年から始まった。その後も、日本政府と靖国神社を相手に、合祀の取り消しを求める韓国人遺族らによる訴訟は続いたが、日本の裁判所は、合祀は宗教的行為であり、政教分離原則に反しないことなどを理由に、韓国人原告敗訴の判決を言い渡している。また、裁判所の判決を不服とし、控訴したことについても原告の請求を棄却していた。
(22) ジョン・ダワー(三浦陽一・高杉忠明・田代泰子訳)『敗北を抱きしめて下——第二次大戦後の日本人 増補版』岩波書店、二〇〇四年、三三〇頁。
(23) 同前、三三二頁。
(24) 中村秀之『特攻隊映画の系譜学——敗戦日本の哀悼劇』岩波書店、二〇一七年、一三頁。
(25) 福間良明「プロローグ 戦跡の編成とメディアの力学」福間良明・山口誠編『「知覧」の誕生——特攻の記憶はいかに創られてきたのか』柏書房、二〇一五年、一二頁。角田燎「戦後派世代による「特攻」の慰霊顕彰事業——歴史認識の脱文脈化と「精神」の称揚」『立命館大学人文科学研究所紀要』第一二七号、二〇二一年、一六八頁。

(26) 前掲『日本人の戦争観――戦後史のなかの変容』八五―八六、一一二―一一四頁。
(27) 『朝日新聞』一九九〇年九月九日。
(28) 桐原久『特攻に散った朝鮮人』講談社、一九八八年、一七四頁。
(29) 飯尾憲士『開聞岳――爆音とアリランの歌が消えてゆく』集英社、一九八五年、一二八頁。
(30) 『東亜日報』一九四六年一月一〇日。『ソウル新聞』一九四六年一月一〇日。『新朝鮮報』一九四六年一月一〇日［ソウル］。
(31) 学徒兵の場合、日本軍に抵抗した記録をまとめて『一・二〇学徒史』として刊行されており、ソウル市内に立つ学徒兵の記念碑も抵抗した象徴と認識されている。樋口雄一『戦時下朝鮮の民衆と徴兵』総和社、二〇〇一年、二三六頁。
(32) 一九九〇年代に入り、強制的に徴兵・徴用された被害者たちの名誉回復のため、慰霊碑建立の動きが韓国で現れるものの、建立するまで決して順調ではなかった。
(33) 前掲『特攻に散った朝鮮人』九一頁。
(34) 朴正煕（日本名・高木正雄。後に岡本実に改名）は、植民地時代に満州国陸軍軍官学校を卒業した。成績が優秀だったため、日本の陸軍士官学校にも派遣され日本式の教育を受ける。その後、満州軍の士官として、帝国日本の戦争に積極的に参加する。彼が解放後韓国陸軍の将校となり、軍事クーデターに成功して一九六三年に大統領に就任したことは、この頃の韓国における植民地期のとらえ方が、どれほど錯綜していたかを如実に示しているといえよう。親日派の朴正煕は大統領になってから、反日イデオロギーを唱導するが、彼の親日活動は韓国社会の民主化とともに、二〇〇九年に民族問題研究所の発行した『親日人名事典』によってやっと明らかになるのである。
(35) 崔銀姫『「反日」と「反共」――戦後韓国におけるナショナリズム言説とその変容』明石書店、二〇一九年。
(36) 韓国国家報勲処顕忠施設情報サービスホームページ mfis.mpva.go.kr/main/main.do 韓国統計庁 http://www.index.go.kr/main.do（最終アクセス二〇二二年二月一六日）

第五章　朝鮮人特攻隊員の再登場と知覧特攻基地戦没者慰霊祭

第一節　日本における朝鮮人特攻隊員の言説の可視化

戦後戦争体験のなかでの朝鮮人特攻隊員

一九五〇年代半ばから日本では、真珠湾攻撃をはじめアジア・太平洋戦争を扱う学術的な刊行物が堰を切ったように発行された。しかし、特別攻撃隊における朝鮮人隊員については看過され、一九八〇年代頃からようやく徐々に注目を集めるようになる。

もちろんそれまでも、朝鮮人特攻隊員に触れた本は何冊か出版されたが、いずれもごく表面的な記述に終わり、志願した背景や彼らの実態を深く掘り下げたものではなかった。

日本で最初に朝鮮人特攻隊員のことを活字にしたのは、管見のかぎり、戦争末期、陸軍報道班員として知覧に滞在し、多くの特攻隊員を取材した戦記作家・高木俊朗が一九五七年にまとめた『遺族』である。その後の取材を重ねて出版した『知覧』（一九六五年）、『陸軍特別攻撃隊』（一九七四年）でも、朝鮮人特攻隊員に関する記述はごく一部である。特に『陸軍特別攻撃隊』では、印在雄（日本名・松井秀雄）、林長守、近藤白英の三人について触れているが、何よりも高木が強調したのは、朝鮮人特攻隊員の存在ではなく、軍の組織病理や責任と特攻作戦の非情さ、「清らかさ」「純粋さ」「健気さ」だけを一方的に強調する特攻の語りに対する批判であった(一)。

また、植民地期に朝鮮人の学徒出陣に深く関わった延禧専門学校元校長・辛島驍や京城法学専門学校元校長・増田道義の手記が挙げられる。高等教育を受けている朝鮮人学生で陸軍特別志願兵に志願する者はほとんどなかった状況で、二人の校長は朝鮮総督府の指示によって、多くの朝鮮人学生を戦争へ駆り出した。戦後二人の手記により、その実態が明らかになっている。辛島は「朝鮮学徒兵の最後」（『文藝春秋』一九六四年一〇月）において、自ら強い推薦によって陸軍特別操縦見習士官（以下、特操）第一期生に合格した金尚弼（日本名・結城尚弼）を中心に、当時の状況について詳細にまとめている。増田も「総督政治の種々相」（『別冊1億人の昭和史　日本植民地史1　朝鮮』一九七八年）のなかで、特操第一期生として戦死した盧龍愚（日本名・河田清治）について、日本精神の教育を受けた愛弟子で、自分の推薦によって志願したと述べている。二人の手記は、朝鮮総督府や学校側が志願を強制した事実を裏付ける根拠となっている。

さらに一九七九年には、知覧高女なでしこ会による『知覧特攻基地』が出版された。一九四五年三月二七日から四月一八日までの二三日間、知覧飛行場で掃除や洗濯など隊員の身の回りの世話をする勤労奉仕をした知覧高等女学校の生徒たちが、特攻隊員との思い出や隊員の遺書を本にまとめたものである。この奉仕隊は、校章の図柄にちなみ「なでしこ会」と呼ばれ、この書籍では、特操一期生として出撃前夜に哀調を帯びた「アリラン」を歌った朝鮮人特攻隊員・卓庚鉉（日本名・光山文博）のことを紹介している。[2] アリランを歌うエピソードが最初に活字になったのは、同書である。

一九七〇年代までの日本における朝鮮人特攻隊員に関する分析は、朝鮮人特攻隊員という戦跡を本格的に主題として取り上げた研究ではなく、あくまでも植民地支配に関する研究や特攻作戦の分析、そして個人的な思い出の一部として言及されたに過ぎない。

一九八〇年代における朝鮮人特攻隊員への関心

しかし、一九八〇年代に入ると、朝鮮人特攻隊員を中心テーマとする成果が現れるようになる。一九八四年に出た豊田穣の『日本交響楽・完結篇』では、「韓国人特攻に死す――光山文博大尉の突入」という章で卓庚鉉がアリランを歌うエピソードを紹介している。[3] だが、このエピソードは植民地支配や戦争の歴史的脈略から語られるのではなく、感動的なひとつの素材に過ぎない。朝鮮人が置かれていた歴史的環境は無視され、すべての朝鮮人が日本の同化政策に順応・協力した二等臣民として描かれている。

一九八五年に出版された島原落穂の『白い雲のかなたに――陸軍航空特別攻撃隊』では、「アリラン・カミカゼ・パイロット」の章を設けて、鳥濱トメと次女・礼子の実際の証言を基に、卓庚鉉の家族の来日から戦死するまでをさかのぼっている。同書では、韓国人遺族が知覧慰霊祭に参加するまでや卓庚鉉の慰霊碑が建立される過程を、鹿児島県特操会会長・前田末男に取材して明らかにしている。また、卓庚鉉と同じ特操一期生である金尚弼（日本名・結城尚弼）にも触れ、この二人の朝鮮人特攻隊員を分析しながら、内鮮一体政策や戦時動員政策を厳しく批判している。[4]

同じ年に飯尾憲士の『開聞岳――爆音とアリランの歌が消えてゆく』が出版された。朝鮮人特攻隊員に関する「最初」の本格的な分析である。著者の飯尾自身が陸軍予科士官学校から航空士官学校に進んだ経歴の持ち主で、飯尾の父親が朝鮮人ということもあり、朝鮮人特攻隊員の実態とその苦悩や葛藤を把握しようと試みた。朝鮮人特攻隊員という戦跡を正面から取り上げ、沖縄で戦死した崔貞根（日本名・高山昇）を中心に、金尚弼、卓庚鉉、朴東薫の四人について分析している。飯尾が崔貞根に注目したのは、陸軍士官学校五六期の生存者が編んだ追悼文集『礎』の中に、崔貞根が生前、「俺は天皇陛下のために死ぬというようなことはできぬ」と語っていたとの記述を見つけ、衝撃を受けたことがきっかけだった。天皇のために命を捧げるのが当然とされていた時代に、それも「天皇の楯」になるよう教育されていたエリートの陸軍士官が、なぜこのようなことを言ったのか。飯尾はこの「天皇のために死ぬことはできぬ」という言葉を出発点とし、朝鮮人特攻隊員のありのままの姿を、遺族や同期生にインタビューして浮き彫りにしようと試みたのである。

また一九八五年には、鹿児島県の南日本放送局が製作したドキュメンタリー『一一人の墓標』が県内で大きな話題となり、高い評価を得た。この番組は知覧特攻平和会館に祀られている一一人の朝鮮人特攻隊員がなぜ特別攻撃隊の隊員となり、戦死していかねばならなかったのかを、戦後初めて知覧町の慰霊祭に参列した韓国人遺族を通して探っていく。植民地支配について、日本社会に重要な問題提起をする記録映像であった。一九八八年には、桐原久の『特攻に散った朝鮮人——結城陸軍大尉「遺書の謎」』が出版される。著者は陸軍航空士官学校の卒業生で、南日本放送の社員として『一一人の墓標』の製作に深く携わった一人である。同書は知覧から出撃した朝鮮人特攻隊員の問題を中心に、日本人戦友らの韓国人遺族探し、鹿児島県特操会の招待により知覧の慰霊祭へ公式参加のため来日した遺族に同行取材したドキュメンタリー制作の過程を詳細に記した。また、金尚弼や朴東薫の遺族のほか、他の少年飛行兵にもインタビューを行って朝鮮人の苦悩をまとめた。一人のジャーナリストとして桐原独自の視点で戦争を批判している。

しかし、このような朝鮮人特攻隊員に正面から向き合う作品は、一九九〇年代に入るとぱったりと見られなくなってしまう。再び日本で注目を集めることになったのは、二〇〇一年に公開された映画『ホタル』がきっかけであった。

第二節　特攻の町・知覧町とドキュメンタリー『一一人の墓標』

九州最大の陸軍特攻基地・知覧

第一節で取り上げた書籍やドキュメンタリー、映画で、必ず登場する重要な場所がある。鹿児島県知覧町である。アジア・太平洋戦争の末期、陸軍による特攻作戦で九州の各地と台湾の基地から、特攻隊員が沖縄に出撃したことはよく知られている。そのなかでも知覧は、九州最大の陸軍特攻基地として数多くの朝鮮人特攻隊員が出撃した。

知覧と特攻作戦との関わりは、一九三九年に陸軍が飛行場の建設を計画してから始まった。日中戦争が長期化するなか、航空戦力のさらなる充実を図るため、飛行場を建設する必要が生じたのである。知覧町も飛行場の誘致に力を入れていたが、選ばれた第一の理由は、風向きや地質条件が優れ、交通の便が良かったためであった。

一九四〇年三月に軍から建設予定地の地主約六〇〇人に対する説明と土地買収の交渉が始まり、飛行場用地の買い上げや県道や県立茶業試験場、個人住宅の移転が進められた。だが、移転に充分な立ち退き料が補償されず、住民の不満も高かった。また、埋立造成工事や測量には、専門の土木業者のほかに、近隣の小中学生や住民、朝鮮人労働者など大勢の人が勤労奉仕として動員された。

こうして一九四一年一二月に知覧飛行場は開設された。翌四二年一月には「大刀洗陸軍飛行学校知覧分教所」が、三月には「大刀洗陸軍飛行学校知覧教育隊」が開校した。開校の際には町内会から多くの人が集まり、九七式戦闘機による様々な曲芸、宙返り、急降下、急上昇、編隊飛行などが披露された。福岡県大刀洗村の陸軍飛行学校の分校と基地が開設され、知覧は本格的にパイロットを養成する町となるのである。一九四二年から知覧町へ来る少年飛行練習兵を、知覧町は婦人会が音頭を取って歓迎会を開くなど町をあげて歓迎した。知覧国民学校の運動会には少年飛行兵も参加し、体操を見せるなど、飛行兵と町民との交流も進められた(5)。

一九四四年の夏ごろからは、滑走路を拡張し、アメリカ軍の空襲から飛行機を守る掩体壕や誘導路を建設した。翌四五年三月に米軍が慶良間諸島に上陸すると、知覧陸軍飛行場は本土最南端の陸軍航空特攻の前線基地となった。沖縄を本土防衛の最後の拠点と定めた日本軍は、最後の手段として組織的に特攻作戦を開始した。そして、知覧は沖縄へ特攻隊員を送り出す戦略的に最も重要な九州最大の基地となるのである。沖縄戦での陸軍特攻作戦の戦死者一〇三六名のうち、最多の四三九名が知覧から出撃した青年だった。その多くは学徒や少年飛行兵であった。

敗戦後の知覧

戦後初期、ＧＨＱが民主化と非軍事化を本格的に進めるなか、日本軍戦死者の慰霊祭は厳しく規制されていた。一九四六年一一月付の内務・文部次官通牒「公葬等について」によって、国または地方公共団体による慰霊祭などの公葬の禁止、公共の施設からの「忠霊塔・忠魂碑其の他戦没者の為の記念碑・銅像等」の撤去が指示されたのである。こうして旧軍人による慰霊祭は厳しい監視の対象となった(6)。知覧町でも特攻関連の慰霊祭を行うことは不可能であった。

しかし、サンフランシスコ講和条約が発効し、ＧＨＱの占領が終わると、記憶のなかに封印されていた戦没者の慰霊が各地で行われるようになった。敗戦から一〇年後の一九五五年九月には、知覧飛行場跡に特攻平和観音堂が建立された。お堂の中には、奈良法隆寺の秘仏、夢違観音を模した一尺八寸の観音像が安置された。その胎内には、沖縄戦で特攻戦死した陸軍将兵、一〇三六名の名簿が収められた。この観音像を建立するにあたり、航空特攻作戦の最高責任者であった元陸軍航空総司令官・河辺正三や第六航空軍司令官・菅原道大をはじめとする旧将校ら、そして特攻隊員の遺族や関係者が中心的な役割を果たした。特攻平和観音の開眼式は、旧飛行場跡にて知覧町をあげて行われた。また、知覧特攻基地戦没者慰霊祭も一九五五年から毎年実施されている(7)。そして知覧町は旧軍人団体を中心とする「知覧特攻慰霊顕彰会」を結成するとともに、慰霊顕彰を続けるため「特攻遺品館」の建設を進めた。特攻の記憶が風化することに危機感を抱く遺族たちと、過疎対策に取り組む知覧町の思惑が一致し、特攻遺品館は一九七五年に誕生した。

その後、特攻遺品館は改築され、一九八七年に「知覧特攻平和会館」として生まれ変わる。知覧町は

図 47　知覧特攻遺品館（2 階の左側は零戦）

出典：島原落穂『白い雲のかなたに——陸軍航空特別攻撃隊』童心社，1985 年，28 頁。

図 48　知覧特攻平和会館

出典：2021 年 7 月 29 日，筆者撮影。

戦没者を追悼する遺族にとっての慰霊の地であるだけでなく、彼らの遺品や基地跡などの遺構を資源とする一般客にとっての観光地になったのである。知覧町は二〇〇七年に町村合併で南九州市となるが、南九州市の「平和を語り継ぐ都市」宣言に見られるように、知覧は「慰霊顕彰」と「平和」とが共存する地域となったのである。

知覧特攻平和会館は、市の平和推進事業の中心に位置づけられている。周囲に目立った観光地もなく、交通アクセスも良くない立地にもかかわらず、毎年数十万人の人々が全国からやってくる。遠足や修学旅行の一環で訪れ、遺書を書き写す小中高生の姿はよく目にする。入場者数は毎年増加傾向にあり、戦後九州各地に設立された特攻にまつわる他の史料館や記念館に比べて圧倒的な認知度を誇る、全国的にも有名なスポットとなっているのである。それだけでなく、現在では、知覧と聞くと「特攻の町」を思い浮かべる人も多く、特攻を語るうえで欠かすことのできない場所なのである。

ドキュメンタリー『一一人の墓標』が問うもの

前述したように、朝鮮人特攻隊員の問題を正面から取り上げたテレビドキュメンタリー『一一人の墓標』は、一九八五年六月に鹿児島県で放映された。鹿児島市に本社を置く南日本放送局が、日本と韓国を通じて戦後初めて朝鮮人特攻隊員に光をあてた、貴重な記録映像である。朝鮮人特攻隊員の「発見」にこの作品が果たした役割は大きい。

『一一人の墓標』は、一九八四年に知覧特攻基地戦没者慰霊祭に出席した、韓国人遺族を中心に構成した番組である。日本ではその存在すら忘れられていた朝鮮人特攻隊員の実態と遺族の戦後を追ったこの作品は、日本社会に一石を投じた作品として高く評価された。日本民間放送連盟賞（第三三回報道番組部門最優秀）や放送文化基金賞（第一二回ドキュメンタリー番組部分奨励賞）をはじめ、芸術作品賞（第一回）、ギャラクシー賞（第二三回奨励賞）などを受賞したのである。

知覧町の慰霊祭は一九五五年から始まったが、韓国人遺族が参加したのは一九八四年が初めてだった。鹿児島県特操会の日本人戦友らは、朝鮮人の遺族を探すなかで、金尚弼の兄が韓国のソウルに生存していることを確認したのである。こうして鹿児島県特操会の招待によって、一九八四年五月、鹿児島空港に韓国人遺族が降り立つ。

当時南日本放送の報道部長だった鶴田章二と専務取締役の桐原久は、これを番組にすべきだと考えた。桐原は、「朝鮮、台湾の人々は、日本人として日本国籍を持っていたという歴史的事実、それも無理に日本がそうさせて、国民皆兵として日本人といっしょに戦線へ駆りだしたという事実について、ろくに知らない、というよりほとんど関心がない[8]」と強調しつつ、朝鮮人特攻隊員の問題こそ、隣国と日本の過去の関係を知ってもらう重要なテーマであり、日本人に見てもらいたい、それはまさにジャーナリストの使命だと思ったと著書で述べている。また、韓国人遺族も金尚弼の足跡をたどってみたいと感じており、目的が一致したため、番組をつくることとした。一九八四年に遺族が初めて知覧を訪れた時は、取材不足のためこの年の制作はあきらめ、翌年に二度目の来日をするまでの二年間、遺族の取材を続けた。

この番組で、日本人に最も強い印象を残すのは、金尚弼の遺族である兄の金尚烈とその妻の余泰順が焼香する場面だろう。日の丸が掲げられた慰霊祭で、兄は、抹香をつまんだ指を一度、二度と香炉に運びながら、何回も「違う、違う」と左右に激しく頭を振る。夫妻の悲しみと怒りの表情は、日本と韓国の間に横たわる植民地支配の歴史の深い溝を物語っていた[9]。金尚弼の遺族は、弟の死を悼むのに約四〇年も待たされ、しかも日本まで来なければならなかったのである。番組では慰霊祭のほか、金尚弼が特操一期生として基礎訓練を受けた熊本県の大刀洗陸軍飛行学校隈之庄分校や特攻出撃した宮崎県の新田原飛行場、そして機体整備と最後の猛訓練のために滞在した東京と長野県松本市を訪ねて彼の足跡を辿っている。

第三節　知覧特攻基地戦没者慰霊祭と韓国人遺族の参加

日韓の対立と「平和」の演出

戦後、最も早く朝鮮人特攻隊員の遺族探しに取り組んだのは、韓国政府でも日本政府でもなく、日本人の戦友たちであった。朝鮮半島は日本から解放されてもアメリカとソ連による占領や南北の分断、朝鮮戦争と混乱が続き、そして数十年という歳月が経って散り散りばらばらになってしまった遺族を探すことは容易ではなかった。もちろん、遺族のもとに夫や息子たちの戦死公報すら届くことはなく、戦時中日本から送られてきた数少ない手紙などを頼りに身内を探す遺族もいた。

そのような悪条件のなかでも、戦友らは何度も韓国在住の遺族と接触して、知覧特攻基地戦没者慰霊祭に参加してもらおうと働きかけた。特攻隊員の慰霊顕彰事業である戦没者慰霊祭に参列するのは、毎年日本人の遺族ばかりだった。これでは「日本人のため尽くしてくれた韓国人特攻隊員にすまない[10]」と、同期生の鹿児島県特操会会長・前田末男（特操一期生）は全国の会員に呼びかけ、五年がかりで遺族を探し出し、招待にこぎつけた。前田は、私たちの戦後はまだ終わっていない、「日本のため尽くしてくれたのに、遺族は何の補償もない。なんとかしてあげたいというのが生き残った私たちの気持ち」[11]とその動機を語った。せっかく遺族が見つかっても、彼らを日本に招くまでにはさらに困難があった。戦後つらい目に遭って日本人に複雑な思いを抱く遺族は多く、一九八二年の歴史教科書問題は日韓両国をはじめとする東アジアの国際問題へと発展した。植民地支配や日本の大陸侵略に関する記述が大きな関心の的となるなか、支配者であった日本が被害者である朝鮮人特攻隊員の遺族を慰霊祭に招くのは、日韓関係にとって微妙な問題を有していた。

しかし、前田らの努力によって、一九八四年の第三〇回知覧特攻基地戦没者慰霊祭に戦後初めて韓国の遺族が参列した。韓国から卓庚鉉の遺族代理で遺族探しに協力した特操三期生出身の朴炳植（前田知人）と、前田と特操一期の同期生で同室で起居をともにしながら訓練を受けた金尚弼の兄・金尚烈夫妻の三人が来日した。遺族らは、慰霊祭の前日に鹿児島市のホテルで開かれた「韓国人特攻隊遺族を迎える夕べ」に出席し、翌五月三日午後一時から式に参加した。

慰霊祭の様子を『町報ちらん』は、「鳥浜とめさんと涙の対面 特操会の努力実る」と伝えている。第六章で詳しく後述するが、鳥濱トメは知覧町で軍指定の富屋食堂の女主人として、特攻隊員を親身にお世話し、明日死にゆく青年たちの思いをくみとり、彼らを温かく包み、そして見送った「特攻おばさん」「特攻の母」と慕われた人である。富屋食堂は特攻隊員の安らぎの場であり、トメは特攻隊員の手紙を預かったり、時には自腹を切ってごちそうしたりした。そして、卓庚鉉は知覧から出撃する前日の晩にトメの富屋食堂を訪れ、朝鮮半島に伝わる民謡「アリラン」を歌ったとされる朝鮮人隊員であり、その逸話は数多くの書籍やドキュメンタリーで取り上げられている。トメは戦後初期から隊員の遺族を探し続けたが、卓庚鉉もその一人であった。

知覧町

戦後に区切り…特攻隊追悼式

韓国遺族ら39年ぶり出席

川辺郡知覧町、旧陸軍知覧特攻基地跡の特攻平和観音堂で三日、第三十回戦没者追悼式が開かれ、日本人の特攻隊員とともに戦死した朝鮮人パイロット計十一柱のうち、将校二人の遺族ら三人が三十九年ぶりに初めて参加した。

この三人は、日本名・結城尚弼（朝鮮名・金尚弼）少尉の兄・金尚烈さん（[illegible]）夫妻と、日本名・光山文博（朝鮮名・卓庚鉉）少尉の元戦友で遺族代理の朴炳植さん（[illegible]）。結城少尉は二十年四月三日、宮崎県の新田原基地から出撃。また光山少尉は同年五月十日、知覧基地を出撃し、ともに沖縄南域の米艦隊に突入した。

金さんら遺族三人は、いずれも韓国ソウル特別区在住。結城少尉と陸軍特別操縦見習士官（特操）時代の同期生である県特操会会長、前田末男さん（[illegible]）ら特操OBの努力により来日が実現した。三人は式

特攻平和観音前で鳥浜トメさん（中央）と語る朴炳植さん（左）と金尚烈さん夫妻（右）

知覧特攻基地跡で開かれた戦没者追悼式

5月号

町報 ちらん

第30回知覧特攻基地戦没者追悼式

39年ぶり韓国の遺族も参列

鳥浜とめさんと涙の対面

特操会の努力実る

図 49　第 30 回知覧特攻基地戦没者慰霊祭に参加した韓国人遺族
出典：（上）『毎日新聞』1984 年 5 月 4 日，（下）『町報ちらん』第 324 号，1984 年 5 月 15 日。

トメは会場で、三九年間大切に保管していた、出撃する前日に出撃服姿の卓庚鉉と一緒に並んで写した写真を朴炳植に手渡した。トメは涙を流しながら、「出撃前夜、光山さんあなたもないか歌わんね。と言ったら帽子で顔を隠しながらアリランを歌った光山少尉のさびしげな姿が今も思い浮かべられる。この写真を、遺族の方にお渡しくださ い。今まで一番の気がかりでしたが、これでほっとしました」[12]と話している。「光山さんは最後の宴で一人アリランを歌い、見ていた私はふびんで泣いた。光山さんのことを遺族に伝えることができ、もう思い残すことはなか」と朴炳植と手を取り合い涙ぐんだのだった[13]。

僧侶の読経が流れるなか焼香が始まると、遺族らは万感胸に迫ったのか、焼香台をたたき泣き伏した[14]。仏前で鳴咽しながら死んだ弟の名前を叫ぶその姿は、地元テレビ局によって報じられ、慰霊祭の参加者だけではなく地域社会でも大きな反響を呼んだ。知覧町の主催者側としては、旧軍関係者の特攻観をそのまま再生産する知覧町の特攻の語りに批判的である勢力に対し、慰霊祭が持つ意義を強調する良い機会だった。当時、韓国だけではなく日本国内でも、慰霊祭は特攻の称揚につながるのではないか、軍国主義の再来だという批判の声も大きかった。しかし、親族の死を悼む遺族の涙は、慰霊祭の正当性を強調し、批判を抑えるのに一役買ったのだ。この点について山本昭宏は、慰霊祭に韓国人遺族を招くことで、知覧の慰霊祭は特攻の記憶を通した「国際交流」と「平和」を祈るメッセージを提示できるイベントとして機能し、知覧町は日韓の「平和友好の証」として演出することに成功したと分析している[15]。

戦後は終わった!

ここで注目すべきは、鳥濱トメだけでなく前田を含む特操会OBもマスコミも、韓国人遺族の慰霊祭参加を戦後に一区切りと位置づけている点である。「遺族が見つかるまで死に切れない」と心を痛めながら戦後ずっと隊員の供養を続けたトメは、「私の戦後はやっと終わりました[16]」と声を詰まらせ、遺族ともどもただ涙した。遺族を探し続けてきた戦友たちも「これで我々の戦後にも一区切りがつく」と語っている[17]。『毎日新聞』も韓国人遺族らが出席した様子を伝えながら、「戦後に区切り特攻隊追悼式」という大きな見出しをつけている。慰霊祭を主催した知覧町長の塗木早美（知覧特攻慰霊顕彰会長）は、「韓国遺族の方々には申し訳なく思っていた。戦後のひと区切りがついたような気持ちでうれしい」と述べた[18]。だが、植民地支配と侵略戦争の徹底的な反省もなく、戦争の意味や戦争責任には決して言及せず、韓国人遺族の慰霊祭参加をもって「戦後は終わった」「戦後に一区切り」と位置づけることは、日本の加害責任・戦争責任を棚上げにした一方的な慰霊であり、植民地支配がもたらした様々な被害を「忘却」する危険性を孕んでいた。

そして、慰霊祭が終わると朝鮮人特攻兵全体の慰霊碑ではなく、卓庚鉉個人の慰霊碑を彼の韓国の故郷に建てようという話が戦後初めて持ち上がった。この計画は、植民地支配と特攻に関する日本と韓国の歴史認識の大きな違いと記憶のずれを浮き彫りにした。

この計画を推し進めたのは、鹿児島県特操会や知覧特攻慰霊顕彰会とは関係のない長崎県大村市に住む日本人の光山稔である。光山は卓庚鉉のエピソードや日本名が自分の姓と同じであることを鳥濱トメの新聞記事を通して知った[19]。そして、光山は鹿児島県特操会会長の前田に問い合わせて、一九八四年に開催された第三〇回知覧特攻基地戦没者慰霊祭に参加し、韓国人遺族とも交流を図ったのである。彼は息子を伴って知覧町を訪れ、トメに直接話を聞き、卓庚鉉の故郷・韓国慶尚南道泗川郡に慰霊碑を私費で建ててあげたいと思い立った。光山稔の先祖が朝鮮人であること、同じ日本姓で卓に親近感を覚えたこと、自らも特攻隊員に志願し教育を受けたことも理由であった。そして、大村市の同窓生らに協力を呼びかけるとともに、土地を求め、碑文まで起草したのである。[20] 碑は二五平方メートルの敷地に高さ三・二メートルの石塔と碑文を書いた二基を建てる予定であった。『南日本新聞』は、「韓国人特攻隊員の遺族 追悼式機に親善の輪 今度は韓国に慰霊碑」という見出しで報道している。[21]

計画は順調に進み、光山稔は碑の完成を前に、卓庚鉉の同期・特操一期生の生存者たちに、除幕式に参加してほしいと呼びかけた。当初碑文は、「嗚嗚、旧日本陸軍隼大尉アリラン・カミカゼ・パイロット、卓庚鉉（光山文博）君よ！ 今君の偉大な功績は韓日親善に燦然と輝いて、とわに消えない。君の熱烈な忠誠と尊い犠牲の上に築かれた両国の平和と繁栄を、とこしえにおみちびき下さい。この地に生まれた君は、やはりこの地の森でお眠り下さい。光山稔」で、裏面には「たらちねの 母のみもとぞしのばるる やよひの空の春がすみかな」という卓庚鉉の遺詠が刻まれることになっていた。

しかしながら、碑文の「熱烈な忠誠と尊い犠牲の上に築かれた両国の平和と繁栄」という文言に対して、特攻の賛美につながると韓国で反対の声が沸き起こった。そこで文章の一部を「故郷に帰りし御魂よ、母国に抱かれ、故郷の香りに、安らかにお眠り下さい」と変えたが、韓国社会の根強い反対と地元の役場から許可が下りず、結局、碑の建立は中止された。[22] 一九八四年のことだった。

卓庚鉉の特攻が、果たして当初の碑文のように「偉大な功績」であり、「韓日親善に燦然と輝」くとなのか。植民地支配責任を忘却したまま「韓日親善」は果たして実現できるのだろうか。光山稔は寄せられた資金をすべて日韓親善協会に寄付し、石材は他の石碑に使われることとなった。韓国社会における朝鮮人特攻隊員に関する認識と受け入れ難さを象徴する出来事であった。

第四節　金尚弼の苦悩と特攻

金尚弼の「志願」は志願なのか？

ドキュメンタリー『二一人の墓標』と知覧特攻基地戦没者慰霊祭の関連でよく言及される朝鮮人特攻隊員が二人いる。特操一期生の金尚弼と卓庚鉉である。知覧の慰霊祭に金尚弼の兄夫妻が参加しているが、金尚弼はどのような経緯で入隊したのであろうか。ここでは、金尚弼に焦点を当てて分析し、卓庚鉉については第六章で「特攻の母」と呼ばれる鳥濱トメと合わせて分析する。

金尚弼は一九二〇年に朝鮮平安南道（現在は北朝鮮）で生まれ、京城（現在のソウル）の名門私立延禧専門学校（現在の延世大学校）に在学中、特操に志願して合格する。延禧専門学校はキリスト教資本によって創設された朝鮮人学生のみが通う自由主義的な学風の学校であったが、アジア・太平洋戦争が勃発してから校長は日本人になり、朝鮮総督府の管理下に置かれた。

高等教育を受けた朝鮮人学生が入隊した背景には朝鮮総督府や学校側による圧力があり、本人の希望ではないというのは想像に難くないが、金尚弼の場合も例外ではない。金尚弼の兄は、延禧専門学校を卒業する前夜に弟から聞いた話を桐原久に証言している。朝鮮軍司令部の参謀長が学校までやってきて、放課後に全校生徒を講堂に集めて「このなかで、大日本帝国の臣民でないと思う者、手を挙げよ」と言ったという。当然ながら、手を挙げる生徒はいなかった。反抗したら、ひどく迫害されることを生徒の誰もがよく知っていたからである。結局、全員に志願書類が配布され、金尚弼も仕方なく提出したという[23]。

延禧専門学校の校長であった辛島驍（京城帝国大学教授）は、朝鮮総督府がいかに朝鮮の若者たちを戦争へ動員したのか、当時の状況を次のように振り返る。「各専門学校長は再び総督府に召集され、決定的な通告を受けた。「志願ではあるが、適格者全員を志願せしめるように」。その日から、未志願者に対して、警察や地方事務所が積極的に乗り出してきた。未志願の理由が厳重に追及された。こうなってはもはや強制に等しい[24]」。自ら進んで志願したのではなく、半強制的な圧力による志願だったことがわかる。これが当時の「志願」の実態であった。

『毎日新報』は金尚弼が陸軍特別操縦見習士官一期生に合格した直後、彼の大きな写真を掲載し、試験の全過程を詳細に紹介している。この記事によると、延禧専門学校三年生の金尚弼は、京城にある国軍病院で行われた一次試験に合格し、二次試験を受けるために日本へ行き、東京九段坂にある軍人会館で試験と適性検査を受けて、ようやく特操一期生の採用試験に合格したという[25]。朝鮮人はわざわざ試験のために日本に行く必要があり、日本人よりも負担が大きかった。延禧専門学校から合格したのは金尚弼ただ一人である。彼はそれほど優秀な朝鮮人エリートだったのである。勉学に優れていただけではなく、柔道二段、陸上長距離選手とスポーツも万能で、学校や後輩たちにとって模範的存在であった。合格の報を受け、学校を挙げて壮行会を行い、学生たちの発意によって日本刀を贈呈した[26]。

一九四三年一〇月に金尚弼は、熊本県の大刀洗陸軍飛行学校隅之庄分校に入隊し、特操一期生となった。六カ月の基礎訓練を受けると満州（関東軍）の航空部隊第二三教育飛行隊に配属となり、その後、訓練のため満州の各地を移動した。そして四五年二月、関東軍が編成した特攻隊・誠三二飛行隊に配属される。

金尚弼の同期生たちには、彼が無口で、朝鮮人だからと教官から常に差別と暴力を受けていた印象が強い。金尚弼は言葉に少し日本人とは違ったアクセントがあり、日本語が達者でなく、口が重かった若者だった。だが、操縦技術は上手で教官との同乗飛行訓練や単独飛行も一番早く、性格も温厚で皆に好かれていたため、同期どうしでよく酒を飲み、騒いだと思い出を語っている。

朝鮮人兵士は軍隊という閉鎖空間において常に上官からの民族差別と日常的な暴力にさらされていたが、金尚弼もその一人であった。桐原久は『特攻に散った朝鮮人』で、金尚弼が朝鮮人ゆえに様々な差別と暴力を受けていたことを同期生の証言から明らかにしている。「結城君は、あまり十分に日本語ができなかったからですからな、貴様、朝鮮人のくせして、何か！と教官からブチ殴られていたのを、覚てるですよ[27]」。また、飯尾憲士の『開聞丘——爆音とアリランの歌が消えてゆく』は、金尚弼とともに操縦訓練を受け、内務、演習、外出もした同

図 50　特操一期生の金尚弼

出典：裵淵弘『朝鮮人特攻隊——「日本人」として死んだ英霊たち』新潮社, 2009 年, 15 頁。

期生の手紙を紹介している。「ある日、敬礼の態度かなにかで、彼が教官から殴り倒され、鼻血を出したことがありました。そのとき、教官は、「なるほど、貴様は、……」あとの言葉が、私にはこの手紙で書き辛いのですが、ひどい侮蔑の言葉を教官は彼に投げつけました。そばにいた私が、日本人として恥ずかしくなる表現でした[28]」。

熊本県の大刀洗陸軍飛行学校隅之庄分校時代の金尚弼について、特操一期生の同期生も「無口でしたね。朝鮮人を蔑視する風潮が、人間によってありましたからね。一般に、朝鮮出身者は、陰気な気配がありましたよ。どうしても、そうなるのでしょうな。でも、陰険とはちがいますよ[29]」と述べる。彼を知る人がみなあげる「無口」「口が重い」という特徴こそが、日本人兵士に差別された朝鮮人兵士たちの屈折した思いの発露だったのかもしれない。万朶隊最年少者の通信兵・花田博治伍長（朝鮮名不明）も「無口でおとなし」かったとされ、日本人から受ける不当な差別を跳ね返すために航空兵を目指したといわれている[30]。

無口だった金尚弼にとって、「アリラン」は祖国を思い出させる特別な歌だった。隊内の演芸会で指名されると、自分は朝鮮出身であることを伝え、アリランを朝鮮語で歌った。軍歌ばかりだった時代に、アリランは哀調を帯びた心に染みる歌で、みんなしんみりと耳を傾け、終わると拍手が鳴りやまなかった。いかにも故郷を思い出しながら歌っているという情感のこもった歌であったと同期生は語る[31]。

何のため、誰のために死ぬのか

特攻隊員として出撃する前、果たして金尚弼はどのような心境だったのだろうか。兄の金尚烈は、金尚弼の飛行隊が内地に向かう途中に、給油と休憩のため平壌に寄った際面会できたが、兄弟の対話からは植民地期を生きる朝鮮人青年の苦悩がよく読み取れる。

日本のために働いて危険な飛行機で命を落とすようなことは止めて、臨時政府のある上海か独立運動の拠点がある台湾に逃亡を勧める兄に対して、金尚弼は「いずれ我が国は独立するんですよ。それには、まずこの戦争で日本が勝つことが第一ですよ。これだけ日本のために尽くしたのだから――と言えますよ。僕は朝鮮を裏切って日本に尽くそうとしてるのではないのです。いま逃亡するほうが失うものが大きいからです[32]」と語った。金尚弼は今日本に反抗するのは得策ではなく、日本を勝利に導いて、朝鮮人の武勲を認めさせることが朝鮮の独立の道だと主張した。そのほうが早道だと言うのである。

そして「もし僕が逃げたら、やっぱり朝鮮の奴らは卑怯者だと、朝鮮全体が馬鹿にされるのです。僕は日本陸軍で朝鮮を代表しているのです[33]」「いままで、日本人以上に日本人らしくふるまい、技量も精神も日本人などに負けるものかと頑張って一生懸命に努力してきました[34]」と付け加えた。ここには、朝鮮民族全体を想う気持ちとともに、「日本人以上に日本人らしく」ふるまわざるをえなかった朝鮮人の苦悩と葛藤が窺える。

しかし、逃げることを選べなかった理由は他にあった。朝鮮人に対する差別や抑圧が強まるなか、家族のことを心配したのである。「もしここで逃げたら、残った母さんや兄さんたちは日本の憲兵隊からどんなひどい目にあうか……だから僕は絶対逃げませんよ」「家族のことを考えたら行く気はしませんよ[35]」と数回も強調した。

残していく家族への想いは、特攻出撃する前の兄との最後の面会にも溢れている。一九四五年二月に、朝鮮平壌の旅館で兄弟と整備兵・佐藤曹長がともに食事をした。佐藤曹長は沖縄特攻作戦で生き残り、戦後知覧慰霊祭において兄・金尚烈と再会するが、彼は兄弟が最後の面会で二人とも目に一杯涙をためて、真剣に話していたと回顧している。金尚弼は兄に「僕はここに来る前、警察に行って、僕が戦死したら、母と兄をよろしく頼みます。兄には穀物小売人の免許をよろしく、と頼んできました。大丈夫でしょう」と語った。自分の死を既定の事実として、家族のことを想う弟に、兄は眼前が真っ暗になったという。[36] 金兄弟の「命」と「祖国」、「家族」をめぐる対話には、被支配者の葛藤がよく表れているといえよう。金尚弼は一九四五年四月三日、沖縄海上で戦死した。

第五節　顕彰碑建立をめぐる対立とアリランの鎮魂歌碑

朝鮮人特攻隊員の慰霊碑建立の動き

特攻を美化するという韓国の世論の反対によって、光山稔が進めていた慰霊碑の建立が一九八四年に中止されると、知覧で「朝鮮人特攻戦死者だけ」の慰霊碑を建立する計画が八五年から鹿児島県特操会を中心として本格的に浮上した。[37]

当時、知覧特攻平和会館の理事であり鹿児島県特操会会長であった前田末男は、慰霊祭に韓国人遺族らが参加した後も交流を続け、朝鮮人特攻隊員だけの慰霊碑を知覧町に建立しよう考えた。一九八五年の第三一回知覧特攻基地戦没者慰霊祭には、前年に初めて参列した金尚弼の兄である金尚烈が再び参加し、特操ＯＢと親睦を深めた。[38] そうして特操ＯＢが韓国人遺族に働きかけてこの慰霊碑建立の計画が生まれたのである。朝鮮人だけを慰霊する案に一部の遺族から反対が出たものの、一九八六年一二月末の知覧特攻平和会館の完工に合わせて計画は順調に進められた。

しかし、碑文に「報いなき戦いに強いられて むなしく蒼空に散りし青春 祖国にかえりえぬ英霊 ここに眠る」と刻むべきだと主張する韓国人遺族側と、「むなしく…散りし」では戦死した隊員たちの気持ちを思うと使えないと反発する知覧特攻慰霊顕彰会側の意見が対立し、結局碑の建立は中止になった。[39]「戦いに強いられ」「むなしく散」ったとみる韓国人遺族の思いと、日本人側の思いは交わることなく、「植民地支配をどう見るのか」という議論になる前に計画は立ち消えになったのである。[40] 慰霊祭を通して両者は友好的に交流を続けてきたが、朝鮮人特攻隊員の慰霊碑をめぐる論争が始まると、その関係に亀裂が入ったのである。

しかし、その後も金尚烈夫妻をはじめ、卓庚鉉や朴東薫の遺族は、慰霊祭に参加して、知覧との交流を図っている。一九八九年の第三五回知覧特攻基地戦没者慰霊祭には、韓国から卓庚鉉の遺族・卓成洙夫妻が初めて参加している。生き残りの特操OBは卓庚鉉の肉親を捜し続け、やっと慶尚南道泗川郡西浦面に住んでいる彼の従兄の孫を見つけたのだった。特攻平和観音堂で行われる慰霊祭に招かれた卓成洙は、鳥濱トメから親族の思い出を聞いて感きわまったのか、トメの手を握りしめ涙を流した。[41]

戦後五〇年と日本の一方的な思い

このような交流が続けられた結果、一九九五年には戦後五〇周年の記念事業として、知覧特攻基地から出撃し戦死した朝鮮人特攻隊員一一人の慰霊碑を建立しようとする動きが再び現れた。知覧特攻慰霊顕彰会理事の前田末男は、一九九四年に理事会に提案する。前田は戦死した同期のなかに仲の良かった朝鮮人隊員がいたため、それまで何回も韓国と北朝鮮を訪問し、沖縄戦で戦死した朝鮮人特攻隊員の遺族を探し回った(42)。この計画は、一九九五年二月一〇日に知覧町の町関係者や元特攻隊員らから構成される知覧特攻慰霊顕彰会の役員会で、正式に「戦後五〇周年の記念行事」として決まった(43)。

今回は碑文は入れず、朝鮮人たちの「本名だけ」を刻む案であった。これは、この年に沖縄県糸満市の平和祈念公園にできた、国籍や軍民の別なく沖縄戦で亡くなったすべての人の氏名のみを刻んだ記念碑「平和の礎」と同じ考えであった。さらに慰霊碑の計画と並行して、朝鮮人特攻隊員の位牌を寺に納め霊魂を祀る計画も進められた。

しかしながら、今回の計画も実現できなかった。計画を知った韓国人遺族が「そのような記念碑では、韓国人もいたんだというだけ。なぜ特攻で死んだのかは問われない。特攻の罪は免責されない」と抗議したためである。そもそも一九八四年に初めて韓国人遺族が知覧を訪問した時も、「戦友の招きだから行く。日本国の招待なら受け入れない」との条件付きであった(44)。また、事前に遺族に相談もなく、日本人の戦後五〇周年記念行事に利用されたくないとか、寺に祀ってほしくないという宗教的理由もあって、再び中止になった。碑の建立を「戦後の一区切り」、戦後五〇周年記念と考える日本側の一方的な認識があり、また、それが反省の言葉もなく名前だけ刻む案に表れていたため、建立には至らなかったのである。

このように二度にわたって朝鮮人特攻隊員の慰霊碑の計画は頓挫したが、遺族の意志とは無関係な慰霊碑が一九九九年一〇月に建立された。知覧特攻平和会館の敷地内に建てられた「アリランの鎮魂歌

図 51　アリランの鎮魂歌碑
出典：2021 年 7 月 29 日，筆者撮影。

碑」である。日本人篤志家で千葉県我孫子市在住の江藤勇（舞踊家）と村山祥峰が知覧町の郷土史家・村永薫に協力を要請して建てたもので、費用は全額、江藤と村山が出資した。碑文には「アリランの 歌声とほく 母の国に 念ひ残して 散りし花花」とあり、その隣に「朝鮮半島出身の特攻勇士十一名のみ霊をお慰めするためにこの歌碑をたてました」と書いた柱が立つ。だが、この碑は朝鮮人特攻隊員の慰霊碑建立をめぐる韓国人遺族側と日本人との論争がまったく解決されていないなか、遺族の同意も除幕式への参加もなく、日本側の「思い」だけをかたちにしていつの間にか建てられたのだった。[45]

これまで検討してきたように、一九八〇年代半ばから知覧の特攻関係者と韓国の遺族側は何度も話し合いを重ねてきたが、意見の一致を見ることなく失敗に終わってしまった。知覧町や顕彰会など主催者側が植民地支配と戦争に対する反省や戦争責任問題については決して言及せず、特攻を美談として語ることに拘った点が、その大きな原因である。

「平和友好の証」「日韓親善」「戦後に一区切り」として演出・報道された知覧の特攻関連のイベントは、日本社会において知覧町の知名度を高めることには成功したかもしれない。だが、過去の植民地支配と戦争責任について真摯な反省がないまま行われたイベントは、韓国と日本の歴史認識に大きな隔たりがあると確認させる機会でもあった。

第六節　韓国に再び現れる朝鮮人特攻隊員

忘却と変わらない認識

さて、ここで解放後の朝鮮半島に目を移してみよう。前述のごとく、韓国社会において特攻隊員は親日派の代表としてタブー視され、徐々に韓国人の記憶から消えていった。軍神とか朝鮮の誇りと称賛されていた存在の失墜ぶりは劇的ですらある。メディアと研究の取り上げ方をみてみると、いかに韓国社会が彼らの存在を無視し続けてきたのかがわかる。

解放後の朝鮮人特攻隊員に関する記事は、先述したように、朝鮮人として初めて特攻死した印在雄が生きて仁川に入港するというものが最初であったのは一九四六年のことであったが、この報道は誤報であった。その後、朝鮮人特攻隊員に関する記事は約四〇年近く途絶えることとなる。

再び朝鮮人特攻隊員に関する記事がメディアに登場したのは、『東亜日報』が卓庚鉉の慰霊碑の建立を計画した日本人・光山稔について報じた一九八四年であった[46]。韓国社会はこの間、朝鮮人特攻隊員について口を閉ざし続けてきたのである。翌八五年四月には、陸軍予科士官学校五六期出身で特攻死した崔貞根（日本名・高山昇）が韓国の『中央日報』に大きく取り上げられた。崔貞根は陸士と京城帝国大学（現在のソウル大学校）に同時に合格した成績優秀な青年であったが、父親の強い勧めで陸軍士官学校に進学し、その後航空士官学校本科へと進んだ。だが航空士官学校の卒業が近づいたある晩、親友だった日本人同期生を呼び出し、航空神社の前で「俺は、天皇陛下のために死ぬということは、できぬ」と苦渋に満ちた顔で本心を打ち明けている。告白に「愕然」とした同級生は、戦後二四年目にしてようやくその時受けた衝撃を追悼録に残した[47]。このエピソードを伝えた『中央日報』の記事は、韓国社会に朝鮮人特攻隊員の存在を知らせるきっかけとなった。天皇のためには死ねないといった崔貞根の言葉は、特攻隊員はみな狂信的な天皇主義者であるという韓国社会の一般的な理解をわずかながら揺さぶった。

一九八四年と八五年にいくつか記事は出たものの、再び朝鮮人特攻隊員に関する報道は一〇年間ほど姿を消す。生き残った特攻隊員や少年飛行兵は解放後も韓国空軍で活躍したが、死んだ隊員の遺族はお墓をつくるどころか追悼すらできない日々が続いた。空軍を除いて、韓国では長い間社会的な議論も学術的な研究もないままその存在を忘却してきたのである。

一九九〇年代半ば頃から、「帝国日本の妄想により麗しい若者が犠牲に」「韓国人神風特攻隊員一一名の位牌を送還」といった見出しで、日本軍の特攻作戦を批判する新聞記事はたびたび掲載されている[48]。解放五〇年、戦後五〇年ということもあり、日本の戦後責任や植民地支配を問う記事や「親日派」の問題を取り扱う記事が多く、朝鮮人特攻隊員を正面から扱った記事はない。

二〇〇四年に日韓首脳会談の開催地を予定されていた鹿児島県が、特攻隊の発進基地で軍国主義の色彩が濃いという理由で、韓国政府が場所の変更を議論したという記事からもわかるように[49]、戦後六〇年近く経っても「神風」と聞くだけで嫌悪感を持つ人が多い韓国では、とても朝鮮人特攻隊員について客観的な報道を期待することはできなかった。特攻隊員は「軍国主義の象徴」「天皇主義者」「親日派」であるという認識がいつまでも残っていたのである。

朝鮮人特攻隊員に注目する韓国社会

一九九〇年代は、元従軍慰安婦が名乗り出て自ら証言したり、徴兵・徴用された人々が被害を語るなど、戦争体験の「証言の時代」であった。八〇年代から続いた教科書問題、靖国参拝、戦争責任をめぐって議論が交わされるなかで、冷戦体制の崩壊を背景とした韓国民主化は、それまで抑圧されてきた植民地時代の被害者らの存在を可視化するようになる。冷戦体制のなかで長期にわたって維持された韓国の独裁政権が崩壊し、民主化した社会はとり残されていた歴史問題の提起を促した。冷戦は東西のイデオロギー対立を煽り、帝国主義の侵略と植民地支配の歴史認識問題を抑えつけたが、このため冷戦崩壊の到来とともに脱植民地化という課題はようやく提起されるようになったのである。

その影響もあり、植民地支配と戦争被害を語る数多くのテレビ番組も制作された。特に、一九九五年の「光復五〇年」を迎えて以降、民間放送は本格的に朝鮮人特攻隊員に注目し始めた。その先駆けが、九五年に民間放送MBCが特別企画として制作した『アリラン アラリヨ』であった。朝鮮民族の歴史と哀歓を込めた伝統民謡の起源と文化を追跡したこの番組は、朝鮮人特攻隊員を直接的に扱ったわけではないが、出撃前夜に「アリラン」を歌った卓庚鉉の話を紹介している。九六年八月にCTNが放送したドキュメンタリー『神風 そして未だに放浪している霊魂』は、朝鮮人特攻隊員の問題を正面から取り上げた。卓庚鉉と金尚弼の二名を中心に、知覧から出撃し死亡した朝鮮人特攻隊員一一名の行方を追跡した内容である。遺族や知人、関係者への聞き取り調査や取材を通して、悲劇的に生を終えた青年たちの実像を探った。この番組は、一九八五年六月に南日本放送局が放送した『一一人の墓標』に影響を受けていた。

この時期にもう一つ注目したいのは、金尚弼の兄・金尚烈の妻・余泰順による証言録が一九九六年に出版されたことである。余泰順は知覧の慰霊祭に夫とともに参加し、ドキュメンタリー『一一人の墓標』にも慰霊祭に参加した様子が収められている。彼女は夫の死後、知覧慰霊祭に参加した自分の経験と夫から伝え聞いた特攻隊員・金尚弼の話をまとめて『あの日、沖縄の空で』を出版したのである。

注

（一）高木俊朗『遺族――戦歿学徒兵の日記をめぐって』出版協同社、一九五七年、九〇頁。同『知覧』朝日新聞社、一九六五年、四五―四八頁。同『陸軍特別攻撃隊 上巻』文藝春秋、一九七四年、二九二頁。同『陸軍特別攻撃隊下巻』文藝春秋、一九七五年、三八頁。
(2) 知覧高女なでしこ会編『知覧特攻基地』文和書房、一九七九年、二四〇―二四三頁。
(3) 豊田穣『日本交響楽・完結篇』講談社、一九八四年、一八七―二〇一頁。
(4) 島原落穂『白い雲のかなたに――陸軍航空特別攻撃隊』童心社、一九八五年、一六三―一七九頁。
(5) 鹿児島県知覧の知覧特攻平和会館の展示内容を参考にした。
(6) 吉田裕『兵士たちの戦後史――戦後日本社会を支えた人びと』岩波書店、二〇二〇年、五二頁。
(7) 福間良明「プロローグ 戦跡の編成とメディアの力学」福間良明・山口誠編『「知覧」の誕生――特攻の記憶はいかに創られてきたのか』柏書房、二〇一五年、六頁。
(8) 桐原久『特攻に散った朝鮮人――結城尚弼大尉「遺書の謎」』講談社、一九八八年、一二頁。
(9) 伊藤智永『忘却された支配――日本のなかの植民地朝鮮』岩波書店、二〇一六年、一一四―一一五頁。
(10) 『南日本新聞』一九八四年五月三日。
(11) 『南日本新聞』一九八四年四月二七日。
(12) 『町報ちらん』第三二四号、一九八四年五月一五日。
(13) 『南日本新聞』一九八四年五月四日。
(14) 『鹿児島新報』一九八四年五月五日。
(15) 山本昭宏「〈平和の象徴〉になった特攻」前掲『「知覧」の誕生――特攻の記憶はいかに創られてきたのか』八六頁。
(16) 『西日本新聞』一九八四年五月四日。
(17) 『毎日新聞』一九八四年五月二日。
(18) 『毎日新聞』一九八四年五月四日。
(19) 『南日本新聞』一九八四年九月三日。
(20) 『毎日新聞』二〇一四年六月二四日。
(21) 『南日本新聞』一九八四年九月三日。

(22) 公益財団法人特攻隊戦没者慰霊顕彰会『会報 特攻』第一一〇号、一七—一八頁。前掲『遺族——戦歿学徒兵の日記をめぐって』九〇頁。裵姈美・酒井裕美・野木香里「朝鮮人特攻隊員に関する一考察」森村敏己編『視覚表象と集合的記憶——歴史・現在・戦争』一橋大学大学院社会学研究科先端課題研究業書二、旬報社、二〇〇六年、二七四頁。
(23) 前掲『特攻に散った朝鮮人——結城尚弼大尉「遺書の謎」』一二八頁。
(24) 辛島驍「朝鮮学徒兵の最後」『文藝春秋』第四二巻一〇号、一九六四年一〇月、二七〇頁。
(25) 「輝く陸軍特別操縦見習士官」『毎日新報』一九四三年九月一七日。
(26) 「半島学生蹶起せよ」『毎日新報』一九四三年一〇月三日。前掲『特攻に散った朝鮮人——結城尚弼大尉「遺書の謎」』一二七頁。
(27) 前掲『特攻に散った朝鮮人——結城尚弼大尉遺書の謎』三五頁。
(28) 飯尾憲士『開聞丘——爆音とアリランの歌が消えてゆく』集英社、一九八五年、二〇一頁。
(29) 同前、一八九頁。
(30) 前掲『陸軍特別攻撃隊 上巻』二九二頁。
(31) 前掲『特攻に散った朝鮮人——結城尚弼大尉「遺書の謎」』三二一—三三頁。前掲『開聞丘——爆音とアリランの歌が消えてゆく』二〇〇—二〇一頁。
(32) 前掲『特攻に散った朝鮮人——結城尚弼大尉「遺書の謎」』一四五—一四六頁。
(33) 同前、一四三頁。
(34) 同前、一四六頁。
(35) 同前、一四四頁。
(36) 同前、一四八—一四九頁。
(37) 現在、知覧特攻平和会館の敷地には、すべての特攻隊員を慰霊する「忠魂螢之碑」がある。碑の説明文では、皇国の必勝と民族の不滅を信じ、爆弾を抱え敵艦に突入した幾多の若者の武勲を称え、次の世に語り継ぐべく碑を制作したとある。また、特攻隊員の記念像として知覧特攻慰霊顕彰会が一九七四年に建立した「とこしえに」がある。

「とこしえに」の由来を紹介する文には、「国を思い 父母を思い 永遠の平和を願いながら、勇士は征ったにちがいありません」と書いてある。近くには母の像「やすらかに」も建てられている。

(38) 『町報ちらん』第三三五号、一九八五年五月一五日。

(39) 『朝日新聞』一九九〇年九月九日。

(40) 慰霊碑碑文をめぐって金尚弼、卓庚鉉、朴東薫の遺族のほか、韓永三（韓鼎實の叔父）、李相基（李允範の弟）は戦いを強いられむなしく散ったと主張し続け、日本側と対立した。

(41) 『町報ちらん』第三七九号、一九八九年五月二五日。

(42) 『朝日新聞』一九九四年一二月八日。

(43) 『朝日新聞』一九九五年二月一一日。

(44) 『毎日新聞』二〇一四年六月二四日。

(45) 『毎日新聞』二〇一四年六月二四日。

(46) 『東亜日報』一九八四年九月二〇日［ソウル］。

(47) 『中央日報』一九八五年四月一七日［ソウル］。

(48) 『京響新聞』一九九四年一〇月二〇日。『ハンギョレ新聞』一九九五年二月一八日。「文学で会う歴史（一〇）徐廷柱の親日詩」『ハンギョレ新聞』一九九六年三月二七日など［ソウル］。

(49) 『連合ニュース』二〇〇四年一一月三日［ソウル］。

第六章　特攻の語り部・鳥濱トメと「アリラン特攻」物語の広がり

知覧の特攻と朝鮮人特攻隊員を語る上で最も重要な人物が二人いる。一人は、「特攻おばさん」「特攻の母」という愛称で全国的に有名な鳥濱トメであり、もう一人は、出撃前夜にトメの富屋食堂を訪れ「アリラン」を歌ったとされる卓庚鉉（日本名・光山文博、特操一期生）である。卓庚鉉の存在はトメの証言などによってすでに知られていたが、二〇〇〇年代に二人の感動的な話がメディアを通して日本中で消費され、再び朝鮮人特攻隊員が関心を集めるようになる。

第一節　「特攻の母」鳥濱トメ誕生のプロセス

鳥濱トメの戦争

一九四五年三月、沖縄上陸を目指すアメリカ軍は全艦隊を沖縄近海に集結させていた。日本軍はこれを阻止するため、大規模な特別攻撃隊を出動させた。鹿児島の知覧基地は本土最南端にあったため、数ある基地のなかで最も出撃する人数が多かった。その飛行場の近所にある軍の指定食堂・富屋食堂の女主人が鳥濱トメである。特攻隊員を自分の息子のようにお世話し出撃を見送り、戦後も彼らの供養を続けた人物である。その献身的な行動からトメは「特攻おばさん」「特攻の母」と呼ばれるようになり、知覧の「特攻の町」というイメージ構築に重要な役割を果たす。

鳥濱トメは一九〇二年、鹿児島県の最南端の小さな漁港、坊津町で生まれた(1)。生家は漁業を営んでいたが、暮らしは楽ではなく、警察署長の家に女中奉公に出た数年後、鳥濱義勇と出会う。鳥濱の母親に家柄に差があり過ぎると結婚を反対されたため、駆け落ちの末、一九二二年に入籍を機に知覧町へ移り住んだ。

知覧に転居してからトメは、七年間魚の行商に励み、一九二九年に富屋食堂を始めた。うどんやそば、丼物、夏にはかき氷などを出すごく普通の食堂で、商売は順調であった。だが、その後戦争により、大きな変化を経験する。一九四一年一二月に福岡の大刀洗陸軍飛行学校の分教所として知覧飛行場が開設され、翌四二年三月に知覧教育隊が開校すると、富屋食堂は軍の指定食堂になったのである。訓練が休みの日は、多くの特別操縦見習士官や少年飛行兵をはじめ、面会に来た親族も自然に足を運んだ。そして、トメは全国から知覧にやってきたまだ一〇代の若い兵士たちの世話をするようになった。こうして富屋食堂は、日々過酷な訓練に明け暮れる少年飛行兵たちの憩いの場となったのである。

一九四五年に沖縄戦が激化すると、本土で沖縄に最も近い知覧基地から多くの特攻隊員が出撃していった。トメは、親元を離れたまま戦場へ向かわなければならない特攻隊員たちを、自分が母親代わりになって送り出そうとした。家財道具を食べ物にかえて、毎日のように訪れてくる特攻隊員をもてなすなど、特攻隊員と親子のように親しい関係を結び、食堂は特攻隊員たちにとって安らぎの場となった。部隊では死を目前にした恐れや心のうちを見せなかった特攻隊員が、唯一裸の自分をさらけ出した相手がトメだった。

特攻の出撃日時は軍の最高機密であるため、家族への連絡も禁止されていた。そこで隊員たちは富屋食堂へやってきて、軍に内緒で家族や知人に宛てた最後の手紙や遺書をトメに託した。トメも見つかれば裁かれるのは覚悟のうえで、受け取った手紙や遺書を快く全国の家族へ送り続けた。また、自分の出撃を見届けたら家族に伝えてほしいと依頼されると、自ら筆をとって遺族に手紙を書いた。特攻隊員を最後に見送る母のような存在となっていったのである。

慰霊と顕彰を続ける戦後のトメ

敗戦後、GHQの占領下では「特攻」「特攻隊員」という言葉を口にすることさえタブーになった。だが、トメは特攻隊員を弔い続けようと決心する。旧陸軍知覧飛行場跡の一角に棒杭を立て、特攻隊員の墓標として毎日のようにその周囲をきれいに掃除し、亡くなった青年たちの供養を続けた。

しかし、いつまでも棒杭ではかわいそうと生き残った元特攻隊員らに呼びかけ、特攻観音像の建立に尽力した。敗戦から一〇年が経った一九五五年の九月に、知覧町長や町の有力者への呼びかけが実り、旧陸軍知覧飛行場の跡地に特攻平和観音堂が建立された。トメの観音参りは、毎日のように続けられた。だが、時間が経つにつれて参拝する人は次第に減っていった。特攻平和観音堂への参拝と周囲の清掃というトメの日課は、その後も続いた。その後、トメの努力が実り、全国から寄せられた寄付金をもとに一二〇〇基を超える石灯籠がつくられた。

図 52　「特攻の母」鳥濱トメ
出典：「ホタル館 富屋食堂」公式ホームページ　https://tokkou-no-haha.jp/tomiya-shokudo/

こうしたトメの献身的な活動は、知覧町の外ではほとんど知られることはなかった。一九六〇年代の半ばになって、徐々に知覧町の広報紙『町報ちらん』や全国メディアにトメの名前が登場しだす。そこには戦記作家の高木俊朗が大きく関わっている、と高井昌吏は指摘する。(2) 高木は、事実上強制された特攻を美談として語る戦後の状況に強い拒否感を抱いた人であった。彼は『遺族』（一九五七年）、『知覧』（一九六五年）、『陸軍特別攻撃隊』（一九七四年）など特攻に関する著作を次々と出版し、軍の責任を追及したが、その一方で無名のトメが青年たちの支えとなり、戦後も静かに追悼をつづけていることを紹介したのだった。

トメの存在はこうして徐々に知られるようになり、七〇年には全国放送のテレビ番組に出演する。トメが知覧から出撃した特攻隊員一人ひとりとの対話やエピソードを紹介し、彼らの遺族と対面するような番組が多かった。母親代わりになって隊員の世話を献身的にしたことや、敗戦後も慰霊を続けてきたトメの活動がありのまま伝えられた。トメは特攻に関して主要な登場人物としてメディアで描かれるようになる。そして、その献身的奉仕が認められ、一九七五年には「日本顕彰会長表彰」、七六年には「鹿児島県民表彰」、七七年には「勲六等宝冠章」を受け、知覧を代表する特攻関連の名士となるのである。やがてトメは、人々から「特攻おばさん」「特攻の母」と慕われるようになる。

「特攻の母」として特攻隊員との思い出を語り続けたトメは、一九九二年に八九歳で亡くなった。その翌月、地元の文筆家である相星雅子の『華のときは悲しみのとき――知覧特攻おばさん鳥浜トメ物語』(高城書房出版)が出版された。ここで扱われたトメと特攻隊員の数々のエピソードは、映画『ホタル』の重要な素材となった。同書は知覧やトメの伝説を生み出した本であった。

現在、知覧町に行くと、知覧特攻平和会館や「ホタル館 富屋食堂」(以下、ホタル館)、富屋旅館で慈愛に満ちたトメの行動や特攻隊員とのふれあいを知ることができる。知覧特攻平和会館の「残された者から」のコーナーにはトメの大きな写真が飾られ、証言映像が流れている。「特攻おばさん」というパネルでは、トメが特攻隊員の語り部となり、敬慕される過程が紹介される。知覧特攻平和会館において、トメの展示は中心的ではないものの、重要なストーリーの一つになっており、特攻作戦の無残さを薄める効果を持つ。また、トメの親族が運営しているホタル館や富屋旅館では、トメと特攻隊員の交流と会話が展示のメインになっているが、トメは単なる語り部を超えた「慈母」として描かれている。これらの施設により、「特攻の母」というトメのイメージが今も再生産されているのである。

第二節　鳥濱トメと卓庚鉉との関わり

アリラン
アリラン　アリラン　アラリヨ　アリラン峠を越えていく　私を捨てて行く君は　十里も行けず足痛む

朝鮮人特攻隊員・卓庚鉉は悲痛な声をふり絞って哀調帯びる朝鮮民謡アリランを朝鮮語で歌った。鳥濱トメと二人の娘もそれに和して歌い始め、たちまち歌声は嗚咽となり部屋中に満ちた。一九四五年五月一〇日の夜、鹿児島知覧飛行場に近い軍指定の富屋食堂における出来事を描写した『ホタル帰る』(二〇〇一年、赤羽礼子・石井宏著)の一節である。知覧から出撃する前夜に富屋食堂を訪れ、朝鮮半島に伝わる民謡「アリラン」を歌ったとされる卓庚鉉は、それで何を吐露したかったのだろうか。

卓庚鉉の御霊は靖国神社に祀られ、遺影は靖国神社の軍事博物館・遊就館に飾られている。皇国軍人として帝国日本のアジア解放戦争に尽くした模範的な日本人として顕彰されているのである。知覧特攻平和会館やホタル館にも、彼の遺影や「特攻おばさん」「特攻の母」と呼ばれた鳥濱トメと一緒の写真が飾られている。

このアリランのエピソードは、特攻ブームに火をつけた高倉健主演の映画『ホタル』(二〇〇一年)や、東京都知事であった右派政治家・石原慎太郎製作の特攻映画『俺は、君のためにこそ死ににいく』(二

図53　鳥濱トメと卓庚鉉（知覧町の富屋食堂前庭で，1945年5月）
出典：朝日新聞西部本社編『空のかなたに――出撃・知覧飛行場　特攻おばさんの回想』葦書房，2001年，16頁。

〇〇七年）でも、感動の見せ場に使われている。卓庚鉉と鳥濱トメの感動のストーリーは、二〇〇〇年代に入ってから多くのメディアで取り上げられ消費されてきたのである。祖国の歌「アリラン」を泣きながら歌った卓庚鉉や「ホタルになって帰って来る」と言い残して出撃した宮川三郎軍曹の悲話は、鳥濱トメと特攻隊員を繋ぐ材料として利用されている。そして、桜やホタルなどの特攻隊員の単純化されたシンボルとともに、「アリラン」は朝鮮人特攻隊員という戦跡を思い起こさせる媒体となっているのである。

日本移住とトメとの出会い

「アリラン特攻」として日本の多くのメディアが取り上げている卓庚鉉は、どのような経緯で特攻隊員となったのだろうか。

卓庚鉉は一九二〇年に朝鮮の慶尚南道泗川郡で生まれた。実家は裕福であったが、祖父が事業に失敗したため次第に困窮し、一家は仕事を求めて日本に渡り、京都に定着する。韓国併合以前は、日本に居住する朝鮮人は留学生など労働者ではない人々が中心であった。しかし、韓国が併合された一九一〇年以降、日本で暮らす朝鮮人の人口は急増した。一九一五年に約四〇〇〇人、一九二〇年に約三万人だったが、三四年には約五四万人、四〇年には約一二〇万人まで増え続けた。戦争による深刻な労働力不足を補うため動員された人もいたが、卓庚鉉の家族のように、働き口を求めて一家で渡ってきたケースも少なくなく、地域で働きながらコミュニティを形成していた。

卓庚鉉は、立命館中学、京都薬学専門学校（現在の京都薬科大学）を卒業してから、陸軍の特別操縦見習士官に応募し、特操一期生となる。特操は大学・高専校生を対象に飛行機の操縦者を短期間で養成する制度で、彼は一九四三年一〇月に入隊する。その後、大刀洗陸軍飛行学校の知覧教育隊に配属され、鹿児島県知覧基地で航空兵として基礎訓練を受ける。その頃から飛行学生として、トメが経営する富屋食堂に足しげく通い、鳥濱一家と親交を深めていった。つまり、特攻作戦に投入される直前に知覧に送り込まれ、何日か過ごした後、戦地へ飛び立った人とは違い、鳥濱一家とは常連としてつき合いも長く深かったのである(3)。

トメの次女・礼子は卓庚鉉について、「朝鮮の人だし、身寄りも少ないだろうからと、母が特別に息子のように可愛がってね。風呂に入れて背中を流してやりながら、心を開くようにあれこれと話しかけたりしてねえ……。それですっかり家族のようになっていたのよ(4)」と回想している。トメは誰も面会に来ることのない孤独な卓庚鉉を、同じ人間として温かく受け入れた。彼は、トメの二人の娘にとっても兄のような存在であった。一緒に食事をすることもしばしばあり、地図を開いて朝鮮のことや大学時代を過ごした京都の話もしてくれたという[5]。トメの家族と卓はお互いに特別な存在だった。

差別と不当な侮蔑

卓庚鉉はなぜ入隊を決めたのだろうか。彼に関する一次史料がないため、その心の内と当時の状況ははっきりとはわからない。だが、戦時中に陸軍報道班員として知覧基地で多くの特攻隊員と交流した戦記作家・高木俊朗の記録から、いくらか推し量ることはできるだろう。隊員らは上官に隠れて真情をつづった日記や走り書きを出撃直前に高木に託しており、高木は知覧での特攻隊員との交流と特攻死した隊員からの伝言をまとめた記録を戦後出版した。その著書『遺族――戦歿学徒兵の日記をめぐって』(一九五七年)には、卓庚鉉について次のような記述がある。

朝鮮人を両親にもった光山少尉は、ノートに、和歌一首をしるした。この人の一家の生活は、悲惨の限りをつくした。金がなくて、幾日も、たべることができなくて、母と少年(そのころの少尉)と、幼い妹は、抱きあって泣いた。ついに母は、食物を盗んできて、子供たちに与えた。光山少尉は、そのありのままを、私に語り、さらに、涙を浮かべて訴えたことがあった。それは、朝鮮人に対する、内地人の不当な侮蔑と、非常識な横暴であった。光山少尉の書き残した歌は、その母をしのぶものであった。

たらちねの母のみもとぞしのばるる　やよひの空の春がすみかな[6]

卓庚鉉は出撃する前に、朝鮮人に対する内地人の不当な侮蔑や横暴、そして出撃の数カ月前に亡くなった母への思いをどうしても伝えておきたかったのである。鳥濱トメの次女・礼子が、「光山少尉はものすごく寂しい人でした。いつも沈んだ悲しい、悲しい顔をしていたの」[7]、「光山さんひとり違うんです。おとなしくてねえ。光山さんだけいつもひとりでねえ」[8]と証言しているが、こうした事情がその背景にあったのかもしれない。「寂しい人」「おとなしい」「いつも一人」は、先述した「無口」「口が重い」とともに、植民地期の朝鮮人についてよく聞かれる表現だったが、それは日本人から不当な差別を受けていた証であった。

朝鮮人が日本に定住するようになって、すでに一〇〇年以上の歳月が過ぎた。しかし今日でもなお、朝鮮人に関する言説には差別や抑圧がついてまわる。朝鮮人と差別は直結し、日本の社会問題の一つとして定型化、イメージ化されていると言っても過言ではない。まして植民地期に彼と家族は、すさまじい抑圧を経験しただろうと充分推測できる。

一家は京都に定着し、極貧の生活に耐えながら乾物商を営み、卓庚鉉を立命館中学や京都薬学専門学校に通わせた。そして彼は、差別と葛藤のなかで、社会的地位をより向上させることができると判断し、特操に志願したと思われる。もちろん他にも様々な要因がかさなって、最終的に志願することに決めたのだろう。

特操一期の募集が始まった一九四三年当時、兵役義務がない朝鮮人には当然参政権も認められていなかった。日本は一九二四年に初めて普通選挙を導入したが、朝鮮人は除外し、徴兵制開始後の四五年四月にようやく選挙権を与えた。しかし、外地人に対する差別が完全に無くなることはなかった。こうし

図54　第51振武隊全員（伊勢神宮に特攻隊結成報告後，左はしが卓庚鉉）
出典：島原落穂『白い雲のかなたに――陸軍航空特別攻撃隊』童心社，1985年，166頁。

た状況下で、差別を克服したいと感じていた朝鮮人青年の多くは、軍へ入隊し兵役義務を負い、日本人でも狭き門の操縦士になれれば、日本人と同じ待遇を受けられるのではないかと考えたのである。

卓庚鉉は一九四四年七月、栃木県宇都宮市の教育隊に配属され、トメ一家とも別れることとなった。その後、茨城県の鉾田基地に移り、翌四五年三月に三重県の第六航空軍に編入された。彼が所属した陸軍第六航空軍所属の第五一振武隊は、沖縄総攻撃に対応するために新しく作られた陸軍の航空部隊で、特攻隊が中心であった。

第五一振武隊は四五年三月二九日に知覧基地に移動したため、卓庚鉉は富屋食堂の鳥濱トメたちと再会した。卓庚鉉はそこから毎日のように富屋食堂に顔を出した。そして、出撃前日の四五年五月一〇日の夜に富屋食堂を訪れ、アリランの歌を歌ったとされている。卓庚鉉は五月一一日、第五一振武隊の所属として知覧を出撃し、沖縄近海で戦死した。

第三節 「アリラン特攻」悲話の広がり

NHKのラジオ番組「尋ね人」

特攻隊に朝鮮人がいたことは、戦後初期からすでに日本社会で知られていた。一九四六年から始まり六二年まで続いたNHKのラジオ番組「尋ね人」によるところが大きい。戦地から戻らない軍人や民間人、空爆などで離れ離れになった肉親を捜す人がその消息を問う手紙を番組宛てに出し、アナウンサーがまとめて読み上げるしくみであった。トメはこの番組を通して、知覧から出撃した特攻戦死者の遺族を捜し、見つかった家族らに戦死した特攻兵が知覧基地にいたときの最後の様子や遺言を伝え、遺品を渡したのである。(9) 番組を聞いたのか、特攻隊員の遺族がトメを訪ねてくることもあった。トメは少年飛行兵や特攻隊員たちとよく記念写真を撮っていて、アルバムは二〇冊ほどになっていた。特攻隊員は親元に写真を送ることは禁止されていたため、遺族にとって、トメのアルバムの写真は貴重だった。トメのもとを訪れた遺族たちは、記念にとアルバムから写真をはがして持ち帰った。

しかしながら、朝鮮半島と台湾出身の兵士は遺族の消息がつかめないことがほとんどで、トメはこの番組を通して、身元のわからない卓庚鉉の肉親に遺品を渡したいと全国に呼びかけた。特操OBらも卓庚鉉の遺族を探したが、何度放送しても遺族は見つからなかった。(10) 特攻隊員に朝鮮人がいたという事実は、日本人戦友たちは知っていても、一般の日本人は想像すらしていなかっただろう。NHKの「尋ね人」を通して、戦後初めて卓庚鉉の存在が日本社会に認識されたことは間違いない。

もちろん、戦記作家の高木俊朗も講演会や書籍で特攻隊の実態について語り続けたが、祖国の歌アリランを歌って出撃した卓庚鉉が日本社会で広く知られるようになったのは、やはりトメの証言によるところが大きかった。トメの次女・礼子も、卓庚鉉との家族ぐるみの思い出を語り続けた。二人の証言は、「なでしこ会」の本をはじめ、全国メディアに取り上げられた。「日本人があの特攻を忘れたら、日本がダメになると思うから。だれかが話し続けないと、みんな忘れてしまう[11]」とトメは語り続ける理由を述べているが、その中心的な存在は、卓庚鉉であった。

一番心に残っている特攻隊員

鳥濱トメが戦後隊員たちの供養を続けている様子は、一九七〇年代半ばから『南日本新聞』など主に地方紙が伝えているが、卓庚鉉が取り上げられるようになったのは、一九八〇年代に入ってからである。卓庚鉉について初めて報じたのは、管見のかぎり、一九八二年の『西日本新聞』である。その記事でトメは、「ただ一人、いまだに遺族の分からない朝鮮人将校がいる。それだけが心残り[12]」と語っていた。全国紙が卓庚鉉を扱ったのは、一九八三年の『毎日新聞』が企画した「83 知覧の夏」シリーズが最初であろう。「朝鮮人少尉 最後の宴でアリランの歌」という大きな見出しとともに、出撃前日に故郷朝鮮の歌「アリラン」を歌った彼の物語が記事として全国に大きく紹介されたのである[13]。

『毎日新聞』以降、「アリラン物語」は頻繁に報道されるようになる。その後もトメは、卓庚鉉を「一番心に残っている隊員」としつつも、知覧で開催される慰霊祭に初めて卓の遺族代理が出席することを知って、「これでようやく肩の荷がおりました。もう思い残すことはあいもはん」と語るなど、メディアを通して卓庚鉉に対する想いを積極的に発信・紹介していく。[14]

一九八八年八月から一二月まで続いた『朝日新聞』の「特攻おばさんの回想」という企画でも、「私がお見送りしたたくさんの特攻隊員の方々の中で、一番心に残っている人です。戦後、全国からたくさんの遺族の方々が消息を聞こうとやってきました。しかし光山さんについては、だれもたずねる人はなく、悲しい思いをしておりました」[15]と述べている。トメが知覧特攻隊員について振り返る全二八回のこの企画は大きな反響を呼び、連載中にトメや『朝日新聞』あてに各地から多くの感想や意見、関連資料、励ましの手紙が寄せられた。[16]この連載で最初に登場したのが、トメ自身が一番心に残っていると話した卓庚鉉であった。トメによって卓庚鉉は本格的に日本社会で発見され「消費」されるようになったのである。

そして、卓庚鉉は、朝鮮人特攻隊員の典型になる。日本メディアが作り出す朝鮮人特攻隊員の代表的な言説・表象になったのである。植民地支配された朝鮮人青年が、自らを支配する日本のために死を選択した、また差別を受けた朝鮮人青年を、特攻基地があった町で食堂を営んでいた日本人女性がお母さんのように世話をし、その青年が出撃の前夜に朝鮮のアリランを歌ったという物語は、日本人に都合よく解釈された。この物語は、涙を流さずにはいられない「悲劇の主人公」「美談」「悲話」として同情を集めるだけでなく、日本のために献身してくれた「ありがたい朝鮮人」「模範的朝鮮人」と賞賛され、急速に特攻の代表的な物語として広がったのである。

第四節　「ホタル館 富屋食堂」と卓庚鉉の語られ方

ホタル館の開館と異なる特攻観

かつて陸軍特別攻撃隊の基地があった特攻の町・鹿児島県知覧町（現・南九州市）には、市が運営する知覧特攻平和会館のほかに、二〇〇一年に開設した私設の特攻資料館「ホタル館」がある。鳥濱トメが基地近くで営んでいて、特攻隊員がよく通っていた富屋食堂を、当時のままに再現・復元した木造二階建ての資料館である。同資料館の設立は、富屋食堂の入り口に面する通りを拡張する計画が知覧の町役場からトメの次女・礼子や孫・鳥濱明久に伝えられたことから始まった。それまでの食堂は、モルタル造りに改装して他人に貸しており、特攻隊員たちが毎日のようにやってきた当時のものとは異なっていたこともあり、道路拡張をきっかけに、次女と孫はもう一度戦前の食堂に復元し、トメと特攻隊員にまつわる記念館として残すことに決めたのである。幸いにもトメは軍の検閲を受けていない、青年たちが本心を語った貴重な手紙や資料をたくさん保存しており、この資料がホタル館の展示物となった[17]。こうしてホタル館は、トメの遺品や特攻隊員たちと撮った写真、特攻隊員の遺書や遺品など、約一〇〇〇点に及ぶ資料を展示する資料館として誕生したのである。

ホタル館の入り口の近くには、「映画ホタルの富屋食堂」という大きな立て看板があり、高倉健主演の映画『ホタル』（降旗康男監督）の舞台となった軍指定の富屋食堂を復元したと説明している。ホタル館の展示内容は、一階と二階で異なる。一階は、すべての隊員ではなく、トメと特に縁の深かった隊員

図 55　「ホタル館 富屋食堂」（南九州市知覧）
出典：2021 年 7 月 29 日，筆者撮影。

を中心にそのエピソードが紹介されていることが大きな特徴である。パネルに掲載された各人のストーリーは、当時の状況を把握できる貴重な資料であり、トメが隊員から預かった写真、遺書や遺品とともに特攻の記憶を再現している。一階の正面・中心には、特攻隊員とトメの写真がある。特攻隊員六名とトメが富屋食堂の縁側で一緒に笑顔を見せているもので、知覧特攻平和会館をはじめ、数多くの特攻関連の書籍によく使われている。その下には、トメの和歌「散る為に 咲いてくれたか 桜花 散るほどものの みごとなりけり」が掲げてある。後方には、飛行バッグをはじめ、トメの長女・美阿子が隊員のマフラーやタスキを縫い上げた時に使った小さなミシンやラジオなど、戦時下の富屋食堂を連想させる古い家具

図 56　ホタル館の内部
出典：「ホタル館 富屋食堂」公式ホームページ。

や生活用品が展示されている。

二階には部屋が二つある。トメのインタビューや特攻隊の映像がエンドレスで流れている視聴室と、親交のある石原慎太郎とのツーショット写真と石原からの手紙、そして戦後初期のトメの日課をまとめた「参拝の日々」と題した文やトメが愛用した品が並んだ展示室である。

ホタル館は、知覧特攻平和会館と比べて規模が小さく、展示する資料も確かに少ないが、特色のある展示をしている。二つの記念館は、いずれも知覧から出撃した特攻隊員の資料を展示する施設だが、特攻の認識や戦争観は異なっている。知覧特攻平和会館は、隊員を「軍神」と英雄視し、国のために殉じた皇国臣民と祀りあげる、いわば伝統的な特攻史観で展示は構成されている。しかし、ホタル館は、トメと隊員一人一人との交流で浮かび上がる人間本来の姿、若者たちの「人間らしさ」を強調する。特攻隊員は決して笑って出撃したわけではなく、生に対する未練や死の恐怖をごく当たり前に持っていた。このようにアプローチの違いから、知覧特攻平和会館との差異化を図ろうとしているのである。

そのためトメと三〇年以上同居し、側でよく隊員たちの真実の話を聞いた孫・鳥濱明久は、知覧特攻平和会館の展示の一面性や特攻観に異議を申し立て、ときに批判する場合がある[18]。知覧特攻平和会館の展示が特攻隊員のすべてを見せているわけではない。トメにだけ明かした特攻隊員の本当の思いをホタル館は継承し、語り続けているのである。トメの親族はホタル館の隣りで富屋旅館を営んでおり、ここもトメと特攻隊員を記憶する場として機能している。

ホタル館の壁は、約二〇人の特攻隊員たちの写真で埋められている。このパネルはトメのアルバムをもとに製作された。パネルには、それぞれの名前や年齢のほか、タイトルと説明文が付いている。タイトル「アリラン」を中心として、「同期の桜たち」「我が子見ずにして」「自由主義の勝利」「最後の家族写真」「右手きかずとも」「尺八と共に」「石になって帰ってきた兄」などの様々なパネルには、特攻隊員の一人ひとりが抱いた個人的な苦悩や葛藤が描かれている。また、トメと特攻隊員が分かち合った人間的交感が説明文から読み取れる。卓庚鉉の「アリラン」と宮川三郎の「ホタル」の悲話は、最も中心的な資料として展示されており、知覧のイメージや特攻の認識に少なからず影響を与えている。

図57　ホタル館における卓庚鉉の展示

出典：『国際新聞』2015年8月13日［ソウル］。

　では、ホタル館では、卓庚鉉はどのように語られているのだろうか。ホタル館の前にある立て看板は、映画『ホタル』で、卓をモデルにした金山少尉がアリランを歌うシーンやホタルが帰ってくるシーンの実際の場所がここであると強調している。また、館内には、卓庚鉉の写真と彼が出撃前にトメに形見として渡した黄色い財布と写真が大切に展示されている。色褪せたその巾着の財布には、あちこちに濃い染みが浮かんでいる。卓庚鉉がアリランを歌った部屋も復元されており、そこでは次女礼子が卓庚鉉と一家の交流を記した当時の日記も見ることができる。さらに館内にはアリランの歌が流れている。トメや娘たちの温かい記憶が展示にそのまま表れているのである。

トメと娘たちにとって、最も記憶に残り、忘れられない特攻隊員は卓庚鉉であった。先述したように、トメは戦後も諦めずに卓庚鉉の遺族を探し求めて、彼のことを数多くのインタビューや放送を通して語り続けた。朝日新聞社の記者はトメの話をまとめた『空のかなたに――出撃・知覧飛行場 特攻おばさんの回想』を出版している。同書は二八章からなり、各章で一人ずつトメが思い出を語る構成となっているが、最初の一章は、卓庚鉉を取り上げた「ある将校」である。

忘れもしません。出撃前夜の二十年五月十日でした。光山さんは私の食堂（富屋）に「別れにきました」と一人でやってきました。隊のみなさんは帰られて私と娘二人の三人だけでした。光山さんは悲しそうな顔をして「クニの歌を歌うから聞いてくれ」といいました。恥ずかしそうにかぶっていた戦闘帽を鼻のところまでずり下げ、ささやくような声で「アリラン」を歌いました。顔は涙でくしゃくしゃでした。二番目を歌うころは、言葉になりませんでしたの。いじらしくてね、四人で手をとりあってわんわん泣きました。光山さんは翌日の朝、出撃されてそれっきり帰ってきませんでした。(19)

この「アリラン」の記憶は、戦後初期からトメが最も大切に語り継いだ話の一つだった。

次女・礼子の日記帳

ホタル館に展示されているトメの次女・礼子の日記帳からも、特攻兵のなかでも卓庚鉉を特に慕っていたことがよくわかる。日記帳のあるページに、トメと卓庚鉉が二人で写った写真が貼ってある。トメは絣木綿の上着ともんぺ姿、トメより頭一つぶん背の高い卓庚鉉は飛行服になぜか戦闘帽で、背景は富屋食堂である。ページのわずかに残った空白の部分に、礼子の心情が綴られている。

光山さん五月十一日午前八時　私たちにとって一番忘れられない方であります。知覧教育隊出身で十九年度。何時も外出の時には内にお遊びにいらっしゃいました。光山さんが特攻隊として知覧にいらっしゃった時にはびっくりいたしました。知覧基地最後の夜は大声でお歌をお歌いになりました。何時も歌等をあまり口にされない光山さんが。知覧を飛び立たれるときは、私たちを愛機に乗せていくと言われ、姉の作ったマスコットを腰に下げて行かれました。朝鮮の方でありました。光山さんの出撃前のことを思い出されます。今ではマスコットと他界で。[20]

次女・礼子は戦時中、知覧高等女学校の女学生であり、特攻隊員の身の回りのお世話をした「なでしこ隊」の一人として、また軍の指定食堂の娘として少なくない特攻隊員と交流し、彼らの出撃を見送った体験を持っている。戦後は東京・新宿で郷土料理屋「薩摩おごじょ」を営みながら、特攻基地・知覧の特攻体験を語り続けた。そして、ホタル館が開館した二〇〇一年に『ホタル帰る』(草思社)を出版し、ここでも卓庚鉉についてかなりの紙幅を割いている。そして同書のカバーには、先述したトメと卓

図 58　トメと卓庚鉉について証言する鳥濱明久（ホタル館）
出典：2014 年 8 月 5 日，筆者撮影。

庚鉉の写真を用いている。トメの孫の鳥濱明久とともに富屋食堂を復元してホタル館として開設するため奔走した礼子が、卓庚鉉との思い出を展示の中心に据えることは当然の流れだった。

　二〇〇五年に礼子が急逝すると、鳥濱明久がトメや特攻の記憶を後世へ語り継ぐ、唯一の語り部となった。その鳥濱明久も二〇一五年に『知覧いのちの物語』（きずな出版）を出版した。「戦後、誰もが見向きもしなくなり、それどころか批判の対象になってしまった特攻隊員の死を、ただ一人で弔いつづけながら、戦後の復興にも尽力し、現在の知覧の発展の礎を築き上げた[21]」トメの生涯を描いた記録である。

　この本でも卓庚鉉は重要な人物として登場する。祖母のトメは幼かった孫に、故郷の歌アリランを歌う光山少尉の姿を一生忘れられないと何度も語ったという。[22] 同書においても数ある特攻隊員のなかで、最初に紹介されているのは卓庚鉉である。

ホタル

ホタルになって帰ってくるとトメに言い残して飛び立った宮川三郎軍曹の展示もホタル館で重要な位置を占めるが、この話とともに、ホタル館が強調しているのが、宮川と同じ日に出撃したものの、戻ってきた滝本恵之助曹長の話である。宮川は万世飛行場から一度は出撃したものの、機体故障で引き返して一人だけ生き残ったことを気にしていた。代わりの飛行機を与えられ、出撃する前日、同じ隊で仲良しの滝本恵之助曹長と二人で、富屋食堂を訪れた。そして、帰りがけに二人はトメに、明日二匹のホタルが帰ってくるので、追っ払ったらだめだと言ったという。

宮川軍曹は悪天候のなか命令通り沖縄へ向かい、結局戦死したが、滝本曹長は機体不調で仕方なく知覧に引き返した。宮川軍曹が飛び立ち帰らぬ人となったその日の夜九時頃、トメは娘たちと遺書を書いている隊員たちと富屋食堂にいたが、一匹のホタルが開けていた食堂の玄関から入ってきた。トメはこのホタルが宮川軍曹だと思い、出撃を待つ特攻隊員と娘たちとみんなで泣きながら「同期の桜」を歌った。生きて敗戦を迎えた滝本は、戦後間もなく新潟県小千谷市の宮川の遺族を訪ね、宮川軍曹との思いや最後の別れの様子を伝えた。その後、宮川家を去った滝本は自殺したとされている。

ホタル館の名の由来にもなったこの話は、映画『ホタル』や書籍『ホタル帰る』をはじめ数多くのメディアが取り上げており、ホタルは特攻を象徴する一つの重要なキーワードとなっている。宮川や滝本の遺影は、ホタル館の一階の中央部分に展示されており、館内にはホタルが止まった場所に印がつけられている。

この他にもホタル館には、日本が負けることは明白であり、早く負けて、自由な国に生まれ変わってほしいと主張した自由主義者・上原良司や、埼玉県の熊谷飛行学校の二九歳の教官だったのに特攻作戦に志願した藤井一中尉の話が展示されている。藤井の固い決意を受け止めて夫の特攻作戦の前に二人の子どもと川の土手から身を投げた妻の話は戦争の悲惨さを物語っている。軍が作り上げた特攻観を前面に押し出す知覧特攻平和会館とは異なるアプローチがなされているのである。

ホタル館から何が見えてくるのか?

これらの特攻の物語は、ホタル館を訪れた人々にどのように受け止められたのだろうか。知覧のイメージや戦争観に影響を及ぼしたのであろうか。観光客による旅行サイトの書き込みを分析し、日本人の戦争観を探ってみたい(23)。

第一は、「胸を熱くした」「思わず目頭が熱くなった」「一つ一つがせつなくなる」という感想である。一七歳から二〇歳くらいの青年を見送る切なさと戦争で亡くなった若者の無念を思うと胸が痛み、涙を流さずにはいられないという内容である。若い隊員たちを温かくもてなし見送った「特攻の母」トメの数々の写真や遺品、そして生前のインタビュー映像など、どれを見ても自然と涙がこぼれ、「ホタル」の所以を知ってより胸が詰まったという。こうした感想は、ホタル館を訪問した観光客の書き込みで、最も高い割合を占めている。

第二は、戦争の怖さと異常さ、戦争は悲しいと改めて考えるようになり、多くの隊員を見送ったトメを思い、日本の平和の尊さを考えさせられた時間だったという感想である。平和の祈願は、彼らの生きた証や戦争の悲惨さを後世の人々に語り継いでいくことの重要性へ繋がっていく。

第三は、今の日本が戦争の犠牲になった方々のお陰で成り立っていることに気付かされたという、戦争と現在の日本を結びつけるような感想である。

第四は、「アリラン」や「ホタル」の逸話に同情しながらも、感動したという感想である。隊員たちの素顔を垣間見ることができ、本当の思いを記した遺書が読めて良かった、楽しい場所ではないが、「温かい気持ち」になれるといった感想である。一人の人間として献身的に隊員を支えたトメと特攻隊員との心の触れあい、トメの言葉や行動に胸が打たれたと強調するのである。

第五は、特攻隊員の「生」をみて、自分の生き方や考え方を見直すきっかけとなったという感想である。

このように多くの人がホタル館で強い印象を受けてはいるのだが、注目したいのは、戦争の悲惨さや日本の平和については語っても、植民地支配が招いた暴力性、国家暴力による被害者の声に触れる人が一人もいない点である。卓庚鉉のアリランは、植民地支配のため苛酷なあらゆる圧迫と不当な扱いを受けた朝鮮人の問題に繋がらず、単なる「胸を打つ悲話」であり、かわいそうな「悲劇の主人公」「感動的な映画の素材」で終わってしまうのである。日本が起こした戦争と植民地支配の被害を直視していない感傷主義である。鳥濱明久の話を直接ホタル館で聞いて、「涙してしまいました」という感想も散見される。この涙には果たしてどのような意味が含まれているのだろうか。

注

(1) 以下、鳥濱トメの歩んだ人生については、鳥濱初代『なぜ若者たちは笑顔で飛び立っていったのか』致知出版社、二〇一四年、第二章「特攻の母として――鳥濱トメの歩んだ道」、鳥濱明久『知覧いのちの物語――「特攻の母」と呼ばれた鳥濱トメの生涯』きずな出版、二〇一五年、第二章「トメの生い立ち」参照。

(2) 鳥濱トメが「特攻おばさん」「特攻の母」と呼ばれるに至った過程の分析については、高井昌吏「「特攻の母」の発見――鳥濱トメをめぐる「真正性」の構築」福間良明・山口誠編『「知覧」の誕生――特攻の記憶はいかに創られてきたのか』柏書房、二〇一五年、一〇一―一三五頁。

(3) 知覧高女なでしこ会編『群青――知覧特攻基地より』高城書房出版、一九七九年、一九六―一九九頁。佐藤早苗『特攻の町 知覧』光人社、二〇〇七年、四三頁。なお、卓庚鉉と鳥濱トメ一家の交流が深まった一九四四年当時、鳥濱トメは四二歳、長女・美阿子は一八歳、次女・礼子は一四歳であった。

(4) 前掲『特攻の町 知覧』四二頁。

(5) 同前、四二―四五頁。

(6) 高木俊朗『遺族――戦歿学徒兵の日記をめぐって』出版協同社、一九五七年、九〇頁。

(7) 前掲『特攻の町 知覧』四二頁。

(8) 島原落穂『白い雲のかなたに――陸軍航空特別攻撃隊』童心社、一九八五年、一六七頁。

(9) 赤羽礼子・石井宏『ホタル帰る』草思社、二〇〇一年、一五六―一五七頁。前掲『特攻の町 知覧』五一―五二頁。

(10) 卓庚鉉の遺族は、敗戦前に日本で生活していた母や妹が亡くなり、解放後、父は一人で韓国の故郷に引き揚げたという。だが、その父もその後亡くなってしまい、一家は絶えてしまった。前掲『白い雲のかなたに――陸軍航空特別攻撃隊』一七一頁。

(11) 「風雪の歌=私の戦争体験〈五〉」『西日本新聞』一九七五年八月一〇日。

(12)「朝鮮人特攻兵安らかに――最後の遺族捜し〝知覧の母〟」『西日本新聞』一九八二年八月一五日。
(13)「83知覧の夏① 朝鮮人少尉最後の宴でアリランの歌」『毎日新聞』一九八三年六月一一日。
(14)『南日本新聞』一九八四年四月二七日。
(15)「空のかなたに特攻おばさんの回想一」『朝日新聞』一九八八年八月二〇日。
(16)「空のかなたに特攻おばさんの回想二八」『朝日新聞』一九八八年一二月二四日。
(17)前掲『知覧いのちの物語――「特攻の母」と呼ばれた鳥濱トメの生涯』二〇五―二〇六頁。
(18)トメの孫でホタル館の館長として特攻隊員の戦争体験と生き様を語り続けた鳥濱明久は、二〇二一年七月に癌のため亡くなった。『南日本新聞』二〇二一年七月五日。
(19)朝日新聞西部本社編『空のかなたに――出撃・知覧飛行場 特攻おばさんの回想』葦書房、二〇〇一年、一五頁。
(20)礼子の日記帳は、ホタル館の展示内容や前掲『特攻の町 知覧』四二頁も参照した。
(21)前掲『知覧いのちの物語――「特攻の母」と呼ばれた鳥濱トメの生涯』二頁。
(22)同前、一九頁。
(23)旅行サイト https://www.tripadvisor.jp にて、「ホタル館富屋食堂」を入力し出た旅行者の五六件の感想、「じゃらんnet」の https://www.jalan.net/kankou/spt_46344cc3292007114/kuchikomi/ の感想四四件などを中心にホタル館を訪れた観光客の感想を分析した(最終アクセス二〇二二年四月二四日)。

第七章　朝鮮人特攻隊員をめぐる多様な表象と歴史認識問題の激化

第一節　ネオ・ナショナリズムの台頭と特攻ブームの到来

新たな歴史や「公的」記憶への渇望

二〇〇〇年以降、「特攻ブーム」ともいえるような特攻をテーマにした小説や映画が日本で次々とヒットした。このような特攻への関心の高まりは、突如として現れたわけではない。日本人の戦争観の変化や戦争を肯定的に受け入れる大衆的な基盤が醸成された結果である。

では、このような大衆的な基盤はいつから存在したのだろうか。その動きは、歴史認識問題が焦点化されるようになった一九八〇年代以後の社会の動きと深く関わっていると考えられる(1)。日本では一九八〇年代から九〇年代にかけて歴史修正主義の動きが本格化する。歴史修正主義者たちはこれまでの日本の歴史教育を「東京裁判史観」「コミンテルン史観」「自虐史観」と断じ、GHQが強要した反日的な歴史を教科書に記載していると歴史認識問題を焦点化した。政界や右派でも、戦争や植民地統治をめぐる歴史的事実や解釈、その評価の変更を求める活動が徐々に広がった。一九八一年には「みんなで靖国神社に参拝する国会議員の会」や「日本を守る国民会議」が結成され、八二年には「侵略」を「進出」と書き換えさせた教科書検定問題が起こり、八三年は中曾根康弘首相の靖国神社公式参拝、八六年は「日本を守る国民会議」が編んだ日本史の教科書が近隣諸国の批判を浴びるなど、その事例は枚挙に暇がない。

保守右派論壇誌『正論』『諸君！』には、一九八〇年代に「東京裁判史観」という語を含む論文が初めて掲載され、歴史認識をめぐって「自虐」という言葉が使われるようになったが、「東京裁判史観」という言葉を触媒にすることで、日本は「被害者」の立場を獲得したのである[2]。一九八〇年代の歴史教科書問題を通じて、歴史認識問題に関心を示し始めた『正論』『諸君！』などの保守論壇は、冷戦体制の崩壊に伴って、戦争や歴史認識の問題を重視するようになり、言説の攻撃対象も変化していった。

歴史修正主義が本格的に広がりをみせるのは、従軍慰安婦問題や戦争責任・植民地責任を認めた日本政府の談話に起因するが、一九九一年八月、元慰安婦の金学順が初めて実名で証言したことが端緒となる。ソ連・東欧の社会主義体制の崩壊と東西冷戦の終結とともに、アジア各地で戦争被害を訴える証言と裁判が相次ぎ、日本政府は戦争責任を認める。具体的には、九三年の河野洋平官房長官談話で軍の従軍慰安婦への関与を認め、九三年の細川護熙内閣総理大臣談話と九五年の村山富市内閣総理大臣談話において、侵略戦争と戦争責任を認めたのである。

しかし同時に保守派の巻き返しも活発になり、戦争や植民地支配をめぐる歴史認識が社会的論争を引き起こした。この時期以降、保守派は旧植民地や占領地への敵意をあらわに、ますます歴史修正主義の傾向を強めた。

歴史修正主義の台頭は、戦後日本の「国民の歴史」や公的記憶に対立する新たな歴史や公的記憶を求め、国民共同体内部に対立を生む「政治的なもの」の契機を析出させたが、歴史修正主義は、明治から敗戦までの日本史を美化するものだけに、アジア侵略の正当化を必然的にともなった。それゆえ近隣諸国との摩擦を引き起こしたが、歴史問題に固執する右派集団にしてみれば、主たる敵は冷戦体制における社会主義の中心国家・ソ連ではなく中国、韓国、北朝鮮であった。

そして、このような歴史修正主義を代表する組織が、一九九五年一月に藤岡信勝を中心に設立された「自由主義史観研究会」であった。同会は、日本の教科書は暗黒史観に塗りつぶされており、そうした自虐的な歴史認識の克服が必要だと主張し、一九九七年一月に創設される「新しい歴史教科書をつくる会」(以下、つくる会)の前身となった。この年、「日本を守る国民会議」と「日本を守る会」が統合して「日本会議」も発足した。「つくる会」が作成した教科書を中学の歴史と公民で採択させようという運動は、国家主義的な思想が新たな社会的・公的地歩を獲得する動きとして国内外で大きな波紋を呼んだ[3]。

このようにして、「つくる会」に代表される歴史修正主義的な国家観や歴史像は、テレビや出版といった各種メディアの後押しを受け、支持基盤を広げていった。「つくる会」が設立されてから二〇年以上、その種の言説はネットだけでなく、書店も含めて間断なく流通しており、その論調が日本社会の一つのベースを作ってきたことは明らかである。換言すれば、戦争と植民地支配をめぐる歴史戦争が二〇世紀末に本格化したのである。

戦前との連続と繰り広げられる妄言

こうした風潮の歴史的背景・思想的前提として見逃すわけにはいかないのが、戦前から連綿と続く右派政治家の歴史認識である。歴史修正主義は突如現れたわけではなく、戦前の帝国主義的歴史認識を継承し肯定する右派政治家とそれを支える社会文化の土壌が大衆的につくられてきたことが前提として挙げられる。

敗戦直後から右派政治家は朝鮮の併合と侵略を正当化し、植民地統治を賛美し、太平洋戦争を肯定し、慰安婦の存在を否定してきた。一九九〇年代の歴史修正主義者やネット右翼などはこうした妄言を一種の手本とし、それが二〇〇〇年代の特攻ブームに与えた影響は大きい。

このような右派政治家や官僚の妄言は、大きく五つに分けられる。[4] 第一は、朝鮮侵略肯定論である。朝鮮は昔から中国と外部勢力の支配を受けてきた国であり、日本が朝鮮に進出しなければ、朝鮮は独力では近代化できず、ロシア帝国か清国に支配されていたであろうという論理である。日韓国交正常化交渉における日本首席代表・久保田貫一郎（五三年）、文部大臣・藤尾正行（八六年）などがこうした主張をした。

第二は、朝鮮併合正当化論である。日韓併合は当時朝鮮と明治日本という二つの主権国家の代表である高宗と伊藤博文の間で合法的で円満に締結されたため、侵略ではなく法律的に正当性と有効性を持つという理論である。国土庁長官・松野友（八二年）、文部大臣・藤尾正行（八六年）、外務大臣・渡辺美智雄（九五年）、総理大臣・村山富市（九五年）、東京都知事・石原慎太郎（二〇〇三年）などがこれを提唱している。

第三は、植民地統治賛美論である。日本の統治は近代化に大きく貢献し、朝鮮と朝鮮人に「有益」で「恩恵を与えた」という主張である。そう言ってはばからない政治家は、前述の久保田貫一郎や石原慎太郎に加え、日韓会談首席代表・高杉晋一（六五年）、環境庁長官・桜井新（九四年）、総務庁長官・江藤隆美（九五年）、自民党政調会長・麻生太郎（二〇〇三年）など、数多く存在する。

第四は、太平洋戦争肯定論である。国土庁長官・奥野誠亮（八八年）と法務大臣・永野茂門（九四年）、通産大臣・橋本龍太郎（九四年）、文部大臣・島村宜伸（九五年）、衆議院予算委員長・野呂田芳成（二〇〇一年）など、枚挙にいとまがない。

第五は、従軍慰安婦をめぐる妄言である。この認識は一九九〇年代に入り従軍慰安婦問題がクローズアップされて以降繰り返されてきた。従軍慰安婦は存在しない、商行為に参加した人たちであり、戦地で交通の便を（国や軍が）はかることはあっただろうが、強制連行はなかったとし、奥野誠亮（九六年）、官房長官・梶山静六（九七年）、亀井静香などがこういった発言をしている。加えて、橋下徹元大阪市長の「戦争と兵士に売春はつきもの」（二〇一三年）などもある。

さらには、創氏改名は「朝鮮人の要望で始まった」「ハングルは日本人が教えた」という当時の自民党政調会長・麻生太郎の妄言（二〇〇三年）もある。

一九八〇年代から九〇年代にかけて頻発したこれらの妄言の根底には、近代化の過程で征韓論、脱亜論、アジア主義、日鮮同祖論といった朝鮮支配と侵略を肯定し、朝鮮社会や文化を価値のないものとみなしてきた日本社会の歪みがある。日本は朝鮮を植民地支配していた時代だけでなく、戦後もずっと軽視し続けているのである。

朝鮮の植民地支配、中国侵略、太平洋戦争をめぐる日本の政治家・官僚らの歴史認識は日中韓のきわめて敏感な政治・外交問題となり、各国の葛藤と排外主義を増幅させた。さらに深刻な問題は、こうした戦争や植民地支配を肯定する発言が日本社会で少なからず支持されていることである。第四章で明らかにしたように、侵略戦争と植民地支配を徹底的に追及し断罪できなかったことは、日本人の加害者意識や責任意識の欠如、そして朝鮮に対する無知・無関心をひきおこす原因となった。

小林よしのりの強い影響力

歴史修正主義が単なる政治的主張ではなく、一般国民まで浸透し始めたのは、間違いなく漫画家・小林よしのりの一連の著作の影響が大きかった。小林は週刊少年ジャンプの連載「東大一直線」をはじめ、数多くのギャグ漫画を発表していた。そして一九九二年に週刊雑誌『SPA!』で「ゴーマニズム宣言」の連載を開始し、部落差別、オウム真理教事件、薬害エイズ事件、慰安婦といった日本社会が抱える社会問題を取り上げ、多くの話題と議論、批判を受けながらもメディアに頻繁に登場するようになった。一九九六年からは雑誌『SAPIO』連載の「新ゴーマニズム宣言」で本格的に従軍慰安婦や南京大虐殺問題を扱いはじめた。藤岡信勝の自由主義史観研究会が中学教科書から従軍慰安婦に関する記述の削除を要求したのと同じ時期である。

一九九八年から小林は、彼の国家観をまとめた『新ゴーマニズム宣言SPECIAL 戦争論一〜三』（一九九八年—二〇〇三年。以下、『戦争論』）を出版する。総発行部数九〇万部を突破して記録的なベストセラーとなり、若年層に大きな影響を与えた。『戦争論』は、右派がこれまで主張してきた「日本の戦争は正しかった」「過去の日本軍の行いにも良い面はあった」「南京大虐殺や軍に強制連行された慰安婦は事実でない」という戦争を肯定し正当化する議論を、初めて漫画という親しみやすい媒体で喧伝したのである。「戦争は悲惨だ、戦争は残酷だ、戦争はだめだ、戦争はいけない」という一般的な常識に対して、『戦争論』は「戦争って悪いことばかりじゃない」「かっこいいと考えても不思議ではない」「戦争に勝てば面白いかも」と、中西新太郎が指摘しているように「タブー破りの快感」を提供したのである。『戦争論』が漫画というメディアを通して、これまで政治に関心のなかった特に若年層に訴える力を持ったことも特徴だが、「公と私」「アイデンティティ」「国家」といったキーワードを繰り返しアピールし、戦争の物語を国民の記憶として立ち上げ、国民の場所的同一性を再度確認させたことも注目に値する。

小林は、戦後民主主義という「空気」に逆らえぬ現状において、「個」を育むのを優先するあまり、「公」がないがしろにされていると見た。そして、太平洋戦争の特攻隊を象徴的に持ち出し、「公」「国」の未来のために敢えて個を捨てた特攻隊員を称賛した。特攻隊は「公のために」あえて「個」と「命」を捨てたのであり、国の未来のため、つまり日本人のために死んだのであって「無駄死の犠牲者」ではないと強く語る。(5)「公とは即ち国家なり」と短絡化し、「日本人やめますか、それとも国のために死ねますか」と二者択一を迫り、「日本人」対「非日本人」という二項対立関係を強調して、日本人からみただけの歴史経験を描くなど、『戦争論』は単一のアイデンティティ以外は許さない。さらに、戦前のよき伝統すら認めない戦後的価値観、あるいは一国平和主義的な戦後民主主義を否定するために、あえて「大東亜戦争論」の立場を採っている。『戦争論』に惹かれた若い世代の多くは、戦争と国家に関する「考えを変えた」のではなく「目覚めた」と表現しているが、『戦争論』が多くの者の戦争に対する認識を変えたのは間違いない。

小泉純一郎と知覧特攻平和会館

二一世紀に入り、特攻の町・知覧が改めて脚光を浴びるようになったのは、小泉純一郎元首相の影響が少なくない。小泉と特攻、知覧との関わりは二〇〇一年二月に遡る。森喜朗首相が日本は「天皇を中心としている神の国」だと発言するなど、度重なる失言や暴言を繰り返し、支持を失っていた時期である。自民党内では後継争いの動きが活発になり、小泉も有力候補と目されるなか、彼は知覧特攻平和会館を訪ねた。小泉の父・純也（元防衛庁長官）の出身地が知覧の隣村の万世であったことも知覧に立ち寄った理由の一つであろうが、彼は特攻会館で隊員たちの遺書を見ながら鼻を拭き目頭を何度も押さえた。涙を流す小泉の姿は、メディアを通して全国に報道される。そして、二〇〇四年に小泉は特攻隊員への気持ちを込めて、記念館の片角、特攻平和観音堂の前に自分自身が筆を執った「至純」（至高の純粋さ）と書いた石碑を寄贈している。

小泉の訪問のインパクトは絶大で、特攻に対する関心を呼び起こしただけでなく、「知覧」の名と特攻平和会館の認知度を高めた。一九九五年をピークに特攻会館の入館者は減り続けていたが、これを機に勢いを取り戻したのである。

小泉は二〇〇一年四月二四日に自民党総裁選で当選し、内閣総理大臣に就任する。就任間もない五月二一日の第一五一回国会参議院予算委員会で、真鍋賢二自民党議員（香川県遺族連合会の会長）の靖国神社参拝問題や日中・日韓関係に関する質問に対し、自身の戦没者や特攻隊観を以下のように語った。

私が靖国神社に参拝することについていろいろ批判の声が出ております。いまだに、なぜそんなに批判されなきゃならないのか、理解に苦しんでおります。私は、素直な気持ちで、戦没者に対して敬意と感謝の誠をささげたいという気持ちで参拝するつもりでおります。（中略）いまだに私は、嫌なことがあると、あの特攻隊員の気持ちになってみろと自分に言い聞かしてみます。特攻隊員として出撃するより、どんな嫌なことがあってもそれに立ち向かう方がいいだろうという気持ちで、いろいろな嫌なことがあると、あの「ああ同期の桜」の本を思い起こしたときの感動を忘れずに、その嫌なことに立ち向かってきた経験がございます。今回、総理大臣を拝命した現在も、何かきついこと、つらいことがあればそういう気持ちを思い起こして、あの方々の、特攻隊に乗り組んでいった青年たちの気持ちに比べれば、こんな苦労は何でもないという気持ちで立ち向かっているつもりでございます。[6]

戦没者や特攻隊員への強い感謝と敬意がはっきりと表れた答弁であるが、この歴史認識は知覧で涙を流した映像とともに、在任中、靖国参拝の問題が浮上するたびに、メディアに集中的に取り上げられることになった。

山口誠は知覧に関わりのある二〇〇一年の五つの出来事に注目しながら、知覧が注目されるようになった社会的背景を分析している。[7] 小泉純一郎の知覧特攻平和会館訪問、映画『ホタル』の公開、証言本

『ホタル帰る』の出版、九月一一日にニューヨークとワシントンDCで発生した旅客機による「米国同時多発テロ（九・一一）」、私設のミュージアム「ホタル館 富屋食堂」の開館の五つである。これらの出来事は、知覧を特攻の町として知らしめるきっかけになっただけでなく、国民の特攻隊に対する関心を増大させたと考えられる。特に小泉が首相として在任した二〇〇一年に公開された映画『ホタル』は、特攻隊に関する関心を再び呼び起こすきっかけになった作品となる。

さらに、二〇〇一年に首相に就任してから続けられた小泉の合計六回にのぼる靖国神社参拝も、近隣諸国からの強い反発と抗議のなかで、特攻ブームを後押しした。彼が退任する前に発売された特攻隊を題材とする百田尚樹の小説『永遠の0』（二〇〇六年）はベストセラーとなった。特攻ブームを牽引したのである。二〇一九年二月で、『永遠の0』は累計約五六〇万部を記録した。

安倍晋三と特攻

小泉の後継者・安倍晋三の政権下においても政治の右傾化とともに、特攻ブームや特攻隊を美化する動きが続いたことも周知のとおりである。小泉・安倍政権の時に特攻ブームが起きたのは、彼らの戦争認識と歴史認識が深く影響しているとみて間違いないだろう。

安倍元首相の父・安倍晋太郎は、神風特別攻撃隊のパイロットだった。反戦を唱えた安倍寛の一人息子である晋太郎は、一九四四年東京帝国大学法学部に入学したが、海軍滋賀航空隊に学徒出陣で徴兵される。のちに毎日新聞のインタビューで安倍晋太郎は、生徒会長として率先して特攻に志願し、水中特攻の訓練を受けたと証言している。それまで一度も軍人になりたいとは思わなかった自分が特攻を選んだのは、「どうせ死ぬなら、華々しく散りたい」という気持ちからだったと語っている。[8] その背景には、誰もが志願せざるを得ない状況やファッショの時代に異を唱えられない抑圧が存在した。昭和二〇年初春、特攻隊への志願が問われ、晋太郎を班長とする生徒は「全員」が一歩前に出てその意思を明らかにしたのである。[9] だが、出撃する前に戦争が終わり、命拾いした。特攻隊の生き残りである。一九五八年に自民党所属として初当選し、中曽根康弘政権では外務大臣を務めた。

そうした父親の影響を受けたのか、安倍晋三が政治改革を美化するためにまとめた著書『美しい国へ』には、特攻隊員に関する記述が目立つ。知覧基地から出撃し、沖縄付近で戦死した第五五振武隊所属の鷲尾克己少尉の遺書について、万感胸に迫るものがあると述べている。また、鷲尾少尉が残した「如何にして死を飾らむか 如何にして最も気高く最も美しく死せむか 我が一日々々は死出の旅路の一里塚(中略)はかなくも死せりと人の言はば言へ 我が真心の一筋の道 今更に我が受けてきし数々の 人の情を思ひ思ふかな」という日記の一部を取り上げながら、特攻隊員は死を目前にした瞬間、愛しい人のことを思いつつも、「日本」という国の悠々の歴史が続くことを願ったと主張する。そして、安倍は戦後生まれ世代へ厳しくこう問いかける。今日の豊かな日本は、彼らがささげた尊い命のうえに成り立っているが、私たちは彼らとどうむきあってきたのか、国家のために進んで身を投じた人たちに対し、尊崇の念を表してきたのかと。[10]

また、安倍晋三第二次内閣のブレーンだった作家・百田尚樹と安倍との関わりについても注目すべきである。二〇一三年一二月、安倍は靖国神社に参拝した。現職首相の参拝は二〇〇六年八月一五日の小泉純一郎以来である。特攻隊で戦死した祖父の人生を追う過程で、「特攻は自爆テロ」という洗脳から解放され、人間としての尊厳を取り戻す孫を主人公とした映画『永遠の0』が公開されたのも、この年の一二月だった。百田尚樹の小説を原作としたこの作品は、封切り二日間で約四三万人の観客を動員、最初の八週間で七〇億円あまりの興行成績をあげるなど、多くの人気を集めた。その後八週連続で映画ランキング首位に立ち、公開から半年を経た二〇一四年六月末で、延べ約七〇〇万人の観客と八七億円を超える興行収入を得た。日本映画では歴代六位の大記録であり、戦争映画としてはまれに見る大ヒットであった。露骨な戦争賛美でなくても、読後・鑑賞後にすり込まれるのは「美しい戦死」への感動であり、賞賛である。安倍は映画を観て「大変感動した」と語っており、百田は特攻の伝道師の役割を果たしているのである。

こうしたなか、二〇一四年にユネスコ（国連教育科学文化機関）の世界記憶遺産に特攻隊資料が申請されたことも注目すべき動きである。鹿児島県南九州市知覧町にある知覧特攻平和会館が収蔵・保存している資料のうち、本人名や部隊名が書かれている特攻隊員の遺書や家族宛ての手紙、日記など三三三点が申請対象となった。記憶遺産はすでに世界全体で約三〇〇件が登録されていたが、安倍が申請手続きに入るよう強く指示し、同館はユネスコ本部に申請書を提出したのである。この特攻隊の遺書と併せて、部落解放運動団体の全国水平社創立宣言、舞鶴の引揚資料館の資料が申請対象とされた。世界記憶遺産の登録推進は、狂った自爆行為である特攻隊の無念な死を国に命を捧げた英雄の死として捉えていることを意味する。軍国主義について反省するどころか、侵略戦争を美化するものである。世界記憶遺産の申請は、日本社会の特攻ブームと無関係ではなく、それを支持する日本国民の意識にその基盤があるといえよう。この時期の特攻ブームと日本社会の右傾化を象徴する事例であった。

第二節　大東亜聖戦大碑と朝鮮人特攻隊員の無断刻銘

歴史の捏造と改ざん

二〇〇〇年八月四日、石川県金沢市の石川護國神社の参道に大東亜聖戦大碑が建立された。高さ一二メートルもある大きな石碑である。この碑が建ったのは、一九九五年六月九日、衆議院で不戦決議とも呼ばれる戦後五〇年の決議が可決されたことがきっかけだった。植民地支配や侵略行為がアジア諸国民に与えた苦痛を認識し、深い反省の念を表明した日本政府の公式発表は、右派の強い反発と抵抗に直面する。この終戦五〇年決議に続き、八月一五日に村山富市総理大臣は声明を発表する。いわゆる村山談話である。こうした歴史認識への抗議と反発から、右翼団体「日本をまもる会」（以下、まもる会）の呼びかけとその趣旨に賛同した元軍人らが中心となった大東亜聖戦大碑建立委員会によって、この碑は建立された。

では、「まもる会」とはどのような団体だろうか。同会はシベリア抑留より九死に一生を得て帰国した中田清康が左傾化する祖国を憂え、一人で愛国活動を開始したことに始まった。反ソ・反共啓蒙活動をはじめ、北方領土返還要求デモ、NHK不払運動等々、様々な右翼活動を展開したが、大東亜聖戦大碑の建立を計画するまでは、それほど目立つ組織ではなかった。まもる会は、戦争を自衛戦争であり、アジア解放戦争と位置づける。天皇の決断によって行われた正義の尊い戦争で、「聖戦」ととらえる。生き残ったわれわれが聖戦と心に刻まねば、戦没者はいつまでも犬死にのままであるという。

図 59　大東亜聖戦大碑（金沢市・石川護國神社）
出典：2020 年 10 月 30 日，筆者撮影。

しかしながら、あの戦争が日本の権益確保のため起こされた侵略戦争であったことは、歴然たる事実である。アジア解放論は、日本がアジア諸国とその国民のために戦争したという、自己正当化するための口実である。大日本帝国が起こした悲惨な戦争を「聖戦」と言い換えて美化しているのである。欧米列強からのアジア解放を謳いながら、日本が敗戦するまで朝鮮と台湾を独立させず、「内鮮一体」を標榜して植民地支配を続けたことが、なによりこの理論の矛盾を物語っている。

このような歴史認識は、まもる会の会長であり、大東亜聖戦大碑建立委員会実行委員長の中田清康が寄せた文に明確に表れている。彼は日本の悠遠の歴史と輝く伝統、祖国の足跡と誇りがＧＨＱの占領政策によって歪曲否定され、それに迎合する国内反日勢力とこれを利用する近隣諸国の策動によって見失われていった、このままだと愛国心の喪失、道徳の荒廃は深まるばかりだと主張し、石碑建立に至った経緯を以下のように説明している。

近年に至り、大東亜戦争を侵略・加害者の立場で捉える敵国史観が猖獗する惨状となりました。誇るべき自国の歴史を忘却・否定することは、国家の名誉を傷つける最も愚かなことであり、諸外国からも軽蔑されていることも判らず衆議院で謝罪決議をやり、首相までが亡国の精神状態でペコペコするばかりであります。（中略）この謀略に深く毒された恥ずべき状態を解毒・克服するため、大東亜戦争と日本の真姿をすべての人々に訴えると共に、長く後世に遺すべく、私共は聖戦大碑建立を決意しました。[11]

中田はまもる会のホームページでも明らかにしているように、同碑の建立は、すなわち「大東亜戦争罪悪論を憤り、歴史歪曲による日本破壊に対する反撃の拠点[12]」の設立を意味すると考えた。それゆえ、元関東軍作戦参謀で、シベリア抑留経験者の団体・朔北会の会長でもある草地貞吾とともにその活動に取り組んだのである。

聖戦と戦争美化

シベリア抑留という共通の経験を持つ二人が中心となって、一九九六年末に大東亜聖戦大碑建立委員会（以下、建立委員会）は発足した。[13] 建立委員会は、子孫万代に日本の真実とその使命を正しく伝え、世界の人々に日本精神を宣揚して世界平和の拠点にしたい、と全国の戦友会や遺族会等に大東亜聖戦大碑の建立の必要性を訴えるとともに、賛同する団体や個人から寄付を集めた。

無論、すべての戦争関連団体がその趣旨に賛同したわけではない。石川県内の遺族会・戦友会には、戦争を「聖戦」と賛美する建立碑に対して寄付を見送ったところも多かった。[14]

実際、中田清康は建立過程において最も残念だったのは、地元戦友諸団体等と対立したことだと述べている。中田はまもる会のホームページに掲載された「聖戦大碑を何故建てるか」のなかで、これを妨害工作と位置づけている。県の内外から、高さが高すぎる、「聖」の字は要らない、侵略して他国を苦しめたくせにけしからん、そんなものを建てることは即刻止めろ、金があるなら迷惑をかけた国に送れという意見があったという。[15] アジア各地を侵略した戦争を「聖戦」と銘打つ碑は実際ほとんどなく、「聖戦」の二文字に拘る建立委員会への抵抗感が強く表れた結果である。

こうした反対があったにもかかわらず、建立委員会は一九九八年から本格的に募金活動を開始し、二〇〇〇年六月までに約一億円を集めた。『朝日新聞』によれば、四〇〇余りの団体と約二三〇〇人の個人から六〇〇〇万円が寄せられ、中田が四〇〇〇万円を寄付したという。[16] このような募金活動と併せて、各種の講演会や軍楽隊の演奏会も開き、碑の建立に賛成する世論の形成にも力を入れた。一九九八年五月には石川護國神社から土地の提供が決まる。当初まもる会は靖国神社や皇居前広場への建立を希望していたが、靖国神社に断られた。最終的には、中田の地元である金沢市石川護國神社宮司に土地の提供を依頼し、神社の責任役員会の満場一致によって石碑の受け入れが決まったのである。[17]

かくして約三年にわたる建立事業を進め、地鎮祭や盤石の基礎工事をすませると、金沢市に碑の設置許可を申請した。形状のみ記し、内容は伏せてあった。これを受けて金沢市は、二〇〇〇年四月四日「風至地区内における行為の許可について」という文書を発行し、同碑の建立を確認した。そして、石川県から四月二四日、施設設置許可が下りるのである。

一方、市民団体も、戦争の美化は許せないと設置許可の取り消しを県知事に申し入れるなど、大東亜聖戦大碑の建立に反対する動きを加速させる。この問題は金沢市議会と石川県議会でも本格的に取り上げられた。市民団体の公開質問状と議員らの責任追及に対して、金沢市も石川県も、碑文の内容は都市公園にあるものとしては必ずしも適当ではないとしながらも、都市公園法にのっとって許可したのであり、碑文の内容は思想信条に関わるので許可の判断材料にはならないと答えた。ただし、都市公園法上は何ら問題ないが、法的・国際的側面で慎重を期すべき問題であり、今後類似の事例では十分に検討するとした。

こうしたなか、二〇〇〇年五月、田母神俊雄元航空幕僚長が聖戦大碑護持会の会長に就任し[18]、八月四日、大東亜聖戦大碑の完成記念式典が行われた。除幕式と併せて、旧陸海軍合同の軍楽隊演奏会も開催された。ついに事業費一億円を超えた巨大な「大東亜聖戦大碑」が金沢市の石川護國神社に建ったのである。

全国に五〇社以上ある護国神社はいずれも慰霊碑を所有しているが、「聖戦」という言葉を副碑の文中に使った事例はあっても、碑の名称そのものに付した事例はこれが初めてであった[19]。全国でも例を見ない聖戦碑の建立に厳しい批判が相次いだ。朝日新聞に寄せられた投書で七〇代のある戦争体験者は、戦争に駆り出され、家族への思いを抱いて死んでいった兵士と原爆や空襲で死んだ多くの国民、沖縄・サイパンにおける日本軍の命令による一般人の死を「聖戦」と名付ければ、恨みが晴れ、無意味な犠牲ではなくなるのかと訴えた。そして、日本の侵略戦争がアジア解放のための聖戦ならば、植民地だった朝鮮、台湾を解放しなかったのはなぜかと反問しながら、日本が解放に寄与したはずのアジア諸国にこそ、建立の募金を呼びかけ、意見を求めるべきであったと非難した[20]。戦争を東アジア解放の聖戦であったとみなすまもる会や護持会の主張は、戦後日本の民主主義そのものを否定するものであり、アジア諸国では通用しないイデオロギーである。

碑文の内容

石碑は御影石で、最上部には日の丸を表す丸い銅版が埋め込まれ、正面には大きな字で「大東亜聖戦大碑」と刻まれている。台座の正面には「大東亜 おほみいくさは 万世の 歴史を照らす かがみなりけり」と銘が刻まれ、さらに「津々浦々の赤誠集ひ 聖なるたゝかひの碑 國護る宮に建ちたり 歪められし愛しき祖國 救はんための浄き希ひ 正気こゝに蘇らん おほくは語らず 聖戦の詩高らかに 遺し文納めたり 讃え伝へん 永久に燦たり 大東亜戦争」とある。石碑の裏面には、大きな文字で「八紘為宇」（全世界を天皇の下に一つの国家とするという意味）の文字が刻まれている。そして台座の背面には、「あゝ大東亜聖戦の 誇り高くわが心 誉れを世に伝うべし 栄光とはに消ゆるなし」と大東亜戦争をたたえる和歌や寄付者の名前が刻まれている。

日本が国家の理念として打ち出し、無謀な戦争を正当化するために利用した「八紘一宇」というスローガンが、そのまま石碑に使われている。東アジアの一般的な戦争観とは大きく乖離し、侵略戦争を美化、正当化しており、九〇年代から本格化した歴史修正主義の典型的な事例である。

台座の側面には、寄付した約五〇〇〇人以上に及ぶ個人や約二〇〇以上の部隊名、戦友会名が隙間なく刻まれている。注目すべきは、碑を建立したときにすでになかった団体名が数多く見られることであり、最も深刻な問題は、殉国沖縄学徒顕彰会、少女ひめゆり学徒隊、少年鐵血勤皇隊などの団体名が無断で刻銘されている点である。[21] そうした団体が「大東亜聖戦」を支持していると誤解されかねない。『沖縄タイムス』や『琉球新報』はこの問題を一面トップで取り上げ、ひめゆり隊の同窓会は「遺憾の意」の文書を建立委員会に送って刻銘の削除を申し入れた。

無断に刻銘されているのは、沖縄の団体名だけではない。茨城県立水戸中学校や水戸市立五軒小学校のような公立学校まで無断で名前を使われている。[22] さらに日本軍の兵士にさせられた植民地朝鮮・台湾の人々の名前が遺族の承諾を得ることなく、勝手に刻まれている。台座には「本碑に刻んだ団体や個人名は建立にあたっての支援者であるが、さらに我々として敬仰顕彰したい部隊名や氏名も追加して掲げた　大東亜聖戦大碑護持会」とあり、無断で刻銘したことを認めているのである。

大東亜聖戦大碑のすぐそばには、もう一つ長方形の碑石がある。聖戦大碑には詳しい説明がないため、一般の人々の理解を助けるため二〇一〇年八月に建てたという。碑文は「日本にはかつて軍国主義も植民地支配もない／それを解放した歴史がある／輝く天命戦の真実を知れ」と刻まれている。あの戦争は人種差別を撤廃するための聖なる闘いであったと強調しており、「軍国主義も植民地支配もない」と歴史を歪曲して伝える場となっている。

大東亜聖戦大碑の横には、漫画家・小林よしのりが参拝記念に植えたという樹と、その旨説明する碑もある。小林は「日本をまもる会」が運営する大東亜青年塾の名誉塾長を務めており、二〇〇一年から毎年八月に開催される「大東亜聖戦祭」の講演会にも積極的に参加するなど、大東亜戦争の正当化に力を注いでいる。

再び動員された朝鮮人

この碑には、戦時下の朝鮮関連の団体と戦死した朝鮮人の名前が無断で刻まれている。団体は、李王垠公慰顕彰会、卓庚鉉第五一振武隊、崔貞根飛行第六六戦隊、金尚弼誠第三二飛行隊、朴東薫誠第四一飛行隊、陸士五八期生（朝鮮出身者）、陸士五十八期朝鮮出身者有志、朝鮮出身特攻隊戦没者顕彰会である。朝鮮人特攻隊員七名の本名もあり、戦争と特攻隊を賛美するために利用されている。

卓庚鉉と金尚弼は陸軍特別操縦見習士官一期生であり、崔貞根は陸軍士官学校（航空士官学校）、朴東薫は陸軍少年飛行兵出身の特攻隊員として戦死しているが、碑ではこの四名が隊長であるかのような書き方をしている。崔貞根はたしかに飛行第六六戦隊の第三中隊長であったが、他の三名が所属している飛行隊の隊長は日本人であった。まるで朝鮮人が特攻作戦の先頭に立って出陣したかのようなイメージを与えているのである。わざわざ日本名ではなく、本名を刻んでいることからもその狙いは充分確認することができよう。所属を併記してない朝鮮人は都鳳龍、李允範、李賢哉、韓鼎實の四名の名が見えるが、このなかで特攻隊員は航空機乗員養成所の李允範、陸軍少年飛行兵出身の李賢哉や韓鼎實の三名である。つまり、碑に刻まれた朝鮮人兵士八名のうち七名が特攻隊員なのである。

その七名の名前が遺族の同意を得ないまま無断で刻まれ、あたかも碑の建立に賛同しているかのように使われていることは容認できるものではない。大東亜聖戦大碑の撤去運動に参加していた金沢大学の鶴園裕教授の問題提起が契機となり、朝鮮人特攻隊員の名前が刻まれていることは韓国でも大きな話題

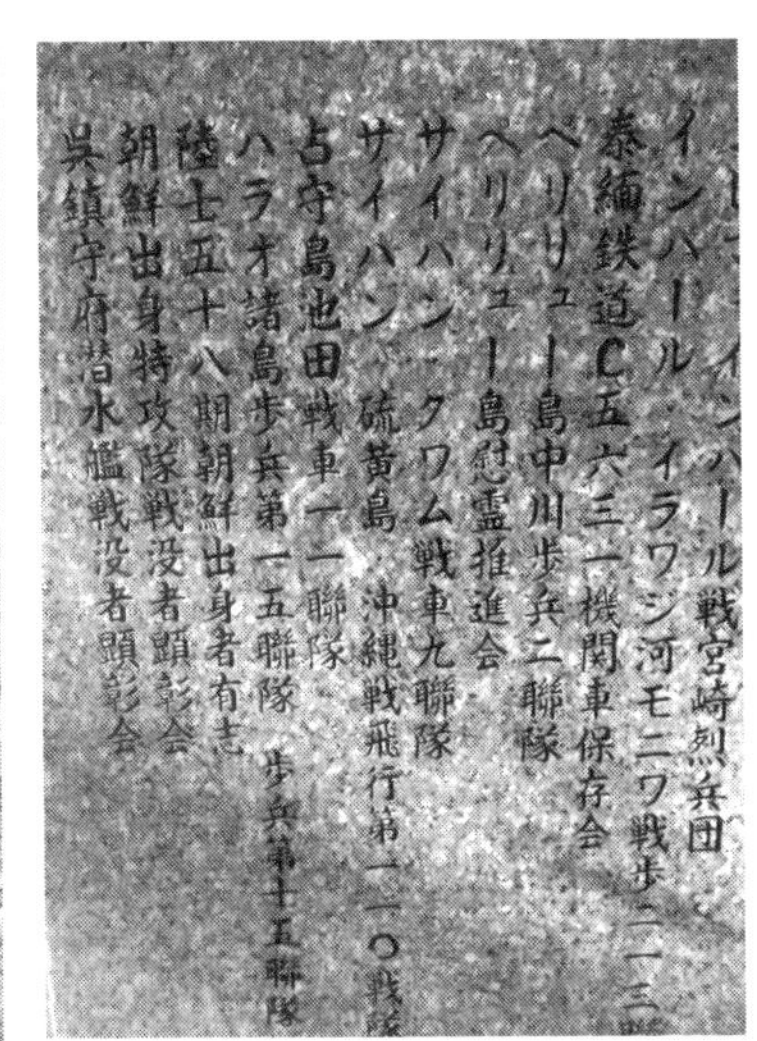

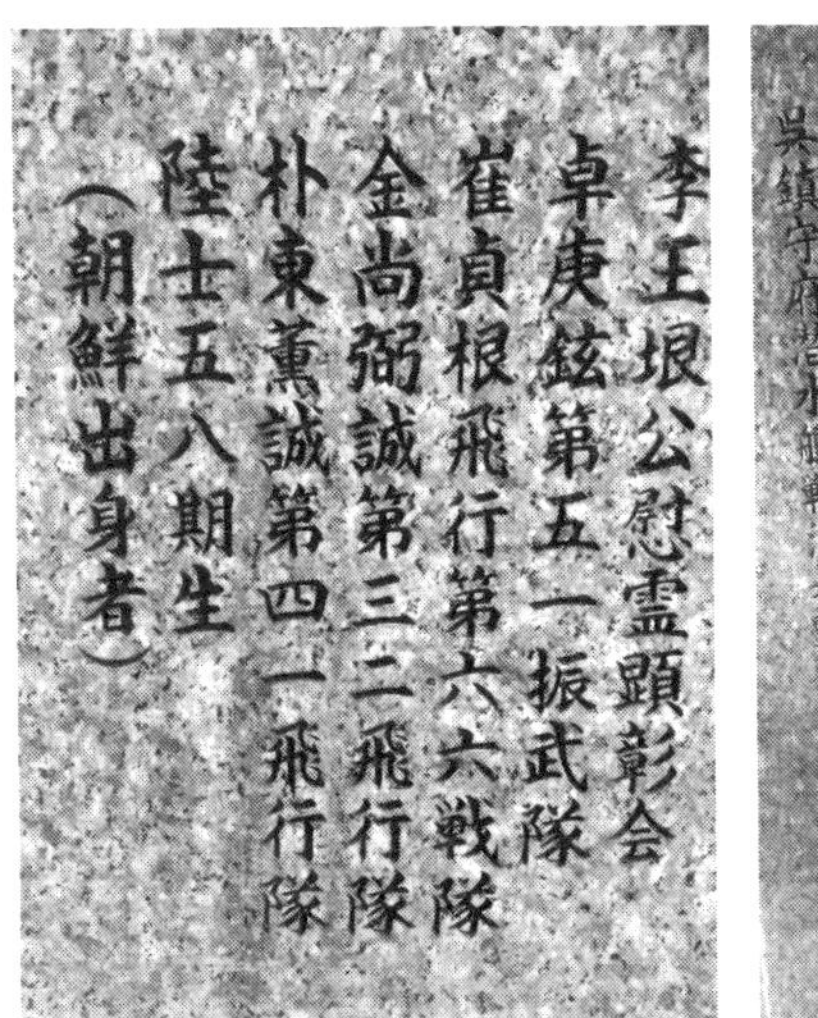

図 60　大東亜聖戦大碑に刻まれた朝鮮人特攻隊員と団体名

出典：2020 年 10 月 30 日，筆者撮影。

となった。二〇〇五年に韓国政府は調査を開始し、名前が刻まれている七名の特攻隊員のうち、崔貞根、朴東薫、卓庚鉉、李賢哉、韓鼎實五名の遺族を確認した。そして遺族に対して、大東亜聖戦大碑に親族の名前が刻まれていることを伝え、戦死した特攻隊員の入隊過程についても聞き取り調査を行った。いずれの遺族も、碑の存在も碑に身内の名が刻銘されたこともまったく知らなかったという[23]。靖国神社が韓国の遺族の承諾を得ないまま、戦没者を勝手に祀っているのと何ら変わりはない。

韓国の遺族は刻銘について、日本の軍国主義の犠牲となった人たちを侮辱する行為であると強く反発した。崔貞根（陸士五六期）の弟・崔昌根は、兄の刻銘を初めて知り、「兄の名をそこに刻むのは冒瀆だ」「この碑を韓国人が見たら遺族まで「親日派」に見られる。次の世代の息子たちにも恐怖を与えることになる[24]」と憤りをあらわにした。崔昌根はその後、金沢市を三回訪ね、市民団体の協力のもと、刻銘の削除を求めた。

第五章で詳しく触れたように、朝鮮人特攻隊員の慰霊碑建立をめぐる各地の事例には共通点がある。慰霊碑の建立に携わった人々は、アジア・太平洋戦争を自存自衛の正当な戦争であり、アジアの平和のために行った聖戦だと強調し、侵略戦争であることを認めていない。植民地支配についても触れることはない。つまり、朝鮮人が植民地支配の被害者であり、自分たちが加害者という自覚がまったくないのである。そのため、朝鮮人の苦痛を考えず、日本のためにすすんで特攻隊員となり、立派に死んだ朝鮮人を顕彰しなければならないと強調する。なぜ朝鮮人が日本の戦争に動員され、死ななければならなかったのかという、真摯な反省と苦悩は見られない。そこには一方的な支配者の認識しか存在しない。天皇制イデオロギーと戦前日本帝国主義の徹底した自己中心主義しかないのだ。

第三節　映画『ホタル』の韓国上映

『ホタル』にみられる戦争観

「特攻の聖地」という知覧のイメージを日本全国に知らしめたのは、二〇〇一年五月に公開された映画『ホタル』（監督・降旗康男）である。東映の創設五〇周年記念作品の一つとして、九〇年代中盤以降を代表する特攻隊映画とも評価できよう。鹿児島県知覧町を舞台に特別攻撃隊を描いたこの作品は、その年の日本映画で興行収益は九位（二三億三〇〇〇万円）、国内観客数二一〇万人を記録した。『鉄道員』以来二年ぶりに主演を務める高倉健が、『あゝ同期の桜』（一九六七年）でも特攻隊員を演じていたこともあり、撮影前より世間の高い関心を集めた。舞台となった知覧町は、特攻平和会館の館内での撮影をはじめ、町を挙げて製作に協力した。

映画の見せ場である隊員がホタルになって帰ってくるシーンや、朝鮮人特攻隊員・金山少尉がアリランを歌うシーンは、鳥濱トメの語りをもとにした特攻隊員との交流を描いたものであったが、この映画が特に注目を受けたのは、卓庚鉉をモデルとした朝鮮人特攻隊員の登場であった。物語は、天皇ではなく、朝鮮民族の自尊心のために出撃すると遺言を残した朝鮮人特攻隊員と、死んだらホタルになって帰ってくると言い、出撃後本当にホタルとなって戻ってくる日本人と、その過去の遺産である現在の、もつれた糸を解く方式で展開されていく。

そしてなによりこの作品は、日朝合作映画『愛と誓ひ』(一九四五年)以来、五五年ぶりに日本のスクリーンに朝鮮人特攻隊員が登場し、しかも物語の鍵を握る主役級だったのが大きな特徴である。

朝鮮人特攻隊員の金山少尉は、登場人物それぞれの回想場面にしか出てこないが、植民地支配と戦争に翻弄され命を落とす悲劇的な運命の体現者であると同時に、その死をきっかけに後輩の山岡と自身の婚約者であった日本人女性の知子を結びつける一種の仲介者という役割も担った。金山少尉は、アリラン特攻で有名な卓庚鉉をモデルにしている。降旗監督は「世の中に何かを残したいが残せず亡くなった人々、彼らが残せなかった事を映画で示したい」[25]と述べており、その一人として金山少尉を登場させ、日本人ではなく朝鮮人の立場からも特攻隊について問題提起したのであった。そのため金山少尉の存在は、制作目的を満たす上で非常に重要な存在である。

また、『ホタル』では、従来の特攻映画と一線を画す試みがなされた。主役の高倉健は特攻に対する

図61　『ホタル』の韓国ポスター

悔恨の念を内に秘め、黙々と日常を生きて行く山岡役を自然に演じた。知子との夫婦愛も、沈黙を貫くことで、より一層切ない愛として表現された。佐藤忠男によれば、これまでの作品で「特攻」は、「犬死」か「英雄的な犠牲」か、という二者択一のような立場の下制作されてきたが、『ホタル』ではその問いかけに沈黙を貫くことで、特攻を美化も批判もしないという一つの表現が見事に成立しているという。[26]『ホタル』公開一週目は観客の六二・七%が六〇歳以上であったといい、[27]「沈黙」は寡黙で本音を隠す伝統的な日本人男性像を象徴しており、激動の昭和時代を経験した彼ら中高年層の共感を呼ぶ要因でもあったと思われる。

　韓国でも『ホタル』は上映される前から大衆の関心を集めた。高倉が出演した映画『鉄道員』や『Love Letter』は韓国でも高い評価を受けており、新作も期待されていたためである。

　また、二〇〇一年二月二二日から六日間、韓国の安東市河回村でロケが行われたことも、期待を高める要因だった。朝鮮人特攻隊員を物語の柱とし、日韓両国の悲しい過去を扱った『ホタル』は、韓国のメディアからも大きな注目を集めた。日韓両国のスタッフや俳優が和やかな雰囲気のなか撮影を続け、メディアも積極的に取り上げた。韓国映画専門雑誌『CINE21』では、数回にわたって特集を組んだ。

二〇〇二年一月に韓国での上映が決まると、降旗監督と高倉健による記者会見と試写会がソウルで開かれた。事前に韓国のマスコミにもあらすじを伝えていたが、内容を批判するような質問は特になかったため、日本のメディアは、戦時下を舞台にしたこの作品も韓国の人に受け入れられたと考えた。[28]この年は「日韓ワールドカップ共催」と「日韓国民交流年」が重なって、いっそうの文化的・人的交流が見込まれていた。高倉は会見で「この小さな動きが両国間交流の懸け橋になってほしい」[29]と話し、試写会には日韓の親善大使的存在であった李盛大夫婦（李秀賢の両親）が招待されるなど、[30]『ホタル』を通して両国の友好や和解の進展を期待する思惑もうかがえた。

降旗監督は韓国のマスコミに制作の意図を問われると、「朝鮮人として特攻隊に来た韓国人たちの苦しみ」[31]を映画で表現したかったと答えた。映画に朝鮮人特攻隊員を登場させた理由については、「やはり日本の兵隊さんが、当時の状況を背負いながら日本人の枠の中で言えることには限界があると思うんです。（中略）もっとちゃんと日本人の兵士が感じていたことを言ってくれるのは、朝鮮半島出身の兵隊さんではないかと思ったんですよ」[32]と話し、日本人特攻隊員が抱えていた葛藤を、より直接的かつ効果的に見せるために「朝鮮人」を取り上げたと説明した。朝鮮人特攻隊員を通して戦争と植民地支配を描こうとした点はそれなりに評価できるが、韓国のマスコミは、「降旗監督が韓日関係を見る視線には日帝時代の色が残っていた」[33]と厳しく批判している。

韓国における『ホタル』への賛否

こうして二〇〇二年一月一八日に『ホタル』は韓国で公開されたが、結果から言うと興行的にも世論の喚起にも失敗した。観客動員数は一万五六三六人、上映した映画館は九館に過ぎなかった。興行的に振るわず話題にならなかったため、途中で打ち切られた。『ホタル』を通して突如として登場した朝鮮人特攻兵そのものを韓国人は受け入れなかったのである。

この作品が失敗したのは、「新しい歴史教科書をつくる会」の歴史歪曲問題が大きな影響を与えたと考えられる。「つくる会」は一九九〇年代後半から、日本の教科書は反日的・自虐的であると主張して、日本会議とともに歴史修正運動を先導しており、二〇〇一年にその教科書が検定に合格すると、近隣の韓国・中国も巻き込んで国際問題化した。この出来事が『ホタル』の上映に及ぼした影響は決して小さくなく、韓国のマスコミは「朝鮮の若者が日本の戦争に引っ張られ、無意味な死を強要された歴史的事実の説明と描写が欠如している。新たな歴史歪曲である」[34]と報道し、韓国の人々は『ホタル』は歴史歪曲映画だという先入観すら持つようになった。さらに当時の韓国では、特攻隊員は日本のために死んだ対日協力者だという認識が依然根強く、内容以前に「朝鮮人特攻隊員」という存在自体を受け入れ難かったきらいがある。

こうした韓国内の事情を、製作者側も把握しきれていなかった部分は否めない。映画の終盤、山岡（高倉健）が死を控えた妻のために、彼女の元婚約者であり自分の上官でもある朝鮮人特攻隊員・金山の遺品を持って戦後半世紀たって韓国の遺族を訪ねる場面はその象徴である。韓国の遺族は初め遺品の受け取りを頑なに拒絶する。

しかしながら、大日本帝国のためではなく、「朝鮮民族と恋人のために死んだ」という金山の遺言を山岡夫婦から伝え聞くと態度を変えて、最終的には遺品を受け取り和解するのである。朝鮮人が特攻隊員にならざるをえなかった当時の歴史性と植民地支配という重大な問題は看過されている。しかも、戦後五〇年という歳月が流れたにもかかわらず、亡くなった朝鮮人特攻隊員を忘れなかった日本人夫婦の善行を通して植民地支配の過ちを一気に解消し、歴史の傷口を急いでふさいでしまおうとする日本側の思惑も透けて見える場面である。

韓国のマスコミは、韓国に「和解の手を差し出す日本映画」[35]として一定の評価を与えながらも、「山岡夫婦が金山の家族と会う場面はやりきれない気持ちを観客に抱かせる」[36]、「何か物足りなくてむなしい。綺麗な映像と心苦しい感傷だけでは恨みと憎悪がしみこんだ日韓の重たい歴史問題を支えきれない」[37]、「観客も金山の家族同様、彼の遺言に感動できるか否かに、この映画の成功と韓日の過去の歴史の和解がかかっている」[38]と、戦争の被害者である韓国人の拒否反応を報じた。「日本の便宜主義的な和解の方式」[39]と日本の歴史認識を批判したメディアもあった。

さらに、映画を観終えた一般の人々からも否定的評価が相次ぐ。「戦争と軍国主義を美化する映画」「歴史歪曲映画」「年寄りのための映画」「韓国の苦痛をわかっていない」といった戦争と歴史認識に関わる批判が多いが、少数ではあるものの、「愛が良く感じられる映画」「雪・景色等が美しい映画」「穏やかな映画」「暖かい感動」「戦争について考えて見るきっかけになった映画」「アリランの歌に涙を流した」といった肯定的な意見もあった。こうした意見から、長年にわたり韓国社会で忘却されてきた朝鮮人特攻隊員の存在が、『ホタル』を通して少しずつではあるが確実に認識されたことがわかる。

「朝鮮民族のための特攻」に隠された真実

『ホタル』は、日本の侵略戦争がアジアの多民族を混乱に巻き込み、どれほどの苦痛を与えたかを反映し、配慮する点を含んでおり、祖国を救おうという若者の純粋な思いを前面に押し出す従来の特攻映画とは一線を画す可能性も秘めていた。

しかし、「日本では神風の悲劇を振り返る映画として評価を受けたが、韓国ではおおむね軍国主義を美化したと批判が集中し、両国民の歴史認識の差を実感させられた[40]」映画となったのである。本作における山岡夫婦と韓国人遺族の和解の過程や、「アリラン特攻」の過剰なまでの演出等に見られる強引な設定は、これまでの特攻映画特有の「感傷主義」と何ら変わりがないとすら言えるのである。これらの場面は、戦後日本社会の植民地問題に対する歴史認識の欠如を示すとともに、韓国社会との大きな意識のずれを表しており、韓国の上映が失敗した大きな要因であった。

確かに、物語のクライマックスで特攻に行く直前の金山少尉が遺言として、自分は大日本帝国・天皇のためではなく朝鮮民族のため、そして愛する日本人の恋人を守るために出撃すると山岡に語るが、このシーンは作為的な印象が拭えない。韓国人にとって「この主人公が当時の内鮮一体政策に同調した人物であったと察することはさほど難しくない。日本帝国主義、云々のセリフは、占領国日本と祖国の利害を同じととらえる後のセリフからみると、あまり意味のないセリフに聞こえる[41]」のであり、「それは朝鮮独立のためという自分なりの目的はあったが、結果的に日帝のための行動であった。だから、日本に協力して独立を勝ち取ろうとした彼の考え、彼の出撃は、自民族のために壮烈に戦うとか平和を望むといったヒューマニズム的なものではない[42]」とみなされるのである。映画を観た後に「物足りなくてむなしい」思いが消えないのは、植民地支配下の民族差別の描写はもちろんないうえ、あたかも彼らの死が特別な「朝鮮民族の名誉」として何の疑いもなく堂々と位置づけられているからではないか。

実際、朝鮮人特攻隊員が出撃前の複雑な心境を記した日記や手紙は厳しい検閲に遭い、それをひそかに伝える家族や知人もいなかったためほとんど残っておらず、彼らがどのような信念を持ち、「死の任務」を運命として受け入れたのかを把握することは難しい。先述したように、特操一期の金尚弼は、逃亡を勧める兄に対し、「僕は全朝鮮を代表しているので、僕が卑怯なことをすれば、朝鮮全体が日本から馬鹿にされる」と言い残した。彼以外にも、「朝鮮人の肝っ玉を見せてやる」「日本人の誰もができない任務をやってのけてみせる。朝鮮人の誇りのために」といった、その心の一端が窺える言葉は確かに残されている[43]。

しかしながら、こうした周囲の証言や記憶のみで、彼らが朝鮮同胞や家族の自尊心のためだけに死地に飛び込んで行ったと簡単に決めつけることはできない。なぜなら、金尚弼の遺族が「戦後も韓国の反日感情から身内が特攻隊員だったことは語れなかった[44]」と涙ながらに吐露したように、戦時中軍神とか祖国の誇りと称えられた朝鮮人特攻隊員の死は、戦争の終結によって生き残った家族の「迷惑」へと一変したからである。

第四節　日本のメディアの見る戦争と特攻の多様な語られ方

本格化する朝鮮人特攻隊員への関心

『ホタル』は特攻の母鳥濱トメや「アリラン特攻」が鹿児島県を超え、全国へと広がるのに決定的な役割を果たした作品であり、二〇〇一年以降の知覧の特攻基地、特攻隊員に関するドキュメンタリーやノンフィクション書籍等の流行も、当然この映画と無関係ではない。二〇〇一年には知覧を背景とした『ホタル帰る』も出版される。トメの次女で「なでしこ隊」として知覧基地で特攻隊員たちの世話をした赤羽礼子が特攻隊員とトメとの交流をまとめた記録であり、この本でもアリランを歌う朝鮮人特攻隊員のエピソードが詳しく紹介されている。「胸が詰まる」感動のストーリーとして日本社会のなかで消費されているものの、『ホタル』と『ホタル帰る』が朝鮮人特攻隊員の存在を日本社会に広める役割を果たしたことは間違いないだろう。表2は、二〇〇〇年代以降発表された、主な作品をまとめたものである。

テレビでは、特攻出撃に対する堅固な決意を表明した朴東薫（大河正明）に注目したNHK『遺された声――録音盤が語る太平洋戦争』（二〇〇四年）をはじめ、TBS報道特集の『日韓の狭間に消えた英雄』（二〇〇五年）、SBS（静岡放送局）の『散華　或る朝鮮人学徒兵の死』（二〇〇五年）が放映された。NNNドキュメントのシリーズ戦争の記憶三『アリラン特攻兵――日本と朝鮮半島の狭間で』（二〇〇八年）やNHKスペシャル『戦争に動員された人々――皇民化政策の時代』（二〇一〇年）は、朝鮮人特

表2　2000年代以降の朝鮮人特攻隊員をテーマとした主な作品一覧

公開年	種類	タイトル	制作・著者
2001	映画	ホタル	東映
	書籍	ホタル帰る	赤羽礼子・石井宏
2004	TV	遺された声——録音盤が語る太平洋戦争	NHK
2005	書籍	内なる祖国へ——ある朝鮮人学徒兵の死	河田宏
	書籍	重爆特攻さくら弾機——大刀洗飛行場の放火事件	林えいだい
	TV	日韓の狭間に消えた英雄	TBS
	TV	散華：或る朝鮮人学徒兵の死	SBS
2007	映画	俺は、君のためにこそ死ににいく	東映
2008	TV	許されなかった除幕	MBC
	TV	アリラン特攻兵——日本と朝鮮半島の狭間で	NTV
2009	書籍	朝鮮人特攻隊——「日本人」として死んだ英霊たち	裵淵弘
2010	書籍	他者の特攻	山口隆
	TV	NHK SPECIAL 戦争に動員された人々：皇民化政策の時代	NHK

攻隊員の実体に迫ったドキュメンタリーである。両番組では、日本軍の軍人・軍属として徴用されたり勤労動員されたりした朝鮮人を取り上げ、とりわけ朝鮮人特攻隊員の遺族を重点的に取材した。こうした番組により、朝鮮人特攻隊員という存在がさらに知られるようになった。

また、朝鮮人特攻隊員を取り上げた研究成果もいくつか発表される。米軍B－29機を体当たりして撃墜させた京城法学専門学校出身の盧龍愚（河田清治）を中心に分析した河田宏の『内なる祖国へ——ある朝鮮人学徒兵の死』（二〇〇五年）、福岡の大刀洗陸軍飛行場で特攻機が炎上した事件の放火犯として逮捕され、死刑になった朝鮮人の学徒兵・山本辰雄（本名不明）を描いた、林えいだいの『重爆特攻さくら弾機——大刀洗飛行場の放火事件』(二〇〇五年)など、数々の研究が発表される。

韓国人研究者の裵姈美と日本人研究者の野木香里は、これまで朝鮮人特攻隊員について史料調査が満足に行われていなかった点を踏まえ、徹底したインタビュー調査と資料分析に基づき、彼らが存在した歴史的背景や特攻志願の過程を改めて問い直し、戦死した一七名を客観的に概括するという非常に価値の高い研究を行った。[45]「特攻隊員とされた朝鮮人」の論考では、まず朝鮮人として特攻戦死した一七名を概括し、それから各人の生と死を論じ、事例の最後に崔貞根(高山昇)を取り上げた。また、歴史学者の山口隆による研究成果も評価に値する。山口は、これまで金沢市を拠点として植民地支配の問題やアジア・太平洋戦争を考究してきた市民運動家であり研究者である。金沢陸軍作業場で銃殺刑を受けた朝鮮人独立運動家の一生を描いた『尹奉吉――暗葬の地・金沢から』(一九九四年)を出版している。石川護國神社の大東亜聖戦大碑の撤去を求める活動も行っており、強制動員や朝鮮人特攻隊員に焦点を当てた『他者の特攻』(二〇一〇年)をまとめた。同書は遺族や戦友の証言、日本軍の公文書を緻密に検討しながら、朝鮮人が立派な帝国臣民として死んだとする靖国公認の「美談」を覆す新たな史実を明らかにしている力作である。裵姈美、野木香里、山口隆による研究成果は、朝鮮人の特攻死が「美談」「悲話」の素材として消費される一方で、看過されていた真実を次々と明らかにした点に大きな意味があるといえよう。本書はこれらの研究から多大なる教示を得ている。

朝鮮人特攻隊員について正しく理解するためには、以上の先行研究に加えて、さらなる研究が必要であるが、日本人特攻隊員と比べて資料がほとんど残されていない。それゆえ彼らの内面を分析し理解することは非常に困難である。

石原慎太郎と特攻映画『俺は、君のためにこそ死ににいく』

私は縁あって、特攻隊の母といわれた鳥濱トメさんから、隊員たちの秘められた、悲しくも美しい話を聞くことが出来ました。雄々しく美しかった、かつての日本人の姿を伝えて残したいと思います。

二〇〇七年に公開された映画『俺は、君のためにこそ死ににいく』の冒頭に出る石原慎太郎のメッセージである。東京都知事・石原慎太郎製作のこの作品は、知覧基地の特攻隊員と鳥濱トメとの交流を題材としており、石原がトメのことを社会に伝えたくて映画にしたという(46)。

では、石原とトメの関わりはいつからどのような経緯で始まったのだろうか。トメの回想をまとめた『空のかなたに――出撃・知覧飛行場 特攻おばさんの回想』によると、石原がトメを初めて訪ねてきたのは、一九六三年だった(47)。当時トメは、特攻隊員について興味本位に書いた本に憤慨していたため、遺族以外の人には会わないことにしていた。石原から面会の要請はあったが、トメは何も話すことはないと断ったという。町役場からのお願いで仕方なく実現した出会いを、石原はこう振り返る。

それから知覧に行ってさ。(中略) たまたま富屋のトメさん (鳥浜トメ) っていうお婆さんがいた。そこで初めて会って話を聞いて、最初胡坐かいてたんだけど話聞いているうちに、サツマイモ出してもらってお茶飲みながら聞いてたら、知らないうちに正座してたね。それからトメさんと親しくなって行くたびに会ってさ。特攻神社ができたり、特攻平和会館ができたりするの、僕も色々サポートしたんだ。[48]

石原はトメからいろいろな話を聞いているうちに、知らぬ間に正座したという。石原はトメの話の痛ましさにそうせざるを得なかったとよく語り、その後政界入りしてからも、知覧を数回訪問し、一緒に観音堂を訪れるなどトメとの交流を続けた。

石原は戦争関連の話題が出るたびに、トメについて触れ、彼女を人々を救う生きた菩薩と呼んだ。そんな石原のトメに対する想いがよく把握できるのが、雑誌『Voice』に寄せた随想「美しい日本の人」である。「私自身にとって、この世でトメさんのような人にいき会えたことは、人間としての至福といえるに違いない。実際、その手にたくさんの赤子をかかえた仏の姿を私は目のあたりに眺めることが出来たのだから[49]」。この随想で石原は、彼女との出会いと付き合いを率直に語っていて、二人の交流はトメが枕崎市の特別養護老人ホームに入居し亡くなる前まで続いた。一九九二年にトメが八九歳で亡くなると、石原は宮沢喜一首相に対し、特攻隊員の母として日本社会に貢献してきたトメに「国民栄誉賞」を授与するよう推薦した。[50]実現には至らなかったものの、このエピソードからは石原のトメへの強い信頼が感じられるのである。

そして、二〇〇四年、石原はトメの記憶を下敷きにした特攻映画を製作総指揮し、脚本も執筆すると発表した。トメに対する尊敬の念と自分の戦争観をアピールする映画『俺は、君のためにこそ死にに いく』はこうして誕生することとなった。

だが、憲法改正や核保有をはじめ、「南京大虐殺は創作」「北朝鮮攻撃」「三国人」発言などを繰り返した極右政治家・石原が製作するのだから、戦争を賛美する映画ではないかという懸念と批判があったのも事実である。特に、在日問題を取り上げた『パッチギ！』（二〇〇五年）で数多くの賞を受賞した監督・井筒和幸は、石原の映画に対抗して『パッチギ！』の続編を撮影すると発表したのである。こうして、二〇〇七年『俺は、君のためにこそ死ににいく』と『パッチギ！ LOVE & PEACE』は、ほぼ同じ時期に公開された。

図 62　鳥濱トメと石原慎太郎

出典：鳥濱初代『なぜ若者たちは笑顔で飛び立っていったのか』致知出版社，2014 年，173 頁。

二本の作品は、「右翼映画」「反日映画」といった様々な議論と批判を巻き起こしたが、この時代の戦争体験や認識がよくわかる映画だったのは間違いない。『俺は、君のためにこそ死ににいく』では、トメが一番記憶に残っていると語り続けた卓庚鉉をモデルにした朝鮮人金山少尉が登場し、彼がアリランを歌うエピソードが取り入れられているが、『ホタル』のように物語の中心的な存在ではない。そして、なぜ朝鮮人が異国の知覧基地の近くの食堂でアリランを歌わなければならなかったのかという日本の植民地支配の歴史的責任、戦争責任についての苦悩はまったく見られない。一方、井筒の『パッチギ！LOVE & PEACE』は、一九七〇年代の東京・江東区に住む李一家の子どもたちの視点で父親の戦争体験

図 63　上『俺は、君のためにこそ死ににいく』と下『ホタル』の石碑

出典：2021 年 7 月 29 日，筆者撮影。南九州市の知覧特攻平和会館敷地内。

を回想する内容である。済州島からの強制連行や慰安婦問題、李兄妹の父親が徴兵を逃れた末に捕らえられ、危うく処刑されそうになる経緯を追う。日本の朝鮮支配とそこから派生した在日韓国・朝鮮人の問題を正面から取り上げた作品であった。

『俺は、君のためにこそ死ににいく』は、『ホタル』に比べてあまり話題にならなかった。興行収入は約一〇億円で、その年の日本映画トップ三〇にかろうじてすべりこんだ。ただ、トメのことをもう一度日本社会に伝える媒体になったことは間違いないだろう。知覧特攻平和会館の敷地には、『俺は、君のためにこそ死ににいく』や『ホタル』を記念する石碑が立っており、知覧が「特攻の町」であることを強調している。

消費される「トメ」と特攻隊員

こうして、トメの記憶と回想を脚色した作品が次々と社会で消費されるようになる。朝鮮人特攻隊員のアリランやホタルになって戻ってくると言った宮川三郎軍曹、妻子に先立たれた藤井一中尉など、特攻隊員をめぐるトメの記憶は商品化され、今では特攻悲話のメインストーリーである。これらの作品は、日本人の戦争観や特攻のイメージの再構築に少なくない影響を与えている。毎年日本中で多くの劇団や演劇グループが特攻の物語を舞台で上演しているが、その大半が特攻の町・知覧とトメを扱う。

その代表的な作品が、二〇〇九年から二〇二一年まで東京を中心に全国で上演された演劇『MOTHER マザー――特攻の母　鳥濱トメの物語』である。主催は株式会社エアースタジオであり、バレーボール元日本代表の大林素子がトメ役を一〇年以上務めた。同じ劇がこれほど長期にわたって演じられることは珍しく、東京新国立劇場・小劇場をはじめ、全国数カ所で公演した。物語は特攻隊員たちの心のよりどころである富屋食堂を舞台に展開する。様々な思いを残して出撃する特攻隊員の葛藤や彼らに母のように慕われたトメの姿や心情が描かれる。この作品でもトメは、映画『ホタル』『俺は、君のためにこそ死ににいく』をはじめ、多くのメディアがつくりあげた「慈母」として再生産されている。朝鮮人特攻隊員・卓庚鉉（演劇では、金山文博）が重要人物として登場するが、ここでも彼の特攻は朝鮮民族の誇りや自尊心として描写される。「シーン一九 金山と鳥濱家（唄：アリラン）」で、トメが金山に、日本の戦争なのにどうしてあなたが行かなければならないのかと尋ねる場面がある。この質問に金山は次のように答える。この二人の対話は、日本における朝鮮人特攻隊員の認識を端的に表すものであるため、やや長くなるが引用したい。

特攻で死んだとなったら朝鮮人から俺はけなされるだろう。侮辱されるだろう。罵倒されるだろう。それでも俺は征く。何故だか解るかい、おばちゃん？ いつの日か、特攻隊の事が、国のために敵艦に突入していった男達の事が伝説となって思い出される日が来る。その時にこの、タク・キョンヒという朝鮮人も特攻したんだっていう事実を残すために俺は征く。日本人だけじゃない、朝鮮人だって特攻をやったんだっていう事実を残すために俺は征く。日本人だけが出来たんじゃない、朝鮮人だってやったんだぞっていう事実を残すためだけに俺は死ぬ。今、ここでは、この日本では、朝鮮人が、俺だけが朝鮮人の誇りなんだ。[51]

これに対して、トメは朝鮮人として誇りを持って特攻に参加することは偉いと高く評価する。この会話から特攻の賛美が読み取れる。

また、金山は暴力的な人物として表象される。「シーン三〇 回想（金山、荒木田、柴田）」では、特攻作戦を怖がる日本人部下を、金山は指導しながら数回殴る[52]。これが日本人よりも大日本帝国に忠誠を尽くし、日本の戦争のために共に戦った「模範的朝鮮人」なのである。

この戯曲は戦時中だけではなく、戦後やってきた進駐軍のエピソードまで盛り込んでいる。トメの次女・礼子が『ホタル帰る』のなかで、戦時中特攻隊員と付き合っていたトメが、戦後米兵の世話をするようになったことへの知覧町民の視線や批判、鳥濱家の葛藤について語っているが、それにも触れている。戦時中から戦後までのトメの人生に焦点を当てており、再びトメの伝説が戦跡として創出されていくのである。

この作品に多くの団体が支援・協力していることも見逃してはならない。アース製薬が特別協賛するほか、ホタル館、特別非営利活動法人知覧特攻の母鳥濱トメ顕彰会、公益財団法人特攻隊戦没者慰霊顕彰会、NPO法人国際芸術文化交流振興会、薩摩おごじょなどが協力している。個人ではトメの孫の鳥濱明久（ホタル館初代館長）や赤羽潤（次女・礼子の二男、東京新宿の薩摩おごじょの店主）の名がみえる。

「知覧特攻の母鳥濱トメ顕彰会」（会員約二四〇人）は、鳥濱明久が従兄弟やトメの顕彰に賛同する人々と二〇一三年に設立した団体である。理事長はホタル館の名誉館長でもある映画監督・柿崎裕治、顧問はトメの孫・鳥濱明久と赤羽潤であり、特別顧問は元航空自衛官で鹿児島市出身の参議院議員・宇都隆史である。子どもから大人まで広く一般の市民を対象に、特攻隊やトメ関連の顕彰展示会、講演会、慰霊祭の開催、関連書籍の出版や映像資料の提供、鳥濱トメグッズの販売をおこなっており、トメの献身的精神を広め、社会教育に寄与することを目的としている[53]。顕彰会のホームページには靖国神社第八代宮司・湯沢貞が激励の言葉を寄せているし、フェイスブックを見れば靖国神社と関わりのあるイベントを確認することができる。

特に、理事長の柿崎は、靖国神社の「みたま祭」に顕彰会と自分の名前で献灯したり、戦後七五年の特別企画として「鳥濱トメ物語り——靖国神社昇殿参拝&トークセッション」を開催するなど、靖国神社と深く結びついている。保守論壇誌『正論』で軍事漫談家と対談しているが[54]、彼の戦争観・国家観が最もよくわかるのが、二〇〇八年から公演を続ける舞台『帰って来た蛍』シリーズであろう。柿崎が脚本・演出を務め、二〇〇八年の初演から、『帰って来た蛍——神々のたそがれ』(二〇一〇年)、『帰って来た蛍——慟哭の詩』(一二年)、『帰って来た蛍——蒼空の神々』(一四年)、『帰って来た蛍——未来への伝言』(一五年)、『帰って来た蛍——天空の誓い』(一七年)、『帰ってきた蛍——令和への伝承』(二〇年)と再演を重ねている。特攻隊員を見送った鳥濱トメと娘の美阿子・礼子を描いた演劇だが、戦争や特攻作戦の悲惨さ、不条理を問いただすというよりは、国を守るために命を惜しまず戦った特攻隊員を賞賛する内容である。「帰ってきた蛍」というタイトルからもわかるように、情緒に訴え、観客の感動と涙を誘う描き方をしている。

さらに、戦後の特攻隊生還者とトメの次女・礼子、孫の赤羽潤の親子三代を描いた映画『さつまおごじょ』(二〇一六年)や二〇一九年から二一年にかけて発行された特攻漫画『ちらん 特攻兵の幸福食堂1—4』(秋田書店)も、鳥濱トメと富屋食堂のことを取り上げている。トメ一家を通して「あの戦争」をふりかえる作品が相次いで刊行され、トメの伝説・物語は今も引き継がれているのである。

特攻と保守論壇誌

特攻が「軽く」消費される原因を分析するにあたり、サブカルチャーの領域にも注目しなければならない。保守論壇が主に論文や批評という旧来の表現形式によって言論の場を作ってきたのに対して、漫画やムック、アニメなど、より親しみやすい表現形式により、特に若者に保守論壇の議論を広げていこうとする動きが一九九〇年代半ば頃から盛んになった。漫画のようなポピュラーカルチャーが持っているポピュラリティについては、第一節で小林よしのりを取り上げてすでに論じたが、保守論壇誌は戦後日本の言論文化のなかで長きにわたり独自の位置を占めてきた言説空間である。『諸君!』(一九六九年~二〇〇九年、文藝春秋)、『正論』(一九七三年~、産経新聞社)や『WiLL』(二〇〇四年~)に加え、『歴史通』『Hanada』『SAPIO』『SPA!』『Voice』『心』といった数多くの保守系雑誌は、日本が行った戦争を肯定的にとらえ、特攻隊の精神を讃える思想的な基盤となっている。これらの論壇誌は、歴史修正主義が本格的に台頭した一九九〇年代から近隣諸国との歴史認識問題を話題として急速に成長し、戦争に関する記事を量産しながら、特攻隊の若者たちが勇敢で崇高な精神を持ち国に殉じたとして讃える。

また、二〇〇〇年代に入ってからインターネット環境の劇的な変化とともに本格化した、戦争関連のネット言説も注視する必要がある。インターネットが今日の特攻隊の物語の普及と消費に与えた影響力は言うまでもないが、個人がナショナリズムの言説を自由に発信できる主要な空間としての役割も大きい。個人もブログやツイッター、フェイスブック、そして動画共有サイト「ユーチューブ」で自分の思想や主張を「軽く」「簡単に」発信するだけでなく、戦争も体験することができるようになった。必ずしも特攻関連のミュージアムや戦跡を訪れなくても、ネット上でリアルな体験が可能になり、ネット上の情報のみで戦争観が形成されるのである。

かつてリベラルなアカデミズムによって独占されていたネット空間は、歴史修正主義の拡散と韓国・中国に対する排外主義感情の急激な増大、社会の右傾化とともに大きく変化した。具体的には、アジア・太平洋戦争について「日本の大義は正しかった」「過去の日本軍の行いにも良い面はあった」「南京大虐殺や軍による慰安婦の強制連行は事実でない」という戦争肯定論や戦争正当化論が日本中に氾濫し、それが事実のごとく消費されていく。特攻隊に関しても、特攻魂を讃える内容がネット上に拡散されている。ただし、これらの内容は彼ら自身が何らかの独自の理論体系や思想を持って発信しているわけではない。彼らは、既存の保守系のオピニオン・リーダーをはじめ、ネット動画チャンネルやSNS、ユーチューブ、ブログで主張した内容を簡素化し、そのまま繰り返す特性を持っている。その源流をたどれば、右派政治家や保守系言論の理屈に行き着くのである。

動画とブログの影響力

いかなる検閲も制約も受けることのないネット空間が、日本人の戦争観や国民意識の形成に大きな影響を与えているのは間違いない。特攻の物語はとりわけ支持層の厚さと注目度が高く、インターネットというメディアではなくてはならないテーマとなっている。

多くの用語や文化を生み出している動画共有サイト「ニコニコ動画」はその代表である。鳥濱トメやアリラン特攻、ホタルのエピソードを個別に紹介するだけでなく、「世界が語る神風特別攻撃隊――カミカゼはなぜ世界で尊敬されるのか」「神風特攻隊「命の使い方」――日本人として知っておきたいこと」といった番組を製作し配信している。ニコニコ動画は党首討論を生中継するなど、いまや政治もこのサイトを抜きには語れないほどその存在は大きくなった。同サイトの政治タグに右翼的主張が溢れるようになったのは、「日本文化チャンネル桜」（二〇〇四年～）の定期投稿が始まり、「超人大陸」の転載投稿や、経済官僚・中野剛志の登用がきっかけである。日本文化チャンネル桜は、日本の伝統文化の復興と保持を目指し、日本人本来の「心」を取り戻すべく設立された日本最初の歴史文化衛生放送局として、保守的・愛国的なメッセージを発信し続けている。戦争正当化論は一貫した彼らの主張であるため、首相の靖国神社公式参拝や特攻隊を肯定する論調がかなり強い。そして、東京裁判や戦後歴史学を否定し自虐史観と見なす姿勢は、憲法改正や自衛隊活動の強化へとつながる。日本の政治問題を中心として東アジア諸国との歴史や外交問題を扱っており、チャンネル桜が主催したイベントに安倍首相が来場し、演説をするほど、存在感を増している。このほかユーチューブは、「世界が称賛する日本」「国民が知らない反日の実態」「祖国日本」「JAPAN FM NETWORK」といったサイトが、鳥濱トメや特攻隊を頻繁に取りあげている。

また、日中韓関係や戦争に特化した専門のまとめサイトや個人ブログの影響力も大きい。まとめサイト「ハムスター速報」「痛いニュース」（二〇〇五年～）、「アルファルファモザイク」（二〇〇六年～）、「国民が知らない反日の実態」（二〇〇七年～）、「ネトウヨにゅーす」（二〇〇九年～）、「政経 ch」「保守速報」（二〇一〇年～）、「大艦巨砲主義！」「U－1速報」（二〇一一年～）など数多く存在する[55]。特に「痛いニュース」では、特攻作戦をめぐって韓国の若者と大きな論争になることが多い。

さらに、一般の個人がブログを開設し、保守論壇の議論を広めようとする動きが二〇〇〇年代から盛んになった。「何かおかしいよね、今の日本」「第伍章「あっそう、ふ〜ん!!」」「正しい日本の歴史」「きゅうじのブログ アメブロ版」「正義の見方」「美しい日本」など、数えきれないほどの保守ブログが政治的・歴史的なテーマや戦争を語っている。その多くはアフィリエイト収入を上げたいという営利目的があり、ページビューを稼ぐためにあえて扇情的な議論を仕掛けて炎上を起こそうとする。ナショナリズムを煽る愛国的なトピックはそれに最適で、戦争と特攻隊はブログに欠かせないテーマである。

こうしたサイトやブログは、学校では教えない日本の歴史、真実の日本史を伝えると強調し、太平洋戦争を自存自衛のために戦った大東亜戦争と呼び、東京裁判を批判する点が共通する。ネット空間やネット・コミュニケーションでは、戦後長く常識とされてきた戦争や特攻を悲惨な歴史ととらえる平和意識をためらいもなく一蹴するタブー破りの快感があるのである。

こうした戦争観に拍車をかけたのが、匿名掲示板「2ちゃんねる」と「ツイッター」の普及であろう。(56)一九九九年に成立した2ちゃんねるは、二〇〇〇年頃から活発に活動を始め、やがて独自の文化規範を伴った固有の言説空間を生み出した。また、ブログ形式で投稿するウェブサイト「2ちゃんねるまとめブログ」は2ちゃんねるに比べて読みやすくユニークなものに編集できるため、娯楽や情報収集の手段として若者を中心に受け入れられている。

ツイッターは匿名で情報発信できるだけでなく、リツイートという方法で容易に他のユーザーの投稿を拡散できることから、戦争と植民地支配言説を肯定的にとらえる流言も盛んに再生産された。

第五節　韓国政府の過去の清算と変化の兆し

特攻ブームへの反発

一方、韓国では、民放テレビ局のSBSが解放（光復）六〇年を記念して二〇〇五年二月に『靖国の神となった少年特攻隊員』を製作し、一七歳の朴東薫など朝鮮人の靖国合祀問題を世に問うた。五月一七日には、ディスカバリーチャンネルが神風特別攻撃隊をテーマにした『日本の戦争に関する真実』を放送している。このほか朝鮮人特攻隊員に焦点を当ててはいないが、光復六〇年の年に植民地支配と戦争に関する番組が次々と制作された。

二〇一二年三月には公営放送KBSが『朝鮮人神風 卓庚鉉のアリラン』を放映し、卓庚鉉がなぜ特攻隊員として沖縄で戦死したのか、なぜ「アリラン」を歌って出撃したのか、知覧特攻平和会館やホタル館、彼が住んでいた京都で取材して明らかにしようと試みている。植民地時代を告発したり戦争末期の軍事政策を紹介する番組が多いが、この作品は、朝鮮人特攻隊員が置かれていた状況やその内面に焦点を絞り、韓国社会で大きな反響を呼んだ。SBSは二〇一四年二月には『気になる話 Y』という番組で朴東薫を追跡し、遺族インタビューを通して、彼の特攻と死は天皇に対する忠誠心ではなく、幼少期からの飛行機への関心と愛着が生んだ悲劇であると結論づけている。

その後も、朝鮮人特攻隊員に関するドキュメンタリーはいくつもつくられた。二〇一六年一一月には、知覧特攻平和会館に展示されている朝鮮人特攻隊員の心理に迫ろうとしたKBS制作の『歴史紀行 そこ』が放映された。二〇一七年八月には、TVN放送の『痛いがぜひ知るべき歴史 一九』という番組が、陸軍知覧基地から出撃し戦死した一一名の朝鮮人特攻隊員を取り上げている。二〇二〇年六月には、TVN放送の『insight』が、特攻作戦や鳥濱トメ、映画『ホタル』を紹介し、出撃前日にトメの前でアリランを歌った卓庚鉉について詳しく伝えた。

一九六〇年代から毎年八月一五日に「光復節」(国家記念日)のドキュメンタリー放送を通して継続的に生産されてきた植民地の抑圧の記憶・言説が、朝鮮人特攻隊員まで広がりをみせ、制作・放送されるようになったのである。少しずつではあるが朝鮮人特攻兵に関心が向くようになったのは、二〇〇〇年代になって民主化がさらに進むとともに、韓国政府が日本の植民地支配に積極的に協力した親日派の追及に本格的に着手したことが一因である。また、日本で一九九〇年代から歴史修正主義やネオ・ナショナリズムが支持基盤を広げ、特攻関連の書籍、映画が大ヒットするなど、特攻ブームに沸いたことも重要な原因の一つであった。

韓国学界の注目

韓国学界が彼らの存在に目を向け始めたのも二〇〇〇年代に入ってからであり、日本よりも二〇年ほど遅い。朝鮮人特攻隊員に関する研究は、日本では一九八〇年代半ば頃から徐々に始まっていたが、韓国では二〇〇六年にようやく初めての学術的研究が発表された(57)。

李香哲は、大貫恵美子『ねじ曲げられた桜——美意識と軍国主義』(岩波書店、二〇〇三年)を韓国語に翻訳して二〇〇四年に刊行した。裵姈美と李榮眞は、徹底したインタビュー調査と史料分析に基づき、朝鮮人特攻隊員の身元確認や飛行機への憧れ、志願兵制度の解明まで、彼らの実体に肉薄した優れた研究をおこなっている。

日本軍の特攻隊員の中に朝鮮人が存在したという事実は、近年真相が明らかとなっている朝鮮人ＢＣ級戦犯、シベリア抑留者問題等とは異なり、韓国社会においては長らく忘れられてきた。学術的接近がまったく行われていなかったのである。その原因として、創氏改名のため日本名で戦死して身元確認が難しいことや、飛行機操縦という業務の特性上、もともと極少数しかいなかった当事者がほとんど戦死してしまったことが挙げられる。さらに、知覧特攻平和会館やホタル館、万世特攻平和祈念館に膨大な資料が展示されている日本人特攻隊員とは異なり、朝鮮人隊員の資料はほとんど残っていないため、彼らの内面を分析し理解することは非常に難しかったという背景がある。故郷を遠く離れて心の内を気軽に打ち明けられる知人もいなかっただろうし、いざ死を目前にして心情を書き残す心の余裕もなかったことだろう。また、日本のために自殺攻撃を行った親日派という烙印を押されるのを恐れ、遺族も詳細を明かせなかった。

二〇一二年には韓国のハンギョレ新聞記者の吉倫亨が、朝鮮人特攻隊員問題の概要をまとめて『私は朝鮮人神風だ』を出版した。朝鮮人ＢＣ級戦犯やサハリン残留民、特攻等、戦争の記憶と戦争体験、植民地政策の様々な側面を報道し続けてきた著者が、朝鮮人特攻隊員に焦点を当てて彼らが誕生したプロセスと、地域や当事者の言説、遺族の想いを包括的に分析した労作である。なかでも、特攻隊員に選ばれるも生き残った人々が、解放後韓国空軍で重要な地位を占め、朝鮮戦争で特攻隊の戦略や戦法をそのまま踏襲するなど、韓国社会は朝鮮人特攻隊員の存在を否定しながらも、実際は植民地時代を引きずり続けたという指摘は非常に興味深い。

注

(1) 拙著『スポーツとナショナリズムの歴史社会学――戦前＝戦後日本における天皇制・身体・国民統合』ナカニシヤ出版、二〇二一年、二八三―二八四頁。
(2) 上丸洋一『『諸君!』『正論』の研究――保守言論はどう変容してきたか』岩波書店、二〇一一年、三七一―三七二頁。
(3) 藤岡信勝、西尾幹二、小林よしのり、坂本多加雄、高橋史朗、林真理子、深田祐介等らの人々が呼びかけ人となり、発足し、二〇〇〇年度検定を目指して中学校用検定歴史教科書を作成した。一九九九年には、そのパイロット版『国民の歴史』を出版した。
(4) この点については、拙稿「戦後日本保守政治家の歴史認識と韓日関係」『国際文化研究紀要』第七号、二〇〇一年、一〇五―一三一頁参照。
(5) 小林よしのり『新ゴーマニズム宣言SPECIAL 戦争論』幻冬舎、一九九八年、七五―九六頁。
(6) 小泉純一郎内閣総理大臣「第一五一回国会参議院予算委員会」答弁。二〇〇一年五月二一日会議録。https://kokkai.ndl.go.jp/txt/115115261X01420010521(最終アクセス二〇二二年四月一〇日)
(7) 山口誠「「知覧」の真正性――「ホタル」化する特攻と「わかりやすい戦跡」」福間良明・山口誠編『「知覧」の誕生――特攻の記憶はいかに創られてきたのか』柏書房、二〇一五年、一三九―一四七頁。
(8) 「若い日の私」『毎日新聞』一九八五年四月六日。
(9) 青木理『安倍三代』朝日新聞出版、二〇一九年、一〇二頁。
(10) 安倍晋三『美しい国へ 完全版』文藝春秋、二〇一三年、一一〇―一一二頁。
(11) 中田清康「大東亜聖戦大碑と私の歴史観」『地域経済ニューズレター』金沢大学経済学部地域経済ニューズレター編集委員会、第七九号、二頁。

(12) 「設立の趣旨」日本をまもる会のホームページ www.nipponwomamorukai.jp（最終アクセス二〇二二年一月二七日）

(13) 建立委員会の委員長は草地貞吾、副委員長は米澤外秋、名越二荒之介、中村粲、実行委員長は中田清康である。元軍人らと大学教員、金沢市にて自営業を営む人たちである。

(14) 「石川護国神社 大東亜聖戦大碑建立へ 元兵士らや遺族ら反発の声」『朝日新聞』一九九九年八月一四日。「金沢で聖戦大碑完成」『朝日新聞』二〇〇〇年八月四日。

(15) 中田清康「聖戦大碑を何故建てるか」日本をまもる会のホームページ www.nipponwomamorukai.jp（最終アクセス二〇二二年一月二七日）

(16) 「元軍人発案一億円集まる」『朝日新聞』二〇〇〇年八月一五日。

(17) 『朝日新聞』二〇〇〇年八月一五日。

(18) 『北陸中日新聞』二〇〇〇年五月一九日。

(19) 「大東亜聖戦碑建立へ」『朝日新聞』一九九九年八月一四日。

(20) 「アジア解放の聖戦でしたか」『朝日新聞』二〇〇〇年八月一八日。

(21) 『沖縄タイムス』『琉球新報』二〇〇〇年八月一六日。少女ひめゆり学徒隊の戦争体験を持ち語り部として活動していた石川幸子や、少年鐵血勤皇隊に駆り出された元沖縄県知事・大田昌秀は、寄付を団体として決めたことはなく、侵略戦争を聖戦と讃える碑に名称が使われるのは納得がいかないと強く批判している。

(22) 相沢一正「特別報告」『大東亜聖戦大碑撤去の会通信』第八号、大東亜聖戦大碑の撤去を求め、戦争の美化を許さない会、二〇〇五年一〇月。

(23) 日帝強占下強制動員被害真相糾明委員会『大東亜聖戦大碑と七人の韓国人特攻隊』二〇〇六年、七頁［ソウル］。

(24) 南日本新聞社編『特攻 この地より――かごしま出撃の記録』南日本新聞社、二〇一六年、二二七頁。

(25) 『CINE21』二九三号、二〇〇一年三月一三日［ソウル］。

(26) 佐藤忠男「感傷ではなく悔いをこめて」『キネマ旬報』第一三三三号、キネマ旬報社、二〇〇一年六月、四〇―四一頁。

(27) 『CINE21』三〇四号、二〇〇一年六月五日［ソウル］。

(28)『朝日新聞』二〇〇一年五月一二日。

(29)『国民日報』二〇〇二年一月一五日［ソウル］。

(30)『朝日新聞』二〇〇二年一月二五日。故李秀賢は、二〇〇一年一月二六日東京のＪＲ新大久保駅で、線路に転落した日本人男性を助けようとしたがもう一人とともに死亡した。当時留学生であった彼の行動は、その後友好的な日韓関係のシンボル的存在となっていく。父親は韓国大統領や日本総領事の晩さん会など様々な行事や会合に招待されている。

(31)『CINE21』二九三号、二〇〇一年三月一三日［ソウル］。

(32)『キネマ旬報』一三三三号、キネマ旬報社、二〇〇一年六月、三八頁。

(33)「映画物等級委員会委員長に再び選出された監督金スヨン」『CINE21』二〇〇一年六月二八日［ソウル］。

(34)「日本映画の歴史歪曲」『文化日報』二〇〇一年五月二九日［ソウル］。

(35)『国民日報』二〇〇二年一月九日［ソウル］。

(36)『ハンギョレ新聞』二〇〇二年一月一五日［ソウル］。

(37)『韓国経済新聞』二〇〇二年一月一七日［ソウル］。

(38)『朝鮮日報』二〇〇二年一月一一日［ソウル］。

(39)『韓国日報』二〇〇二年一月一四日［ソウル］。

(40)『韓国日報』二〇〇四年一一月七日［ソウル］。

(41)「金ソンジェはなぜ神風となったのか」『CINE21』第三〇七号、二〇〇一年六月二六日［ソウル］。

(42)『京響新聞』二〇〇六年五月三日［ソウル］。

(43)飯尾憲士『開聞岳――爆音とアリランの歌が消えてゆく』集英社、一九八五年、二四七頁。桐原久『特攻に散った朝鮮人――結城陸軍大尉「遺書の謎」』講談社、一九八八年、一四六頁。

(44)『南日本新聞』一九八四年五月三日。

(45)代表的な研究としては、裵姈美・野木香里「特攻隊員とされた朝鮮人」『季刊戦争責任研究』第五六号、二〇〇七年。裵姈美・野木香里「聞き書き――陸軍少年飛行兵から特攻隊員になった朝鮮人」『在日朝鮮人史研究』第三七号、二〇〇七年。裵姈美「朝鮮人特攻隊員を考える」『わだつみのこえ』第一三二号、二〇一〇年七月などがある。

(46) 石原慎太郎・曾野綾子『死という最後の未来』幻冬舎、二〇二〇年、九七頁。

(47) 朝日新聞西部本社編『空のかなたに――出撃・知覧飛行場 特攻おばさんの回想』葦書房、二〇〇一年、一二三―一二四頁。

(48) 石原慎太郎・坂本忠雄『昔は面白かったな』新潮社、二〇一九年、五二―五三頁。

(49) 石原慎太郎「美しい日本の人」『Voice』一九八八年四月号、一四七頁。前掲『空のかなたに――出撃・知覧飛行場 特攻おばさんの回想』一二四頁。

(50) 石原慎太郎・田原総一朗『勝つ日本』文藝春秋、二〇〇〇年、一七二頁。

(51) 株式会社エアースタジオ『戦後73年を飛び越えて MOTHER マザー――特攻の母 鳥濱トメの物語』上演台本、五八頁。台本には、卓庚鉉がタク・キョンヒと記されているが、正確な表記はタク・キョンヒョンである。

(52) 同前、九九―一〇一頁。

(53) 理事長柿崎裕治「当会設立に寄せて」特定非営利活動法人知覧特攻の母鳥濱トメ顕彰会のホームページ www.torihamatome.jp(最終アクセス二〇二二年一月二三日)

(54) 柿崎裕治・井上和彦「シリーズ対談 日本が好き!特攻の舞台を演出するということ」『正論』二〇一八年一月号。

(55) この点については、清水鉄平『はちま起稿――月間1億2000万回読まれるまとめブロガーの素顔とノウハウ』SBクリエイティブ、二〇一四年参照。

(56) 藤田智博は2ちゃんねるの掲示板に投稿する人々に韓国と中国に対する排外主義的な意識が強いことを明らかにしている。当然ながら韓国や中国に対する敵対感は、植民地支配と戦争をめぐる歴史認識のずれから始まったのである。藤田智博「インターネットと排外性の関連における文化差」『年報人間科学』第三二号、二〇一一年、七七―八六頁。

(57) 代表的な研究としては、李香哲「神風特攻隊と韓国人隊員」『日本研究論叢』第二四号、現代日本学会、二〇〇六年、二六五―三二八頁。裵姈美「日帝末期朝鮮人特攻隊員の志願と特攻死」『韓日民族問題研究』第一三号、韓

日民族問題学会、二〇〇七年、二八九―三二六頁。李榮眞「朝鮮人特攻隊員という問い」『次世代人文社会研究』第七号、東西大学日本研究センター、二〇一一年、一八一―二〇一頁などがある［いずれもソウル］。なお、本書は三名の研究から多大なる教示を得たことを記しておきたい。

第八章　韓国における朝鮮人特攻隊員の受け入れ難さ

第一節　卓庚鉉「帰郷祈念碑」建立の動き

慰霊と世論の力学

第七章で触れたように、二〇〇一年に日本で公開された映画『ホタル』は、翌年韓国で上映された。『ホタル』では、特攻隊員朝鮮人少尉の部下であった日本人が、上官の韓国の生家を訪れて遺品を渡そうとする。韓国の遺族は遺品の受け取りをはじめは頑なに拒否するが、最後は受け取って和解してゆく。映画において韓国の遺族は、身内が特攻隊員として戦死したことに強い拒否感を表すものの、結局は受け入れるのである。

しかし、現実には、戦死した朝鮮人特攻隊員がホタルになって故郷に帰るという映画のストーリーは再現されなかった。韓国通で知られる女優・黒田福美が、数年間にわたって計画してきた特攻隊員として死んだ卓庚鉉（光山文博）の帰郷祈念碑の除幕式が中止となったのだ。黒田が中心となって進めた、卓庚鉉の故郷の慶尚南道泗川市に祈念碑をつくる計画は、泗川市と韓国人協力者の強い支援もあって無事に完遂するかのように見えた。しかしながら、インターネットやマスコミを通じて祈念碑のことを知った地元の人々や関連団体の反対デモが起き、除幕式は直前になって中止となり、帰郷祈念碑は撤去された。この事件によって、植民地時代に戦争で亡くなった人々に対する慰霊問題や日韓の歴史認識の違いが明らかとなった。

ところで、なぜ日本人女優の黒田は、特攻隊員として戦死した卓庚鉉の魂を故郷に帰すため、彼の祈念碑を建立しようと考えたのだろうか。

彼女は一九九一年のある日、夢のなかで見知らぬ青年から「戦争で死んだことに悔いはないが、朝鮮人なのに日本人の名前で死んだことが残念」と告げられたという。その四年後に、この話を読売新聞の随筆に書いたところ、靖国神社から一度おいで願いたいという申し出があった。そして、靖国神社広報の担当者から遊就館の二階にある卓庚鉉の遺影に案内され、初めて彼の存在を知る[1]。これがきっかけで朝鮮人特攻隊員に関心を持つようになり、鳥濱トメの次女・赤羽礼子と知り合い、韓国側遺族とも交流するうちに、夢に出てきた青年は卓庚鉉だと確信するに至ってその祈念碑を計画したのである。

黒田はその後、戦争で犠牲になった朝鮮人の調査を行っていた韓国明知大学の洪鍾佖教授の協力のもと、卓庚鉉の出身地の韓国・泗川市に碑を建てる計画を進めた。当初は生家の近くに小さな個人慰霊碑を建てる予定であったが、二〇〇七年に陸軍士官学校出身で元軍人の泗川市長が、市立公園内の土地を提供してくれ、土地代以外の費用はすべて黒田が負担して帰郷祈念碑を建立する運びとなった。

しかし、しだいに反対する声が高まってきたため、黒田は二〇〇八年四月に泗川市長と面談し、碑文の表と裏の文章を修正することで合意した。ハングルの碑文の表は、「太平洋戦争時泗川でも多くの方々が犠牲になりました／戦禍によって尊い命を失ったすべてのみなさまのご冥福を祈るとともに／その御霊が安らかな眠りにつかれますようお祈りいたします」、裏は「この平和な西浦に生まれ／異郷の地沖縄の海に散った卓庚鉉さん／その御霊なりとも懐かしき故郷の山河に帰り／安らかな永久の眠りにつかれますように」とした。要するに元々の碑文の表裏を入れ替えたのである。

彼女がイメージしたのは、敵味方関係なく犠牲者の名を刻む沖縄の「平和の礎」であり[2]、「近年になって韓国の雰囲気も変わりつつある。黒田さんが碑の建立を持ちかけた所、泗川市の人々は快く応じ、建立のためにと市が公園内に約一万平方メートルもの敷地を確保してくれた。碑の制作も韓国で著名な彫刻家の高承観さんが引き受けてくれた[3]」と日本のマスコミが報じているように、順調に施工されると思われた。

韓国社会の反対

ところが抗議の声は収まらなかった。二〇〇八年五月六日には、地元の市民団体で構成された泗川進歩連合が記者会見を開き、祈念碑建立を決定した泗川市長の公式謝罪や除幕式の中止、碑の速やかな撤去の三点を要求する[4]。左派リベラルが始めた反対運動に、植民地時代に独立運動に身を投じた人々の子孫たちがつくった光復会等の保守団体も合流し、活動は一層激しさを増した。さらに、インターネットサイトや泗川市庁の掲示板で反対署名運動も繰り広げられた。

建立賛成派と反対派は妥協点を見つけようと、五月九日に合同会議を開催した。反対派はここで、市長の独断であり市議会の承認を得ていない点、日本側の正式な謝罪もないままこのような石碑が建つ点、卓庚鉉が果たして石碑に刻まれる人物として相応しいか吟味されていない点などの疑問を提示した。光復会の会員からは、靖国に祀られている特攻隊員の慰霊碑を到底許すわけにはいかないという意見も出た。これに対して黒田側は、市長との約束を信じて碑の計画を進めてきたこと、あくまで「民間レベル」で交流をはかるものであって、国家を代表して謝罪できる立場にはないこと、石碑は一個人の兵士を祀るものではなく、日本人として亡くなった朝鮮人の魂が故国に帰り安らかに眠るよう願う石碑であることを主張し、妥協点を探った[5]。

しかし、両者が納得する結論は得られず、泗川市は混乱を回避するため市長の式典欠席を決定、黒田に除幕式の中止を要請するとともに謝罪したのである。

除幕式を予定していた五月一〇日（卓庚鉉の命日の前日）、黒田は最後の可能性を信じて、日本の取材陣など約三〇名とともに除幕式の現場に出向いた。在日民団関係者、太平洋戦争沖縄遺族会の会員、南九州市の霜出勘平市長も式典に駆け付けたが、除幕式に反対する市民団体は、卓庚鉉を「日本のために出撃し、死んだ人」と批判し、従来どおり除幕式の中止と碑の撤去、泗川市長の謝罪を要求した。結局、泗川市は、当日の朝になって除幕式の中止を決定し、五月一三日には帰郷祈念碑は撤去される[6]。

その後、泗川市関係者は石碑から卓庚鉉の名前を削除すれば、再考の余地があると述べたが、黒田は同じ提案を以前私たちもしたが市に拒否された。それをいまになって市側が削除したらよけいにこじれてしまうと批判した[7]。

市議会や市民団体と充分な協議をせず独断で事を進めた泗川市長と、市民の意見に耳をかたむけなかった自治体の責任が大きいことは言うまでもない。しかし、ここで一つ指摘したいのは、日本の政治家等がたびたび口を滑らせ、妄言とも言える植民地時代の賛美を繰り返すなかで、黒田が碑を建立するのは「民間交流」のためであると繰り返し強調したことである。[8] そう言えば韓国社会にすんなりと受け入れられると単純に考えていること、主催側が「民間レベルの交流」という安直な方式で歴史認識問題に強引に決着を付けようとしたことは、非常に問題であった。日本側は、朝鮮人特攻隊員は「歴史の犠牲者である」という主観を押し通そうとしたが、韓国側は「日本のために自ら死を選んだ加害者」という偏見からいまだに抜け出せず、日韓両国の歴史認識の埋め難い隔たりをまざまざと見せつけた出来事となったのである。

第二節　慰霊観光と戦跡まちづくり

特攻と観光資源への期待

この帰郷祈念碑の建立計画に、当初より「資本の論理」が介在していたことは、見逃してはならない。泗川市と韓国観光公社は、黒田の計画を観光事業の一環として位置づけていた。新たな名所になると期待した泗川市は、慰霊碑をたんなる観光スポットと認識し、韓国観光公社の後援も得て観光商売の道具と収入源にしようとした。泗川市長の金守英が、陸軍士官学校出身であることも、それを後押しした。彼は戦跡を活かしたまちづくりに成功している日本の地方自治体の事例を知っていて、慰霊碑を建立し、泗川市を日本に積極的にアピールしようと考えた。韓国観光公社も日本の旅行会社と協力して、除幕式ツアーをはじめ様々な旅行商品を開発するなど[9]、観光資源として利用しようとする思惑が韓国側に垣間見えた。しかし泗川市長はその思惑を、見も知らぬ韓国人青年のために長年奮闘してきた黒田への謝意で飾り立て、地元住民や市議会の同意を充分に得ぬまま、市有地を無償提供すると約束してしまったのである。

韓国観光公社東京支社は、泗川市のこの姿勢をみて、日本の韓国専門旅行会社とともに、韓国観光プログラムを企画する。公社は二〇〇八年三月二四日に記者会見を開き、韓国人特攻隊員の帰郷祈念碑を紹介し、女優の黒田福美と巡る除幕式ツアーを発表した。東京支社長は、このツアーは「平和を祈願する旅」で両国の歴史を知って頂くことはもちろんだが、ベストシーズンに韓国南部の泗川、晋州、釜山の素晴らしい魅力を参加者に伝えることができたら幸いだと強調した。[10] 公社は日韓の歴史や交流の重要性を訴えながらも、何よりも日本人観光客の増加を期待していたと考えられる。言うなれば、黒田の慰霊碑事業を契機に、日本人観光客の誘致が本格的に始まったのである。

帰郷祈念碑除幕式ツアー

東京にある韓国専門旅行会社の三進トラベルサービスは、黒田の事業に賛同してツアーを企画した。このツアーは卓庚鉉の命日の前日で、泗川市の「市民の日」でもある五月一〇日の除幕式に参加するスケジュールであった。「帰郷祈念碑除幕式参加の旅」と銘打ち、鳳鳴山への慰霊登山や晋州・泗川・釜山の観光を含む三日間・四日間コースだった。[11] 除幕式の前に開催されるシンポジウムには、沖縄の「平和の礎」を建立した元沖縄県知事・大田昌秀や知覧特攻平和会館のある南九州市の市長・霜出勘平、韓国人犠牲者の調査を担当し、慰霊碑建立の立役者となった洪鍾佖教授が参加し、石碑建立までの過程や

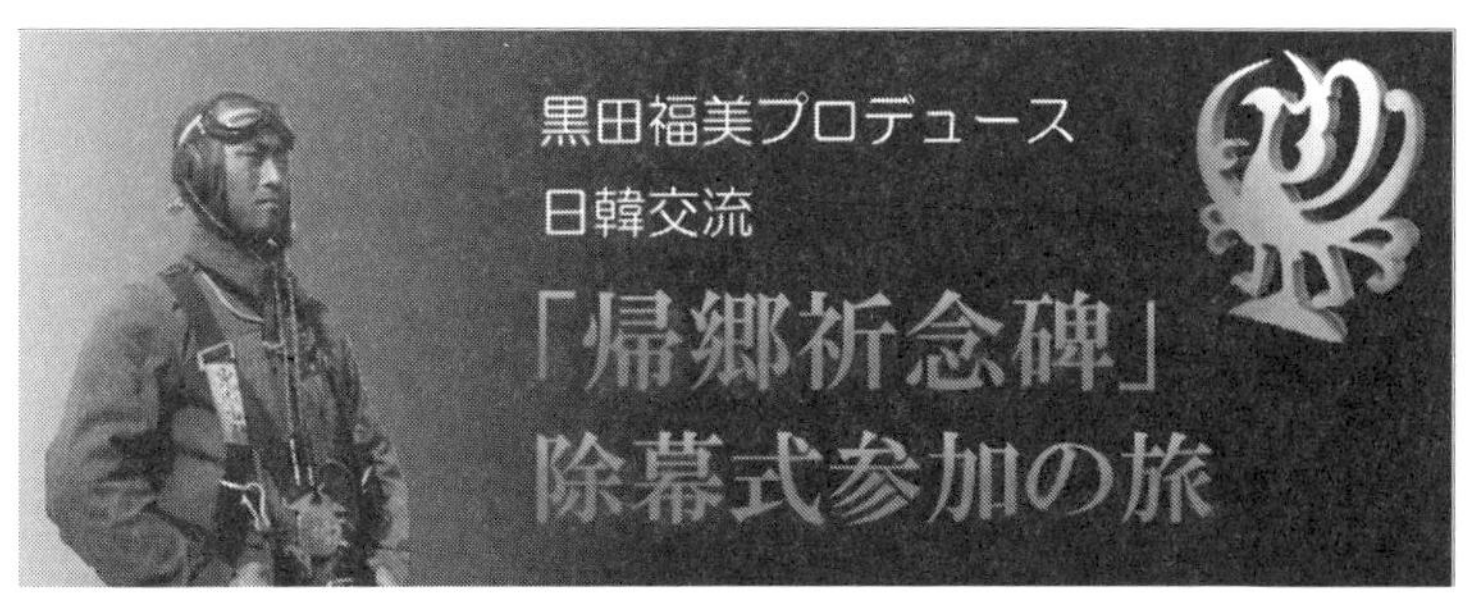

図 64　「帰郷祈念碑」除幕式参加の旅
出典：三進トラベルサービスのホームページ。

思いを語り合う予定であった。旅行代金の一部は、慰霊碑建立費として寄附したという。三進トラベルはホームページで、次のように参加を呼び掛けている。

出撃前夜アリランを歌い日本人兵士として沖縄の海に散った特攻兵　卓庚鉉。彼の慰霊碑が故郷　慶尚南道泗川市に完成します。その慰霊碑建立につくした女優　黒田福美と共に日韓の平和と交流を考える旅です。[12]

そして、「日本統治下の朝鮮半島でも「内鮮一体」の号令のもと、多くの朝鮮の人々が日本の軍人・軍属として駆り出され、若人達はその青春の夢も、命も犠牲にしました」とし、帰郷祈念碑は「日本兵として沖縄に散ったある朝鮮人兵士の慰霊碑ではありますが、同時に多くの犠牲者の冥福を祈るものです。この除幕式とそれに伴うイベントに参加していただくことで、日韓が互いの文化を尊重し、世界へ向けて平和を発信する機会になればと思います[13]」とツアーの目的を説明している。さらに、黒田が夢に現れた一人の特攻隊青年を調査していくうちに、その青年が沖縄で戦死した卓庚鉉であることが判明し、彼の故郷である韓国の泗川市で慰霊したいとの思いから、泗川市長や遺族の協力を得て祈念碑の建立に至ったという経緯も述べている。

日韓交流・親善のための除幕式？

次に除幕式ツアーにおける、黒田をはじめとする関係者の位置づけと認識に注目してみよう。例えば、三進トラベルのホームページに掲載されているツアーの経緯と目的や関係者の言葉、除幕式参加を促す紹介パンフレットでは、「日韓平和」「日韓交流」「日韓友好」「日韓親善」が繰り返される。「日韓交流「帰郷祈念碑」除幕式参加の旅」と名付けられた観光商品は、「さらなる日韓交流を深める」という見出しによって、親善の目的が強調される。ホームページの「関係者のお言葉」では、元沖縄県知事・大田昌秀がこのツアーは「日韓両国の友好関係を促進」すると捉え、知覧と泗川市次代を担う子どもたちが卓庚鉉の仲介で親善交流関係が結べるよう切望していると語る。泗川市長・金守英は、このツアーにより「故人の願った平和の光が全世界に広がる」と述べ、韓国観光公社東京支社長・呉龍洙は、「韓国と日本の新しい友好親善の原点」であると高く評価している。三進トラベルの代表・立木健康は、「日韓の懸け橋を社是とする会社の代表として胸が痛くなる思い」で本企画に共感・協力したと語る。[14]

もちろん、内鮮一体の政策のもとで、多くの朝鮮人が日本の軍人・軍属として駆り出され、犠牲になったことについても「ツアーの目的」で触れているがわずかである。植民地支配と国家暴力の悲惨さを軽視したこのような歴史認識が、祈念碑が建立できなくなった根本的な理由の一つであったことは言うまでもない。

さて、日本から釜山に移動し晋州の観光を終え、いよいよ泗川入りするというところで除幕式の中止を伝えられた約三〇名のツアー参加者たちは、この事態に大きく戸惑ったが、結局離れた場所から祈念碑に向かい黙禱を捧げて日本に帰国した。慰霊登山は計画通り実施されたものの、除幕式前に予定されていたシンポジウムは中止となり、会場を変え説明会を開くにとどまった。

ツアー終了後、旅行会社のホームページに公開された参加者アンケートでは、「良い経験」「とても感激」「有意義な旅」「今までしたことのない旅行」というツアーを高く評価する意見が大半を占めている。韓国で予想外のアクシデントに直面したにもかかわらず、ツアーが困難を乗り越えて終了したことに感謝する声が複数あった。冷静に対応した黒田やスタッフが今回のツアーの大成功をもたらしたと評価している。

第三節　日韓両国の歴史認識の相違

慰霊碑反対の理由や論理

卓庚鉉の慰霊碑をめぐる論争の核心であり、韓国社会の反応を左右するのは、彼の行動や特攻死をどのように解釈するのかである。これは、朝鮮人特攻隊員を植民地支配や戦争の被害者・犠牲者として扱うのか、あるいは日本のために自ら死を選んだ加害者（親日派）として捉えるのかという問題と深く関わっている。帰郷祈念碑を建立しようとする黒田側は彼を歴史の犠牲者とみなすが、韓国の市民団体側は彼を「日本のため戦った者」、「裏切り者」と判断したのである。だが韓国社会は、特攻隊員は親日派だからというだけで、帰郷祈念碑に猛反対したのであろうか。建立に反対した市民団体や国民の主張をまとめると、その理由は大きく三つに分けられる[15]。

第一に、朝鮮人特攻隊員は志願して日本の軍隊に入り、皇軍として「天皇」のために死を選んだ人間だという点である。「神風は天皇のために忠誠を尽くした極右、天皇のために忠誠を誓約した神風の一組織員[16]」、つまり、「卓庚鉉は天皇のために死んだ。我が民族の逆賊[17]」であり、あくまで自らの意思で日本の軍隊に入り、天皇に命を捧げた彼の碑を建立することはできないという主張である。泗川進歩連合も「神風特攻隊員・卓庚鉉の慰霊碑建立反対記者会見文」のなかで、そのように批判している。

第二に、卓庚鉉が靖国神社に合祀されている点である。左派系の市民団体である民族問題研究所は彼が東条英機らA級戦犯とともに靖国神社に祀られ、日本の英霊として顕彰されている事実を問題視する。『中央日報』が「彼の魂は靖国神社に合祀され、時折日本総理大臣の参拝を受けることもある。飛行帽を着用した彼の写真も神社の遊就館に飾ってある[18]」と否定的に報じているように、この批判は韓国の新聞でもよく見られる。

第三に、日本政府の歴史認識や歴史歪曲、過去の謝罪問題と結びつけて反対する人もいる。泗川進歩連合と民族問題研究所は、日本が未だに歴史を歪曲している状況で、慰霊碑の建立を認めるわけにはいかないと主張した。碑を建てることよりも、植民地支配責任と戦争責任についての日本の正式な謝罪を求め、「歴史認識の合意」を望む。だが、合意がなされていない以上、碑の撤去は当然とする。ウェブ上や泗川市庁掲示板にあふれた反対意見も、大半がこの三つのいずれかであった。

しかしこうした反対意見は、卓庚鉉がどのような状況におかれて、どうやって日本軍に入隊し、どんな過程を経て特攻隊員に選ばれたのか、そして彼がどのような思想を持っていたのかについては、決して重視していない。彼が特攻隊員になった経緯や思想は、歴史的文脈で捉える必要があるにもかかわらず、そうした背景はまったく考慮されていない。あくまでも現在の日韓関係に立って卓庚鉉を「断罪」しているのである。植民地支配により様々な苦痛を強いられた民衆の経験は看過されている。

被害者としての立場も認める

このように韓国において朝鮮人特攻隊員とは、植民地期から現在に続く歴史的文脈で考えなくてはならない存在なのである。

もちろん韓国でも、日本によって強制的に動員にされた人々の慰霊はある程度はおこなっている。だが、日本の植民地支配に対する拒絶感は根深い。一九九九年、慶尚北道の英陽郡で徴用工の霊を慰めるために建てられた「恨の碑」の建立過程が、地域社会を巻き込む大論争に発展するなど、日本に強制的に連行された朝鮮人犠牲者ですら、その慰霊は決して順調にはいかなかったのである。[19] ましてや、特攻隊員の場合は、半強制的だったとはいえ、「志願」であったことから、天皇のために自殺攻撃を敢行した狂信主義者という認識が韓国人に沁みついており、彼らを戦争の被害者として慰霊することを一層難しくしている。卓庚鉉の慰霊碑をめぐる問題は、植民地支配や戦争の記憶のずれや戦争で亡くなった人々を哀悼する権利が誰にあるのかという、記憶の戦争の様相を理解する上でいくつかの重要な示唆を提起しているのである。

一方で、朝鮮人特攻隊員を「戦争の被害者」として認めている人々も確かに存在する。韓国の有力紙

『東亜日報』は、「カミカゼ朝鮮青年卓庚鉉慰霊碑 必ず撤去しなければならないのか」[20]と疑問を提示した。この論調は『中央日報』でも同じく見られた。『中央日報』は以下のように述べている。

志願にしろ、仕方なく行かざるを得なかったにしろ、卓庚鉉もまた歴史の犠牲者に他ならない。死出の旅路へと赴く前夜、祖国を思いアリランを歌った彼が、翌日には「天皇陛下万歳」を叫びながら、突撃せねばならなかったというのはまったくの悲劇だ。どうすることもできない狂気の歴史のなかでは、個人の運命など弱々しく小さなものでしかない。卓庚鉉のはかない死、だからこそ誰もがそれを悲しむのだ。[21]

この記者は、卓庚鉉は歴史の犠牲者に他ならないと強調している。だが、個人の悲劇的な死を悼むのはよいとしても、碑が建った事実が日本社会で加害責任の回避や侵略戦争の美化の手段として使われるのであれば断固拒否すべきである。黒田らはこうした韓国側の複雑な感情をもっと事前に確認すべきだったという中立的な意見もあるにはあったが、当時の韓国では少数派に過ぎなかった。[22] また、慰霊碑をいきなり撤去するのではなく、この碑の何が問題なのかを明らかにした上で日韓双方が時間を掛けて話し合い、それから冷静に結論を出すべきであったという客観的な意見もわずかながらみられた。

慰霊碑撤去後の顚末

これまで述べてきた通り、慰霊碑を建立する過程で、黒田らに過去の戦争に対する根本的な省察が見られない点は大きな問題である。黒田は碑の表側に戦争被害者全般に対する哀悼の文を刻み、裏側に卓庚鉉個人に向けた碑文を刻むことで、この碑が特攻隊員のみを慰霊するものではないという意図を伝えようと試みた。

しかし、このような安易な方策のみで韓国社会の認識を一変させることは不可能であった。さらに、除幕式の中止が決定すると、黒田はその責任は泗川市にあると一方的に責めた。これは一見泗川市に対する憤怒の表出に思えるが、慰霊碑が黒田の「私有物」であるという本音を無意識に表しているともとれる。[23]

韓国では、黒田が慰霊碑の建立計画を発表した二〇〇七年八月頃から、除幕式が予定されていた二〇〇八年五月頃まで、全国紙を含む新聞各紙には、慰霊碑誕生の経緯や黒田の思いを肯定的に紹介する記事が掲載されていた。この関連のニュースを初めて報じたのは、『ソウル新聞』である。同紙はコラムで、黒田が韓国に朝鮮人特攻隊員の慰霊碑を建て、アジア・太平洋戦争の残した傷を少しでも癒したいと考えていると伝えた。地方紙の『慶南日報』は、「魂だけでも故郷に埋めて」「神風韓国人、故郷泗川に帰る」と慰霊碑の計画を報じた。[24] その後も、慰霊碑関連の記事は、二〇〇八年四月末まで続いた。いずれも、黒田が夢で会った朝鮮人特攻隊員のことが忘れられず、彼の魂を慰めるため碑を建てようと尽力してきたという取り上げ方をしている。[25] だが、彼らがいかにして特攻隊員になり死を迎えたのか、その歴史的意味は何なのか、慰霊碑の存在が韓国内に及ぼす影響といったこの問題の核心を突く論調はまったく見られず、一般市民に大きな異論も起こらなかった。

しかし、いざ除幕式が近づくと、地元の市民団体を中心に「特攻隊員は絶対に許せない」「慰霊碑を破壊すべきだ」「このような慰霊碑が我が地元に建てられるのは恥ずかしい」といった抗議と世論が巻き起こり、地元新聞を中心にメディアが本格的に取り上げ始める。地元紙の報道で共通しているのは、特攻隊員の親日性や歴史認識と合わせて市長の独断的な執務に対する批判である。これは市民団体の主張をそのまま踏襲している。だが、一部の全国紙は卓庚鉉を犠牲者とみなす報道をしている。このように全国紙と地方紙でも意見が割れ、民意を主導する言説も定まっていなかったため、韓国社会で朝鮮人特攻隊員問題を真剣に議論する絶好の機会を逃してしまったのである。また、極端な反日感情や反対意見もあるなか、慰霊碑が何の議論もなくただちに撤去されたことは韓国社会の未成熟さを示してもいた。

日本の新聞も、韓国の住民たちの反対によって慰霊碑が撤去されたと報じ、なかには「和解への思いが通じない」ことを強調する新聞もあった[26]。この除幕式を単純に「日韓の和解」と位置づける見解は、日韓両国の歴史認識が完全に異なっていることを改めて思い知らせるものである。

こうして日韓双方が自分の主張を繰り広げたため、相互理解を深める方法を見つけられないばかりか、互いの歴史認識に歩み寄る限界が明らかとなった。

第四節　帰郷祈念碑の移転と新しい碑文

帰郷祈念碑の解体と保存

除幕式が中止となり、黒田は五月一二日に日本に帰国した。その翌日に韓国の知人から黒田のもとに帰郷祈念碑が撤去されたという連絡が届く。そして、黒田に泗川市から送られてきた公文書「帰郷祈念碑原像回復及び公式謝罪要求に対する返信」（二〇〇八年五月一四日付）では、帰郷祈念碑の解体・保管が正式に伝えられた。

この文書はまず、黒田の純粋な気持ちを受け入れて市が用地を提供し、碑の建立計画を進めたが、世論の悪化と反対する動きが激化したため、除幕式の中止を決定した。それについては除幕式前日と当日に説明会を開いて充分に説明したと述べている。ついで帰郷祈念碑が安全を担保できない状況にあるため、やむを得ず泗川市が祈念碑が毀損されないように、解体し、安全な場所に保管している。碑の解体は私有財産の毀損ではなく、碑の安全のためのやむを得ない措置であった。植民地支配や戦争に対する韓国人の考えが変化せず、諸条件が整わない状況のなかで、泗川市が石碑の建立を再び支援することは難しいと結論付けている。

黒田は除幕式が中止され、帰郷祈念碑が解体されると、その心情を『朝日新聞』で語った。黒田は今回の結果が無念でならないとしながらも、反対派とコミュニケーションが不足していたため、「特攻兵の慰霊碑」という言葉が独り歩きしてしまい、自分たちの趣旨が正しく伝わらなかった感触があったことを反省している。また、除幕式が中止になったあとも、碑文の修正を提案するなど、反対派と話し合うことで合意点を探せるのではないかと感じていただけに、早々の撤去は残念だとした[27]。だが、日韓交流の手答えもあったと強調する。

その後、黒田は五月末に再び韓国を訪問し、韓国の新聞社二社からインタビューを受けている。帰郷祈念碑が撤去されたことについて、「無念」「断腸の思い」だと語り、祈念碑は卓庚鉉一人のためではなく、戦争で犠牲になったすべての韓国人を慰霊するものであり、日本はこの祈念碑が日韓両国の未来を変える契機になることを期待していると述べた。また、強制的に徴兵されたあげく亡くなった方々のために、なんとしても妥協点を探し出したい、韓国の皆さんもより広い心をもって戦争犠牲者の御霊を慰霊してほしいと訴えている。(28)

彼女のインタビューや日本の新聞への寄稿、黒田がまとめた「帰郷祈念碑除幕式中止の経過報告」に一貫して見られるのは、自分はあくまでも「民間レベル」の交流で一人の日本人として亡くなった韓国人の魂を慰めたいのであり、国家を代表して慰霊するものではないという主張である。また、積極的な支援を約束したにもかかわらず、除幕式を中止、帰郷祈念碑を撤去した泗川市側への怒りを露わにしている。

しかし、黒田の夢の話から除幕式中止までのすべての過程において、彼女自身が朝鮮人特攻隊員についてどう考えているかがまったく見えてこない。

もちろん植民地支配が悲惨だったとは語っている。だが、朝鮮人特攻隊員という深刻な問題を取り上げながらも、朝鮮人がなぜ特攻隊員にならざるを得なかったのか、なぜ朝鮮人があの戦争で犠牲となり、特攻隊員として死ななければならなかったのか、これらの問題を黒田自身はどのように評価し考えているのかについて苦悩した形跡は見当たらない。異国で死んだ「可哀そうな」朝鮮人の魂を故郷に帰してあげたいという善意は、朝鮮人特攻隊員という歴史問題の追及・反省よりも、彼女が繰り返して語っている「日韓市民交流」「日韓友好」「平和の希求」を掲げたイベントの実施に落ち着いてしまったのである。朝鮮人特攻隊員を弔いたいという思いが徐々に方向性を変え、彼女の純粋な気持ちと実際の行動との間にずれが生じてしまったということである。

追悼と反発のなかでの帰郷祈念碑

撤去された帰郷祈念碑は、泗川市の近くの寺に一時的に保管されたが、二〇〇九年にソウル郊外にある京畿道龍仁市の法輪寺に移された。再建を模索する黒田に、法輪寺の住職が手を差し伸べたことがきっかけであった。この年の一〇月二六日、境内のハス池のほとりでごく限られた関係者が参列し、建立の法要が行われた。この日は旧暦で九月九日にあたって韓国では九九節と称し、「悲業の死、悲しい死を遂げた人」たちを供養する日だという[29]。

石碑は全高五メートルで、上部に不死鳥を象徴する三つ足のヤタガラスが乗っている巨大なものであり、二〇〇八年に泗川市の除幕式で建立しようとした碑よりは小さいが同様の外見である。表面には

図 65　法輪寺に移転された帰郷祈願碑（韓国・龍仁市，2009 年移転当時）

出典：『龍仁新聞』2021 年 8 月 9 日。

図 66　空を仰ぐ帰郷祈願碑
出典：南日本新聞社編『特攻この地より――かごしま出撃の記録』南日本新聞社，2016 年，217 頁。

「帰郷祈願碑」と碑銘だけを書き、背面に韓国語と日本語で書いてある碑文も「太平洋戦争時 韓国の多くの方々が異郷に無念の死を遂げられました。その御霊なりとも懐かしき故郷の山河に帰り 安らかな永久の眠りにつかれまよう心からお祈りいたします」と朝鮮半島出身のすべての戦没者を慰霊する内容に改められた。法輪寺がこの石碑のせいで非難を受けないためにも碑文から卓庚鉉の名を外し、一個人を祀るものではないことをはっきりさせたという[30]。

碑のそばの立て看板には、この碑の由来がさらに詳細に紹介されている。黒田が見た夢の話や卓庚鉉と考えるようになったいきさつを述べ、次のようにまとめている。

太平洋戦争下、多くの韓国の方々が日本名のまま異国の地で亡くなったことを考えると、彼は異郷にさまよう同胞たちの御霊を弔って欲しいと告げたかったのではないでしょうか。二〇〇九年一〇月、法輪寺ご住職の寛大なる理解のもと、多くの御霊の帰郷を願って日本人女性が建立したのがこの「帰郷祈願碑」です。[31]

この立て看板では、あくまでも日本人女性が建立したことが強調されている。しかし、法輪寺に移築された帰郷祈願碑は、二〇一二年に韓国のKBSテレビがドキュメンタリー番組『朝鮮人神風 卓庚鉉のアリラン』を放映すると、光復会をはじめとする民族団体の抗議が再燃する。法輪寺の総本山である曹渓寺に抗議文書を送るとともに、法輪寺に押しかけるなど激しく撤去を迫ったのである。[32] 結局、ハス池のほとりに石碑は横たえられたが、それでも「碑銘も見えてはいけない。完全に埋めてしまえ」と抗議は続いた。そのため寺側は多くの人々が見守るなか、帰郷祈願碑の解体作業を進め、ヤタガラスの彫像を外した碑を横たえて埋め、一時的に表面を木製のすのこで覆い隠した。「帰郷祈願碑」の文字を刻んだ側だけは見える形で横たえられた。今も石碑は横倒しになり、半分が地中に埋まったままである。当然だが、背面の文章は見えない。

法輪寺は毎年陰暦九月九日、この帰郷祈願碑の前で、特攻作戦で戦死した朝鮮人たちの慰霊祭を行っており、黒田をはじめ、日本人も参加するという。帰郷祈願碑をめぐる争いは、今もなお続いているのである。

注

（1）黒田福美『夢のあとさき――帰郷祈願碑とわたし』三五館、二〇一七年、一六―三三頁。『北陸中日新聞』二〇〇八年三月一一日。
（2）『朝日新聞』二〇一〇年四月二八日。
（3）『読売ウイークリー』二〇〇八年四月六日号。
（4）『oh my news』二〇〇八年五月九日［ソウル］。
（5）黒田福美「帰郷祈念碑除幕式中止の経過報告」二〇〇八年五月一六日。三進トラベルサービス http://www.sanshin-travel.com/specialsite/unveilingceremony/report.html（最終アクセス二〇二二年一月二七日）
（6）日本メディアは碑建立から撤去までの一連の流れを報道している。『朝日新聞』は「特攻隊碑撤去へ」の見出しで、「左右両派からなる韓国の団体が「日本のために死んだ韓国人を称賛できない」などと反発。同市は祈念碑を撤去する方針を明らかにした」と報じた。『朝日新聞』二〇〇八年五月一〇日、夕刊、一二頁。また、同紙は、その後も除幕式の中止や石碑の撤去について報道している。『朝日新聞』二〇〇八年五月二二日。
（7）『ソウル新聞』二〇〇八年五月二九日。
（8）前掲「帰郷祈念碑除幕式中止の経過報告」二〇〇八年五月一六日。
（9）『連合ニュース』二〇〇八年三月二四日［ソウル］。
（10）ツアーのパンフレット「日韓交流「帰郷祈念碑」除幕式参加の旅」。http://www.sanshin-travel.com/specialsite/unveilingceremony/pamphlet.pdf（最終アクセス二〇二二年一月二七日）
（11）以下、同前。
（12）https://www.sanshin-travel.com/specialsite/unveilingceremony/index.html（最終アクセス二〇二二年一月二七日）
（13）https://www.sanshin-travel.com/specialsite/unveilingceremony/purpose.html（最終アクセス二〇二二年一月二七日）
（14）https://www.sanshin-travel.com/specialsite/unveilingceremony/introduction.html（最終アクセス二〇二二年一月二七日）
（15）南相九「朝鮮人無特攻隊員の記憶」韓日関係史学会・東北亜歴史財団編『戦争と記憶の中で韓日関係』京仁文化社、二〇〇八年、二六一―二六六頁［ソウル］。

(16) 『oh my news』二〇〇八年五月七日［ソウル］。
(17) 『oh my news』二〇〇八年五月一〇日［ソウル］。
(18) 『中央日報』二〇〇八年六月二日［ソウル］。
(19) 李榮眞「朝鮮人特攻隊員という問い」『次世代人文社会研究』第七号、二〇一一年、一八一―二〇一頁［ソウル］。
(20) 『東亜日報』二〇〇八年五月一四日［ソウル］。
(21) 『中央日報』二〇〇八年六月二日［ソウル］。
(22) 前掲「朝鮮人特攻隊員という問い」一八一―二〇一頁。
(23) 前掲「帰郷祈念碑除幕式中止の経過報告」二〇〇八年五月一六日。
(24) 『ソウル新聞』二〇〇七年八月二〇日。『慶南日報』二〇〇七年九月六日。
(25) 例えば、『慶南新聞』二〇〇七年九月二七日。『東亜日報』二〇〇七年九月二七日。『国際新聞』二〇〇七年九月二七日。『慶南道民日報』二〇〇七年九月二八日。『韓国日報』二〇〇八年三月一一日。『東亜日報』二〇〇八年三月二五日。『ソウル新聞』二〇〇八年三月二五日。『慶南日報』二〇〇八年四月二九日などが挙げられる。
(26) 『東京新聞』二〇〇八年五月二三日。『中日新聞』二〇〇八年五月二三日。
(27) 黒田福美「慰霊碑撤去 無念だが、日韓交流手答えも」『朝日新聞』二〇〇八年五月二二日。同紙で、黒田は、最後に「もう一つ残念なのは、今回の件を韓国の中央メディアが全く報じていないことだ」と述べつつ、「日韓新時代の今こそ、これを題材に改めて歴史認識や民間交流のあり方について論じられたらと思う」と強調している。だが、すでに触れたように、二〇〇七年八月から韓国の中央紙『ソウル新聞』（二〇〇七年八月二〇日）、『東亜日報』と『国際新聞』（二〇〇七年九月二七日）、『韓国日報』（二〇〇八年三月一一日）、『東亜日報』『ソウル新聞』（二〇〇八年三月二五日）などが報道している。また、二〇〇八年に入ってからも、除幕式当日『ハンギョレ新聞』や『朝鮮日報』（二〇〇八年五月一〇日）の記事をはじめ、除幕式の中止後も『東亜日報』（同年五月一四日）が伝えている。黒田の記事が五月二二日に報道されたが、『朝鮮日報』（同年五月二七日）、『国民日報』『ソウル新聞』（同年五月二九日）、『中央日報』（同年六月二日）もこの問題について関心を持ちその過程を追っている。二〇〇八年五月二九日の両新聞は、黒田のインタビュー記事を掲載した。

(28)『国民日報』二〇〇八年五月二九日。『ソウル新聞』二〇〇八年五月二九日［ソウル］。
(29) 南日本新聞社編『特攻 この地より――かごしま出撃の記録』南日本新聞社、二〇一六年、二一八頁。
(30) 前掲『夢のあとさき――帰郷祈願碑とわたし』二七八―二八九頁。
(31) 京畿道龍仁市の法輪寺にある帰郷祈願碑の立て看板「帰郷祈願碑の由来」の内容。
(32)「韓国人神風慰霊碑 龍仁の寺に三年間堂々と」『京郷新聞』二〇一二年四月八日［ソウル］。

終章　朝鮮人特攻隊員の存在は日韓両国に何を語っているのか？

第一節　韓国における朝鮮人特攻隊員問題の現状と変化

過去の清算と強制動員の被害認定

戦時中、差別改善への希望や空への憧れを利用し半強制的に動員されるばかりか、内鮮一体を推進するために朝鮮総督府の宣伝広告として利用されるなど、支配国である日本に翻弄され続けた朝鮮人特攻隊員は、戦後になると韓国では政治的に不都合な存在とされ、歴史から抹消された。南北分断と朝鮮戦争、軍部独裁と開発主義体制、高度成長や民主化などで社会が大きく変動してきた韓国は、植民地期の遺産や親日派に正面から向き合うのを避けてきた。もちろん、朝鮮人特攻隊員に対する深い省察も社会的な論議もなかった。真摯にこれらの問いを考えることはなかったのである。解放後の韓国において、神風特攻隊が新聞記事になったのは一九八〇年代以降であり、その存在は長年忘却されてきた。朝鮮人特攻隊員は、朝鮮人を動員するために日本が作った神鷲や軍神のイメージから脱することができないいま、国家の正統性を確立したい韓国政府の戦略のもとで、その存在は否定されてきたのである。映画

『ホタル』の公開や帰郷祈念碑をめぐる問題で時おり表面化することはあっても、真摯に受け止めることは今日までなかった。

しかし、二〇〇〇年代に民主化が進展すると、政府は植民地支配をめぐる問題の調査に乗り出す。解放以来手つかずだった親日派についても、ようやく正面から取り上げ、国家的な調査が始まった。

二〇〇四年には「日帝強占下強制動員被害真相糾明等に関する特別法」(以下、強制動員被害糾明法)に基づき、日帝強占下強制動員被害真相糾明委員会が設置された。アジア・太平洋戦争中に日本に強制動員された被害者を特定し、名誉を回復して、補償の道を開こうとするものであった。同じ年に「日帝強占下反民族行為真相糾明に関する特別法」(以下、反民族行為糾明法)も制定された。この法律では「親日反民族行為」を一八項目定めており、日本の戦争と戦時体制に積極的に参加・協力したことが半分を占めている。第二条では、日本軍の少尉以上の将校として侵略戦争に加わったことが典型的な「反民族行為」の一つとして例示されている。第二条八項は、学徒兵・志願兵・徴兵および徴用を全国的な次元で主導的に宣伝・扇動、強要したのを親日反民族行為と見なしており、警察や官僚、文学者などのそうした活動を対象に含めた。

二〇〇五年には反民族行為糾明法に基づいて「親日反民族行為真相糾明委員会」が設立され、翌〇六年には、国外に強制動員され、その後死亡または行方不明になった犠牲者の遺族に慰労金を支給することが「太平洋戦争前後国外強制動員犠牲者等支援に関する法律」によって定められた。同法では、強制動員の犠牲者や生還者が親日反民族行為を行った場合、慰労金を支給しないと明言している。さらに、二〇〇八年には「太平洋戦争戦後国外強制動員犠牲者支援委員会」が発足し、二〇一〇年には「対日抗争期強制動員被害調査及び国外強制動員犠牲者等支援委員会」(国務総理所属)が活動を開始した。このように多様で積極的な過去の清算、「親日問題」を政府と市民が具体的に深く議論できる環境が整ってきたのである。

朝鮮人特攻隊員の遺族では、四名が被害届と慰労金の申請をしている。朴東薫(大河正明)、印在雄(松井秀雄)、崔貞根(高山昇)、盧龍愚(河田清治)の遺族である。韓国政府はこのうち、陸軍少年飛行兵第一五期生として特攻死した朴東薫について、強制動員の被害を認めている。認定されるまで数年もかかったのは、「親日嫌疑が濃い」「階級が将校(少尉)だ」という理由で決定を保留してきたためである(一)。朴東薫は特攻死したあと伍長から四階級特進して少尉となったが、階級が将校(少尉)になっただけだったので、認定を否定する根拠にはならなかった。一般兵士として入隊したためであった。また、一九四四年一一月に最初の特攻死となった印在雄も戦争の被害者として認められている。対日協力者として白い目で見られながら生きてきた遺族は、ようやく名誉回復されたのである。

しかしながら、日本陸軍士官学校出身の将校だった崔貞根の場合、反民族行為糾明法の第二条で、日本軍の少尉以上の将校を「反民族行為」と定めているため、戦争の被害者と認められなかった。崔貞根は日本の戦争に協力した典型的な「親日派」と見なされたのである。また、B−29に体当りした盧龍愚も陸軍特別操縦見習士官一期生として少尉に任官され、戦死後大尉へ二階級特進したため、被害者として認められていない。委員会は入隊するまでの過程や朝鮮総督府や日本政府の史料を基に総合的に審査するものの、戦死時の階級が少尉以上であったかどうかが重要な判断基準になっていることがわかる。

朝鮮人特攻隊員をどう評価するか、韓国政府は公式の立場を明らかにしていない。だが、少なくとも、特攻隊員であったことを理由に親日派・反民族行為者と見なしていないことは明らかであろう。

『親日人名事典』と朝鮮人特攻隊員の評価

韓国の民族問題研究所は、二〇〇九年に『親日人名事典』を刊行し、親日反民族活動に関わった四七七六名の名簿を公開した。植民地統治に協力した親日派の履歴と活動内容を詳細に調べあげたこの本は、社会に大きな衝撃をもたらした。長い間韓国では禁忌とされてきた親日派問題の封印が解かれたのであった。

民族問題研究所は一九九一年の設立以来、韓国の近現代歴史問題や、植民地支配と過去の清算の研究、南北統一文化運動等の活動を展開してきた民間の研究所である。民主化が進むなか、これまで十分な議論と清算ができなかった過去の真相究明を行ってきた団体であり、その影響力は計り知れないほど大きい。同研究所が『親日人名事典』の編纂計画を発表したのは一九九四年である。二〇〇一年に親日人名事典編纂委員会ができ、九年にわたる緻密な作業を経て、親日反民族活動に関わった人物を一六の分野に分けて三巻の本にまとめた。内訳は、売国人士二四名、授爵・襲爵一三八名、中枢院三三五名、日本帝国議会一一名、官僚一二〇七名、警察八八〇名、軍三八七名、司法二二八名、親日団体四八四名、宗教二〇二名、文化芸術一七四名、教育学術六二名、言論出版四四名、経済五五名、地域有力者六九名、海外九一〇名である。複数の分野に掲載された人もいるため総数では四七七六名となり、親日派の記憶を解放から六五年を経て社会の公的空間へと引き出したのである。

軍関係者は三八七名で、ここに特攻死した崔貞根が含まれている。ただし理由は特攻隊員だったからではなく、陸軍士官学校第五六期の将校出身だったためである。同じ理由で、満州国の陸軍士官学校出身の朴正熙元大統領も入っている。軍関係者は陸軍士官学校や満州国の軍官学校を卒業した人で日本軍将校となった人、朝鮮軍司令部などに勤めた人々が大半を占めている。

他の朝鮮人特攻隊員に関してはどう評価しているのだろうか。特攻隊員としては唯一掲載されている軍人は崔貞根である。『親日人名事典』を発行した民族問題研究所すら親日反民族行為者として明確に規定することができない存在が朝鮮人特攻隊員である。彼らは、連合軍側からみると日本軍の操縦士として自殺攻撃を行った加害者として分類される。

だが、そんなに単純な問題ではない。朝鮮人特攻隊員は半強制的な志願と差別による入隊が多く、なおかつ一九二〇年代初めに生まれてから徹底的な皇民化教育を受けて自分のアイデンティティすら確立できていない一〇代後半の犠牲者が多かったためである。このような歴史的背景を無視して彼らに加害者・親日派のレッテルを貼り、批判することが果たして正しいのだろうか。

民族問題研究所が卓庚鉉について、加害者と被害者の両方の立場を認めていることからも、彼らの特攻死を簡単に評価できない難しさがよくわかる。同研究所は、卓庚鉉が「徹底的な皇民化教育下で強制的な志願によって動員され、拒否できない出撃命令により悲劇的な短い生を終えた[2]」と被害者としての側面を認めながらも、加害者としての側面はまったくないと言い切ることもできないと指摘している。

このように、植民地問題や親日派問題に長らく取り組んできた民族問題研究所も、特攻隊員であったというだけで反民族行為・親日派と見なしていないことは明らかである。もちろん、韓国の世論が彼らの被害者としての側面を認めたとしても、日本の加害責任の回避や侵略戦争の美化のために利用されることは絶対にあってはならない。

反日主義の克服と成熟な議論の必要性

当時、朝鮮人青年が特攻の道を選ぶしかなかった歴史的状況を総合的に理解することが、いま韓国には求められている。彼らの多様で複雑な生の実像を簡単に「協力」と「抵抗」という二分法的観点から捉えることはできない。植民地支配の暴力性と戦時動員の被害を考察せず、彼らを日本に同化した天皇主義者、または歴史の犠牲者という単純な二項対立でとらえる視点を乗り越えなければならないのである。何人の朝鮮人が特攻隊員になり、どのように戦死したのか、生き残った隊員はその後をどう生きたのか、という歴史の真実を客観的に把握する必要があるだろう。これは、特攻隊を反民族行為と見なす認識を再考する上で最も優先的な課題である。

また、卓庚鉉の帰郷祈念碑をめぐって、日本の戦争に協力した特攻隊員の慰霊碑は絶対許せないという、極端な感情が一気に噴出し、結果として朝鮮人特攻隊員の問題を考える十分な時間的余裕が祈念碑の計画のときからあったにもかかわらず、きちんとした手続きや成熟した議論もないままただちに撤去されたことは、韓国社会が抱える未成熟な部分を浮き彫りにしたといえよう。

帰郷祈念碑はいまだに韓国で受け入れられずに、歴史の空白としてひたすら漂流しており、朝鮮人特攻隊員の慰霊に関して社会的な合意と議論が必要であろう。特攻隊員の被害者の側面と加害者としての側面を批判的に捉えなおさねばならない。彼らははたして「親日」という二文字に限定できる存在なのだろうか。彼らの悩みや葛藤に耳を傾けなければ、真の意味で理解したことにはならないのである。

韓国世論の変化

卓庚鉉の慰霊碑の騒動からもわかるように、特攻隊員を日本の侵略戦争に積極的に協力した者と見なす風潮はいまだに根強い。

しかしながら、二〇〇〇年代に入って民主化が進むとともに、少しずつではあるものの世論の変化も見受けられる。以前は極端的な天皇主義者としか規定してなかったが、近年の研究やドキュメンタリー番組ではその人生を細かく追跡するなど、朝鮮人特攻隊員を客観的に捉え直す動きは確実に見られる。

彼らを取り上げたドキュメンタリー番組だけでなく、小説にも注目が集まっている。二〇一〇年に出版された『神風特攻隊』は、韓国の著名な作家金ビョルが朝鮮人特攻隊員の生への欲望と死に対する恐怖を描くことによって、真正な人生の価値を問う作品であった。二〇一五年には韓国の青江文化産業大学の学生が朝鮮人特攻隊員をテーマにアニメーションを製作したり、学生劇団が陸軍少年飛行兵に関する戯曲を上演するなど、彼らの問題を再考する動きが若者のあいだにも見られる。

依然として反日感情が色濃く残る韓国だが、近年生まれつつあるこうした流れをどのように受容し、議論していくかは、朝鮮人特攻隊員の存在を正当に認める社会を構築する上で、非常に大きな分岐点となってくるであろう。

第二節　演劇『神風アリラン』にみられる韓国人の意識の変化

朝鮮人特攻隊員に対する高い関心

こうした韓国社会の変化を劇的に物語っているのが、二〇一九年二月九日から一七日まで、ソウルで舞台公演された『神風アリラン』である。この作品のポスターやパンフレットが「朝鮮人神風　我々は彼らをどのように見つめれば良いのか。朝鮮人青年たちの悲しい叫びを聴く」、「解放後七〇年が経った今、暗い時代に抑圧された朝鮮に生まれ、不幸な死によって人生を終えた朝鮮青年の訴えに耳を傾けてみよう」と訴えているように、この作品はこれまでの韓国の捉え方に一石を投じるものだった。祖国を裏切った親日派なのか、時代の犠牲者なのかを問うのではなく、植民地時代や朝鮮人特攻隊員たちの混沌と葛藤に満ちた内面世界を描いた。

二〇〇二年に韓国で興行的に失敗した映画『ホタル』から、一七年ぶりに登場した特攻隊を扱う大衆向けの演劇であったため、より多くの注目が集まった。メディアも、新しい視点から朝鮮人特攻隊員を描く『神風アリラン』に期待を膨らませた(3)。この戯曲が注目されたのは、内容もさることながら、韓国文化芸術委員会の公演芸術支援事業に選ばれたことも一因である。同事業は、制作から上演までのすべての過程を韓国政府が支援して優れた創作作品を発掘することを目的としており、その演劇部門で選出されたのだった。

劇の舞台は、陸軍航空基地があった鹿児島県知覧町の小さな朝鮮人食堂で、一九四五年の春から解放を迎えた同年八月までを描いている。太平洋戦争時に知覧町には朝鮮人が経営する食堂はもちろんなかったが、朝鮮人特攻隊員たちの内面をのぞき見る仮想空間として設定したのだろう。鳥濱トメの富屋食堂をモデルとしているが、食堂を切り盛りするのはトメではなく、朝鮮人女性の金ユジャとその娘・マリである。金ユジャは、朝鮮人特攻隊員を献身的に支える慈愛に満ちた「朝鮮の慈母」として描かれる。朝鮮人食堂は、死を目前に控えた朝鮮人特攻隊員たちが本音を打ち明けることができる空間である。

台本は歴史的事実に基づいて構成されており、実際に特攻死した卓庚鉉、金尚弼、崔貞根らが登場する。朝鮮人特攻隊員は、金ユジャの食堂を頻繁に訪れ、懐かしい朝鮮の料理を食べながら、皇国軍人となり特攻隊員として選ばれた理由をそれぞれ語る。金尚弼の兄・金尚烈や崔貞根の婚約者も面会に来る形で登場し、実話に基づいて物語は展開する。

図 67　演劇『神風アリラン』ポスター

舞台は、彼らの苦悩や葛藤、悲哀を描き出す。卓庚鉉がハーモニカでアリランを吹く。その音に惹かれて、経営者夫婦と娘、朝鮮人特攻隊員全員が集まってくる。アリランは朝鮮人を結びつける重要な媒体となっているのだ。そして、出撃前日、卓庚鉉は金ユジャに自分の写真を一枚渡しながら、アリランを歌い始める。他の隊員も一緒に歌い、劇はクライマックスに達する。そして、隊員たちは食堂で朝鮮の伝統的な酒マッコリを飲みながら、死を控えた苦悩と悲しみ、本音をぶつけ合う。金尚弼は死にたくないと語りながら、異国の地で日本人として死ななければならない運命に号泣する。死の恐怖と生への愛着がにじむ。両親や祖国、故郷を懐かしみ愛する思いがあふれる。出撃が迫るにつれその思いは深まり、観客の共感が醸成される。卓庚鉉は切ないアリランを歌い、崔貞根は我々一人一人が生きていたことを覚えていてほしいと語る。金尚弼は朝鮮が日本のために尽くせば、自治権を得ることができると主張する。特攻隊員たちは、ホタルとなって再び朝鮮へ帰ってくると話し、出撃する。

しかし、朝鮮が解放を迎えてから朝鮮人食堂へ戻ってきたのは、出撃の直前に突如部隊が変わったため、生き残ったミンヨンフンのみだった。ミンヨンフンのモデルは、少年飛行兵第一五期甲出身の閔永洛である。出撃命令が一度出たが、数日後に命令が変更されて後回しとなり、八月一五日に日本が敗れたため朝鮮に無事帰ってくることができたのである。

韓国人の演劇評価と報道

特攻隊員を扱った日本の映画や書籍に登場する朝鮮人は、日本のため一緒に戦ってくれた協力者として描かれる場合が多い。狂気の作戦の犠牲者という評価はほとんどなく、日本精神を具現したという美辞麗句が氾濫している。朝鮮人特攻戦死者を顕彰しようとする日本人の発想の底には、特攻の賛美と日本の賛美がある。韓国における朝鮮人特攻隊員の語られ方も、時代的背景を鑑みず断片的な視線とフレームで分析していることが多い。

だが、この劇は、彼らがなぜそんな選択をしなければならなかったのかを丁寧に描いている。『神風アリラン』は新しい視点で朝鮮人特攻隊員を描きたいという意図でスタートし、公演が始まる前からメディアの関心は高かった[4]。日本を批判することよりも、死の出撃を目前にした朝鮮人隊員の内面に注目し、その苦悩に焦点を当てたためであった。公演が始まってからもメディアの報道は続き、毎回チケットは売り切れが続出した。観客には中高年の人々が最も多かったが、若い人々も数多くいた。

劇を観た客の評価は、肯定的なものが圧倒的に多かった[5]。最も多かったのは、特攻隊員に朝鮮人がいたことを初めて知ったという感想であった。二〇〇〇年代以降、朝鮮人特攻隊員を取り上げたドキュメンタリー番組はいくつかあったが、まだ社会に十分浸透していないことがわかる。次に、なぜ朝鮮人が日本兵パイロットになろうとしたのか、その歴史的背景をまったく知らなかったという感想も目立った。植民地支配や戦争がテーマなので「複雑で微妙な感情」で観て「心が痛かった」とか、「久々に気持ち良く涙を流しながら観た」「知人に勧めたくなる作品だった」という評価もあった。これらの感想は、「私たちが忘れることができない、忘れてはならない話」、「植民地時代の歴史的事実をもう一度考えさせられた演劇」だという評価にもつながる。一方的に日本を批判する意見は見当たらない。

また、「戦争ではどんな人も犠牲者である」とか、「慰安婦には韓国政府も支援しているのに、特攻隊員は存在すら知られていない」という指摘も見られた。そして、政府レベルで真相究明をし、強制動員の被害者については遺族の理解が得られるような補償が必要だという意見もあった。

公演が終了したあとも肯定的な報道は相次いだ。たとえば『ソウル経済新聞』は「意味のある演劇神風アリラン公演 盛況のうちに幕を閉じる」という見出しを掲げて「朝鮮人特攻隊員・卓庚鉉を通して植民地時代の不幸な生を終えた無力な朝鮮青年の姿を詳細に描いた[6]」と報じた。

第三節　日本が乗り越えるべき感傷主義と植民地支配への徹底的な追及

特攻隊員へのノスタルジア

「特攻の母」トメが一番印象に残る隊員と言った卓庚鉉と、「ホタル特攻」である宮川軍曹の物語は、現在でも特攻の町・知覧と日本に住む我々とを繋ぐ架橋になっていることは疑いようもない。特に、二〇〇一年に映画『ホタル』が公開されて以降、この作品に刺激を受けて日本のテレビ局は同じテーマのドキュメンタリーを制作し、数々の作品も発表されるなど、朝鮮人特攻隊員は一気に関心を集めた。知覧の特攻隊員に関するドキュメンタリーや書籍の流行も、当然『ホタル』と無関係ではない。

日本における朝鮮人特攻隊員の語られ方は、支配国に従わざるを得ない朝鮮人という宿命や、特攻作戦の悲哀を前面に押し出し、『ホタル』に象徴される典型的な「悲劇の主人公」のイメージが過剰なまでに強調された。そして、『ホタル』をはじめ書籍で描き出された「朝鮮人特攻隊員像」がそのすべてであるかのように、感動的な題材として扱われ、戦後の区切りや日韓親善の道具として消費されており、日本の植民地支配や帝国主義とは切り離される傾向にある。そうした作品に感銘を受けて、鹿児島県知覧町の知覧特攻平和会館やホタル館、富屋食堂に足を運んだ人も大勢いただろう。

しかしながら、知覧特攻平和会館に展示された朝鮮人特攻隊員一一名の遺影や慰霊碑の前で日本人が流した涙には、果たして悲劇の犠牲者への「ノスタルジア」以上のものはあったのだろうか。こうした情動的な観点のみで朝鮮人特攻隊員を捉えるだけでは、いつまで経っても問題の根本的な理解には結びつかないばかりか、泗川市の慰霊碑のように日韓のすれ違いが再び起こってもおかしくないだろう。降旗監督は、日韓の間には「不幸な過去」があったとしつつも、日本人特攻隊員が感じていたことをより効果的に見せるために「朝鮮人」を取り上げたと説明した。映画『ホタル』にも、近代日本の帝国化が他者にどのような行動を強要したのかという認識は欠如しており、自国中心主義が維持されていることがこの発言からもうかがえる。

消費される朝鮮人特攻隊員

戦時中に限らず戦後も、朝鮮人特攻隊員の特攻死は「美談」「悲話」「感動」の題材として語られてきた。特攻の語りはいまや日本国民が消費する物語となっているが、「天皇のために死ぬということはできぬ」と本音を同期生にこぼした崔貞根（高山昇）と、日本人婚約者の逸話もその一つである。

崔貞根は航空兵科将校の養成のため、陸軍所沢飛行場内に設立された陸軍航空士官学校を出ると、福島県原町飛行場で操縦訓練を受けるが、ここで女子挺身隊として飛行場の医務室で働いていた日本人の梅沢ひでと知り合う。そして、朝鮮人への差別が根強い時代だったにもかかわらず、二人の恋が始まり、彼女と崔貞根の気持ちは揺らぐことなく婚約を果たした。

しかしながら、二人の恋は実ることはなかった。彼が一九四五年に沖縄付近で二度と帰らぬ人となったためである。二人の付き合いはわずか四カ月足らずであったが、結婚を誓ったひではその後も独身を貫き、二〇〇五年に亡くなるまで崔貞根を慕い続けたという。二〇〇八年に日本テレビが放送した朝鮮人特攻隊員の問題を取り上げた『アリラン特攻兵 日本と朝鮮半島の狭間で』は、この話と彼女がアメリカに住む崔貞根の兄に宛てた手紙を紹介する。

思えばなつかしさで泪がこぼれます。弟様は日本の為に壮烈な戦死をなさいました。私は弟様の死の痛ましさに悲しみの涙にくれておりました。異国のために散ってしまった若い命がたまらなく悲しかったのです。弟様は本当に立派なお方でした。誇り高く堂々としていらっしゃいました。お兄様、お返事をいただけるとは思っておりませんけれど、私は、来世はあの方とご一緒に幸せになりたいと思います。お兄様、人の心の中に国境はないのです。[7]

梅沢ひでは、死に際しても、病室で目が覚めるといつも崔貞根の話をしていたという。医師から「もうじきですよ」と伝えられた妹は、姉の顔を撫でながら、「もういいから高山中尉殿のところへ行きなさい」と語りかけたという。彼女の遺言どおり、遺骨は崔貞根が散った沖縄の海に散骨された。

このような「胸が詰まる」「せつなくなる」悲話は、特攻作戦を崇高なものとして昇華させるため利用される。『産経新聞』は二人の恋は、内鮮一体の結果であり、朝鮮人特攻隊員は聖戦で日本人に負けない朝鮮人の魂を見せてやるという気概を胸に特攻で散っていったと強調する。そして、その戦いがあったからこそ、戦後白人の植民地は一掃され、人種が平等な世界が実現したと語る。また、朝鮮出身の特攻隊員の死は、決して無駄ではなく、歴史を変えるための崇高な犠牲であったと正当化されるのである。[8] こうした主張は特攻の賛美・過去の美化であり、加害の論理を欠いてきた日本社会の姿がそのまま表れている。アジア諸国においては決して受け入れられない歴史認識である。

加害者意識を欠いてきた日本

朝鮮人特攻隊員に関する一次史料が少なく、その遺族もほとんど亡くなった現在、日本人に都合の良いように解釈され、アジア・太平洋戦争を正当化するために宣伝されることも多い。そうした日本社会の語られ方には、次のような特徴がある。

第一は、日本に忠誠を尽くし、日本精神を見事に体現し、日本のために死んでいった模範的朝鮮人として評価する立場である。朝鮮人特攻隊員はアジア解放の戦いを共に戦うために自発的に特攻兵になり、立派に死んだのだから顕彰しなければならないという。

第二は、朝鮮人特攻隊員の物語に涙し、感動し感謝する立場である。涙なくしては読めない感動の物語は、感傷的な日本人を作り出す。特攻隊員らのお陰で今の時代があるという感想も、この立場に含まれる。こうした考えは、日本政府や軍部の責任を曖昧にし、朝鮮人の死を日本のための尊い犠牲として美化する。

第三は、「かわいそう」「残念」「申し訳ない」といった、朝鮮人特攻隊員の犠牲を残念がる立場である。これは異国の地で命を落とした朝鮮人という悲劇性が、涙を誘う仕掛けにもなっているためである。だが、特攻「美談」を一枚めくってみると、裏面には多くの朝鮮「悲話」が張り付いているように、加害者意識のない残念な気持ちは、戦争の犠牲になった彼らの魂を慰めることにはつながらない。むしろ、戦争責任を曖昧にする言い訳になる。朝鮮人でありながら日本のために命を投げ出した矛盾や葛藤を理解しない限り、日韓の歴史認識の大きな溝は埋められない。

もちろん、特攻作戦そのものに批判の目を向ける論調もないわけではないが、植民地支配の文脈で捉えるのではなく、感傷にもとづいて消費している。彼らに対する罪悪感はほとんど見られないのである。なぜ、日本人はアリランを歌う朝鮮人の姿だけを見るのか。彼らの心の声はまったく聞こえないのだろうか。植民地支配と戦時動員が朝鮮人にどれほどの苦痛と被害を与えたのか、いかに多大な犠牲を生み出したのか、特攻隊員と遺族にどんな苦難を強いたのかといった加害者意識はみじんも感じられない。

加害者意識の欠如は、朝鮮人特攻隊員の問題に限った現象ではない。日本では戦争を国家の問題ではなく個人の問題として語り、国家の戦争責任を回避する傾向が強かった。その背景には、冷戦体制が激化するなか、GHQの占領政策が非軍事化から対共産主義勢力の再構築に転換し、日本人の公職追放が解除され、それに伴って国家の戦争責任と反省を曖昧なままにしてしまったことがある。前述したように、戦争責任を徹底して問わなかった東京裁判やサンフランシスコ講和条約も大きな原因である。その結果、加害者である日本の反省はなく戦争責任は矮小化され、他者との歴史和解をおざなりにしたままとなったのである。日本はむしろ戦争の被害者という意識が強く、「過去の克服」のために努力してこなかったことは、近年になっても相次ぐアジアの人々による戦後補償裁判からもわかるだろう。「被害者意識」に甘えてきた日本の歴史認識が、朝鮮人特攻隊員の問題にもそのまま表れているのである。

今、日本に必要なことは、過去の美化でも特攻の顕彰でもなく、加害者として自覚を持って行動することである。なぜ、朝鮮人が日本の戦争に参加し、死ななければならなかったのか、特攻という狂気じみた非人道的作戦を強行した国家の責任を明確にすることである。彼らのような歴史の犠牲者を生み出した責任を日本社会が受け止め、自省を込めてこの問題と向き合っていかなければならない。

戦争と平和、そして特攻

戦後の日本において「平和」とは果たしてどんな意味を持っているのだろうか。日本の平和は、すでに一般名詞ではなく、固有名詞になっているように思う。それは「戦争のない状態」という意味が強かった。日本国民は敗戦に大きな衝撃を受けたが、一方で、死の恐怖から解放されて生きていくことができるという安心感も得たのである。つまり、戦争のない状態が戦後日本の新たな目標となり、「平和」が戦後最大の流行語となったのである。こうした「平和」概念は、日本国憲法第九条によく表れている。

また、日本では、アジア・太平洋戦争を中心とする数多くの戦争に関わるミュージアムが設立されたが、「平和」を掲げる施設が多い。軍神を賛美し、国民の動員に一役買った施設はGHQにより閉鎖されたが、占領が終わると「平和」の名の下に、戦死者を慰霊するミュージアムが自治体や神社、自衛隊、市民団体によって次々とつくられた。赤澤史朗は『靖国神社――せめぎあう〈戦没者追悼〉のゆくえ』において、それまでは「お国のために死ぬ」ことを称揚するための施設であった靖国神社が、敗戦を境に「平和祈願の神社」といったセルフイメージを持つに至った過程に注目し、英霊とは「お国のために戦った人々である」といった語りと、「彼らのおかげで今日の平和がある」といった語りが共存するような環境が戦後定着したと指摘した[9]。これは戦死者を「かわいそうな犠牲者」とし、彼らの加害性を意識の外に置くことが可能であったからだった。

特攻関連の施設でも戦前の軍神はなくなり、「平和」という言葉と結びつけられて語られることが多い。知覧特攻平和会館の設立趣意書は、「平和思想」の普及と世界恒久の「平和」に寄与することを目的とし、特攻ミュージアムを設立すると謳っている。同会館の展示では、特攻隊員たちが「平和」を望んで死んでいったのだという物語を提示する。ミュージアムだけではない。知覧町は「平和を語り継ぐ町」を宣言するなど、「平和」というコンセプトを積極的に発信し、特攻隊員遺族を慰霊祭に招待して日韓平和友好の証として演出することに成功した。知覧の慰霊碑も「日韓平和」「平和友好の証」として位置づけられた。女優の黒田福美は、韓国に卓庚鉉の帰郷祈念碑を建てるのは「日韓親善」や「平和」を祈るものだと主張した。「平和」という言葉は、特攻の語りでは美談に仕上げるためによく登場するのである。

こうした意識はかなり日本社会に浸透している。知覧特攻平和会館の芳名帳には「戦争は二度とあってはならない」としつつも、「今の平和な日本があるのは特攻隊員のおかげ」「その献身に感謝しながら平和のため頑張る」といった感想が多い。そこで見られる特攻隊員像は、祖国を守り「平和」のために犠牲となった人々である。戦争を経験していない世代には、平和のため仕方なく戦争をしたという間違った認識を与える。その反面、特攻ミュージアムは日本が起こした戦争と日本軍の非人道的な特別攻撃隊の評価については沈黙している。万世特攻平和祈念館や大刀洗平和記念館などの特攻ミュージアムがこうした「平和」を強調しているものの、世界の平和とはかけ離れた日本人のナショナリズムを高揚する現場となっているのである。特攻隊員たちが「平和」のため「献身的な犠牲」となったという物語は、戦争そのものの加害性や、軍部や天皇の責任を隠蔽し、さらには遺族の悲しみを感謝に転換させる装置として機能している。

第四節　日韓の狭間で漂流する朝鮮人特攻隊員

生き残った朝鮮人特攻隊員の存在

二〇一二年に韓国の新聞記者・吉倫亨は、朝鮮人特攻隊員の問題を多面的に分析した書籍『私は朝鮮人神風だ』を出版した。戦前から戦後まで綿密な資料調査に基づいて究明した力作である。敗戦によって生き残った朝鮮人特攻隊員についても詳しく述べており、非常に興味深い。

解放後の韓国では、特攻死した朝鮮人は天皇主義者や親日派とみなされ、遺族も苦しい歳月を送ったが、生き延びて祖国に戻った特攻隊員は韓国空軍の設立に大きく貢献した。朝鮮戦争では韓国軍の一部が旧日本軍の戦略や戦法をそのまま踏襲していたなど、朝鮮人特攻隊員の存在を黙殺しながら、実際は植民地時代の戦争経験を色濃く残していた矛盾を鋭く指摘した本である。一七歳で特攻死した朴東薫の陸軍少年飛行兵の同期では、一九七〇年代までに四名の空軍参謀総長をはじめ、作戦司令官、空軍士官学校長を多数輩出するなど、韓国空軍の要職を元特攻隊員が占めたのである。

なぜ、戦死した人々は天皇主義者や売国奴となり、生き残った人々は英雄と評価されているのだろうか。

第二次世界大戦にソ連が駆けこみ参戦したため、日本の敗戦後の朝鮮半島は北側にはソ連軍が駐屯し、南側にはアメリカ軍が駐屯することになった。朝鮮半島はアメリカとソ連の覇権争いや民族対立の場となる。米英中ソの四大国による五年間の信託統治が発表されると、朝鮮半島はその賛否をめぐって激しい衝突が起き、引き裂かれた。「第二次米ソ共同委員会」の決裂後、朝鮮半島の問題は国連に上程されたものの、結局、半島の南と北にそれぞれの国が樹立されたのである。

韓国では一九四八年に李承晩を初代大統領とする政府が誕生した。李承晩は、親日派や植民地時代の遺産を清算するどころか、むしろ朝鮮総督府をはじめ、地方自治体や警察組織で働いていた親日派の人たちを再任した。政局が不安定ななか、過去の清算に力を割くよりも、それまで中心的な地位にあった人々を自分の統治に利用し、政治的な支持基盤の安定と拡大を図った。また、解放直後、アメリカ占領軍が進めてきた反共政策もその重要な要因となった。アメリカ軍は反共を優先し、総督府官僚体制の復活や親日派官吏の再任用、植民地時代朝鮮総督府の下に存在していた国立警察機構の温存と強化、親日派警察の復帰などを認めた。こうして親日派は政府の重職に就いたのである。

もちろん、こうした動きに反対がなかったわけではない。国会では、親日派の清算のため一九四八年に「反民族行為処罰法」が制定され、「反民族行為特別調査委員会」を設置した。だが、初代大統領の李承晩が消極的であり、すでに社会で力を持っていた親日派たちの妨害によって過去の清算は頓挫したのである。満州国軍で中尉だった朴正熙は親日派の最たるものだが、解放後は恥ずかしげもなく「光復軍の精神がりりしく満ち溢れる」という詩を詠むなど転身を図り、一九六三〜七九年は大統領として絶大な力を振るった。その一方で、抗日運動に携わった多くの人が共産主義者として特殊反国家行為の罪に問われ、死刑宣告を受けたのである。

戦争を推し進めた勢力が戦後日本の保守政治に再登場したように、韓国でも植民地政策に積極的に協力した親日派が生き残り、社会の主流となった。日本と同様、韓国とアメリカの保守政治家によって歴史の虚構が作られたのであった。

間島特設隊

韓国軍の創設に深く関わったのは、元特攻隊員だけではない。帝国日本の将校として日本に忠誠を誓い、侵略戦争に加担した陸軍士官学校出身者にも、軍の幹部になった人が多い。その代表的な事例が、日本軍の特殊部隊である間島(かんとう)特設隊に所属した朝鮮人である。間島特設隊は、朝鮮人の抗日武装勢力を根絶・殲滅するため、一九三八年に満州国の関東軍隷下に作られたすべて朝鮮人で構成された部隊である。朝鮮人の青年たちが、朝鮮独立軍に向けて日本軍から支給された銃を放つ場面が、満州の荒野で実際に起きていたのである。これはまさに日本がとった以夷制夷政策である。

一九三八年から日本が敗戦を迎える四五年までの七年間、中国の抗日団体や朝鮮の独立運動組織を殲滅する任務を遂行していた間島隊は、親日派の清算に積極的ではなかった韓国では議論に上ることはなかった。そのため、一般人はこうした事実さえほとんど知らず、学問的な研究も非常に少ない。

一九三一年に満州を占領した日本軍は、抗日ゲリラに苦戦していた。中国本土の侵略に手一杯だったため、朝鮮人のみで構成された間島特設隊をつくったのである。日本に忠誠を誓った彼らは、解放後は大韓民国の軍へ入隊した。冷戦体制の反共主義の嵐のなか、元間島隊の将校は、国務総理をはじめ、国会議長・国防長官・軍司令官といった韓国政府の要職に就き、徹底的に粛清された中国の親日派とは対照的に、歴史の審判から逃れた。満州で討伐対象であった抗日勢力の多くが北朝鮮へ逃れたことも、彼らにとって幸運だった。

その一人が韓国陸軍の設立者であり、保守派から尊敬され続けた元韓国陸軍参謀総長・白善燁である。「親日反民族行為真相糾明委員会」が発行した調査報告書によると、彼は一九四三年から敗戦直前まで間島特設隊に将校として所属し、抗日武装勢力を弾圧した。そのため反民族行為糾明法により「親日反民族行為者」に指定された。

しかしながら、彼は間島特設隊に所属したことも何をしたかも韓国国民に説明し謝罪したことはない。民族問題研究所が発行した『親日人名事典』には、日本軍将校の名前が記載されているが、独立軍を抹殺していた間島隊に関しては、将校はもちろん、兵士全員の名前が掲載してある。

朝鮮人特攻隊員の「居場所」を見つけるということ

解放後、特攻隊員の一部遺族は、戦場から朝鮮に送られてきた数少ない手紙のみを頼りに親族のゆくえを探した。しかし消息を知ることができず、葬式はおろか、墓を作ることさえできなかった。少年飛行兵一五期生で戦死した尹在文（東局一文）の家族は、彼の戦死を知り、母親は泣き、悲しみ、怒り、半狂乱になり、戦死したことを認めず、葬式も出さなかった[10]。先述したように、盧龍愚の遺骨は戦死から六〇年ぶりに祖国へ帰った。妹は元々両親の墓の近くに、盧龍愚の遺骨を安置しようと考えていた。だが、家族の意見が衝突したため、結局は「望郷の丘」に安置された。「望郷の丘」は、太平洋戦争中、強制的に連行・動員され、犠牲になった人々のうち、遺族が確認できていない犠牲者や植民地期朝鮮を離れて異国で亡くなった人に開放した国立墓地であった。強制的な志願を含め、多様な理由とルートで仕方なく入隊をした朝鮮人が多数いたにもかかわらず、韓国では、「志願したくせに」という間違った認識が広がっていたため、位牌や遺影を飾ったり祭祀（祭儀）も行うこともできなかった。朝鮮人特攻隊員は反民族行為者であるとすり込まれ、その存在をひた隠しにしてきたのである。

戦時中、軍事施設の工事に朝鮮人が強制動員され、過酷な労働環境のなかで亡くなった多くの朝鮮人の遺骨が日本の山野に埋葬され、寺院に安置されている。各地に分散して埋葬されていて、終戦から七五年以上が過ぎても朝鮮人特攻隊員をはじめ、朝鮮人犠牲者の「居場所」が見つからないのは、両国がいまだに植民地支配について正しい理解と清算を行っていないからではないであろうか。

もちろん、これまでお互いが紡いできた歴史をなかったことにはできない。しかし、初めから相手国の姿勢を否定し、自国の問題から目を逸らしたままでいるため、日韓関係は一向に改善の兆しが見えない。まずはみずからの課題をそれぞれが消化し、その上で改めて共同で歴史と未来に向き合うことこそが、日韓の狭間で漂流している彼らの魂を心の故郷に還す一番の近道となるのではないか。彼らが生きた証を現代の社会が正しく認める姿勢こそ、複雑な日韓関係を次のフェーズへ進める上でも非常に重要なのである。

自国中心史からの脱皮を

朝鮮・台湾の植民地支配と侵略戦争をめぐる日本の歴史認識が、戦後、東アジアの政治や外交の重要な争点となったのは周知のとおりである。一国（自国）の歴史認識は必然的に連関する隣国の歴史認識の領域に拡張されがちであり、歴史認識はその国だけのものではない。日韓両国は過去の植民地支配と不幸な歴史から自由ではなく、韓国が日本から解放されてから七五年以上が過ぎても、歴史認識をめぐる対立は深刻であり、今なお問題が山積している。

これは、日本が自国の立場だけを重視する一国史観に基づいて歴史を解釈してきたのが大きな原因であろう。自国が歩んできた歴史を批判的に捉え、国家による暴力や民衆の犠牲を様々な側面から強調するよりは、隣国への侵略や加害を仕方のない過去として矮小化し、肯定するのである。

国境を越えても通用する歴史認識を育むには、一国史観ないし自国中心史観から脱皮することが重要であり、省察的な東アジア歴史像を構築する必要がある。現在の「国史」中心体制から脱皮し、自国史の流れを東アジア地域との関連のなかで有機的な関連を持った観点から東アジアの通史を形成していく必要があるが、それは自国内の歴史認識とその解釈の差を縮めることから始めなければならない。

戦後も日本では、植民地主義や帝国意識の残滓が温存された。近代主義とそれを下支えする二項対立志向、日本型オリエンタリズム、自国中心主義も保持された。これは韓国にも当てはまる。韓国も解放後の近代化など一連の過程で、植民地主義とともに近代主義、韓国型オリエンタリズム、自国中心主義の歴史教育を行ってきたことは否めない。その一角を反共と反日ナショナリズムが占めている(11)。

日本の戦後歴史学はマルクス主義的歴史観を主流としてきたが、自国の立場を重視する姿勢は免れず、とりわけ古代史はそれが顕著である。韓国の学界も、長年反日民族主義に基づき、歴史を自国史中心にとらえてきた。両国とも、東アジアにおける相互関係と連関性を軽視し、近隣諸国と対話する姿勢や理解を深めるための省察が欠けていたのである。自国の過去に関する省察こそが、東アジア地域史を構想するうえで非常に重要であるにもかかわらず、自国優先の歴史を作るためになおざりにしてきたのである。

こうしたなか、日中韓三国共通歴史教材委員会の共同執筆による『未来をひらく歴史――東アジア三国の近現代史』(二〇〇五年)、それをさらに進展させた『新しい東アジアの近現代史 上・下』(二〇一二年)が各国で同時出版された。自国史を相対化しようとする試みであり、東アジアの歴史を語るうえで非常に意義深い。

また、韓国では民族主義色の強かった歴史教育を全面的に見直す改革が進められた。二〇〇九年から実施された新しい教育課程では、中学・高等学校の必修科目である「国史」(韓国史)が「歴史」と名称を変え、内容も自国中心主義を見直した。さらに、ドイツとフランス共通の歴史教科書を参考にし、高校の選択科目に新たに「東アジア史」を設け、東アジア民衆の密接な交流と共生を伝えようとしている。韓国軍によるベトナム民間人虐殺や加害についての省察と真実究明運動も登場した。アメリカ帝国主義に便乗したことを反省し、従来の自国中心の歴史観を離れて見つめ直したのである。このような変化を受けて、韓国大統領はベトナムの国家主席に直接謝罪した。これはベトナム人の立場に寄り添う歴史認識であり、自国中心主義を見直す動きが行動として表れた出来事であった[12]。

両国政府は朝鮮人特攻隊員の死について、それぞれの思想や植民地支配と戦争という時代背景に対する具体的な検討はされず、戦争の加害・被害国、保守・リベラル、右派・左派等の政治的立場やイデオロギーによって評価される傾向にあった。日本では、朝鮮人特攻隊員の問題を「朝鮮人のこと」と受け止め、その歴史的意味を真摯に考えてこなかった。韓国では民族の「裏切り者」「狂気の天皇主義者」として何の議論もないまま、彼らと遺族は切り捨てられた。

日韓両国は、自国の歴史や国家暴力とどのように向き合うべきなのか。君島和彦が、「植民地支配を受けた側の人々」との「緊張関係を自覚する」といった、「される側」「された側の視点を意識する」必要が私たちにはあると述べたことは意味深い[13]。

「同化」が強いられた朝鮮における諸政策の矛盾を無視する歴史認識や、帝国主義に目をつぶることは望ましくない。また、敗戦の記憶が加害の記憶を否定して抑え込んでしまったことを日本は自省し、何よりも東アジア全体の歴史に対する日本人の「記憶の空白」を埋めねばならない。韓国も、一国史観を相対化し、民族主義と真摯に向き合うことが求められる。このように国家を超えて相互に通用する歴史認識を形成することが大切であり、東アジア史として理解するうえで不可欠である。植民地支配と戦争をめぐる問題は、現在も進行型なのだ。

注

（1）裵姈美「朝鮮人特攻隊員を考える」『わだつみのこえ』第一三二号、二〇一〇年七月、二四―二五頁。
（2）民族問題研究所「陸軍特別攻撃隊員・卓庚鉉の慰霊碑建立に対する我々の立場」二〇〇八年五月七日。
（3）『文化ニュース』二〇一九年一月二二日。『ソウル経済新聞』二〇一九年一月二二日。『時事マガジン』二〇一九年一月二一日など［ソウル］。
（4）『連合ニュース』『文化ニュース』『With in ニュース』二〇一九年一月二一日。『ソウル経済新聞』二〇一九年一月二二日。『KSPニュース』二〇一九年二月四日［ソウル］。
（5）韓国人が最も使っているウェブサイトである「Daum」にて、演劇のタイトル「神風 アリラン」を韓国語で入力し、出たブログ全六三七件を分析した結果である。
（6）『ソウル経済新聞』二〇一九年二月一九日［ソウル］。
（7）NNNドキュメント〇八 シリーズ・戦争の記憶（三）『アリラン特攻兵 日本と朝鮮半島の狭間で』二〇〇八年八

月三一日放送。
(8)「目を覚ませ 韓国――戦後に親日派として迫害された父「日本は決して悪い国ではない」」『産経新聞』二〇一七年一二月二五日。
(9)赤澤史朗『靖国神社――せめぎあう〈戦没者追悼〉のゆくえ』岩波書店、二〇〇五年、二五九―二六〇頁。
(10)山口隆『他者の特攻』社会評論社、二〇一〇年、二五一頁。
(11)金鳳珍「反日と日韓の歴史和解」黒沢文貴・イアン・ニッシュ編『歴史と和解』東京大学出版会、二〇一一年。
(12)もちろん、韓国でもベトナム戦争における加害の歴史を否定する発言や韓国軍の戦争を美化する人々もいる。だが、この問題に無関心で何ら反応を見せない韓国社会が、植民地支配をめぐる様々な問題を日本にどこまで追及できるのか疑問である。
(13)君島和彦編『近代の日本と朝鮮――「された」側からの視座』東京堂出版、二〇一四年、一―二頁。

あとがき

筆者が朝鮮人特攻隊員の存在について関心を持ち始めたのは、福間良明先生（立命館大学）を中心とする「戦跡研究会」がスタートした二〇一二年からであった。同研究会は、科学研究費補助金（基盤研究(B)「戦跡の歴史社会学――地域の記憶とツーリズムの相互作用をめぐる比較メディア史的研究」研究課題番号24330166、二〇一二年〜一四年）をもとに、戦後日本における戦跡の整備と戦争の記憶に関する共同研究を進めた。大学院生の頃から日韓関係や植民地支配をめぐる両国の歴史認識について関心を持っていた筆者は、同研究会において鹿児島県知覧町にいた朝鮮人特攻隊員のことを知り、特攻兵と植民地支配との関係をはじめ、彼らの存在から日韓両国の社会的特質を再考することとなった。三年間の共同研究成果は、福間良明・山口誠編『「知覧」の誕生――特攻の記憶はいかに創られてきたのか』（柏書房、二〇一五年）としてまとめられたが、筆者は朝鮮人特攻隊員をめぐる戦前・戦後の言説や表象に焦点を当てて分析を行った。この研究のなかで明らかになったのは、日本と韓国で朝鮮人特攻隊員をめぐる記憶や国民意識に大きな違いが見られたことであった。

この研究会に参加させていただいたことが大きなきっかけになり、筆者の研究関心は、スポーツのナショナルな統合機能、天皇制とスポーツ、身体の国民化・規律化に関する分析から、アジア・太平洋戦争に関する主要戦跡や植民地時代の検証に向けられた。独特の色合いを帯びた植民地時代の支配イデオロギーと民衆の生活をさらに考察したくなった。歴史教科書、靖国神社、慰安婦、徴用工など植民地支配や戦争をめぐる歴史認識のずれと対立から生じた戦後最悪ともいわれる日韓関係が筆者の研究活動をさらに加速させた。東アジアの安定的な国際関係や国家のアイデンティティの形成に大きな影響を及ぼしている両国の歴史認識を、朝鮮人特攻隊員という戦跡を通じてもう一度考察してみたいという気持ちが本書の出発点になったのだ。

ところで、本書のきっかけは、筆者の拙論を読んで深く関心を持ってくださった法政大学出版局の奥田のぞみさんからの声掛けから始まった。ちょうど三年前の二〇一九年五月のことであった。引き受けたものの、そう易々と書くことができるはずがなかった。しかも、二〇二〇年一月から世界に大きな影響を与えた新型コロナウイルス感染症の流行により、研究活動にも様々な制約が生じた。戦争関連の記念館やミュージアムをはじめ、図書館が次々と休館となっただけでなく、韓国での資料調査や収集も不可能となった。コロナウイルス感染症対策として始まった大学のオンライン授業の導入で、慣れない授業動画の録画、ライブ授業の準備、課題の採点やフィードバック時間が大きく増加し、研究時間を削っている実態が浮かび上がった。難題の連続だった。これは筆者の力量不足による理由が大きいが、論文の執筆もうまく進まなかった。

執筆作業は遅れたものの、二〇二〇年秋ごろから本格的に植民地時代の公文書や朝鮮総督府の関連資料などを詳細に分析し、そこに浮かびあがる地域や当事者の言説を洗い出した。鹿児島県の知覧をはじめ、日本全国にある戦争関連の資料館の記録を掘り起こした。朝鮮人一人を個別研究として取り上げるのではなく、朝鮮人特攻兵の包括的分析を通して日韓両国の国民意識を浮き彫りにする研究であるがゆえに、植民地期の膨大な史料やデータの分析は忍耐力の必要な仕事であった。朝鮮総督府の機関紙『毎日新報』の分析作業は、大変な闘いであった。特に、特攻作戦が始まってから、「命中」「撃沈」「感激」「感謝」「熱狂」「栄光」「半島の神鷲」「軍神」「不滅の精神」「皇国臣民」「鬼畜米英」という言葉が新聞には溢れた。朝鮮人を煽り立てるこれらの単語に接しながら、様々な理由で戦争に参加せざるをえなかった朝鮮人青年の想いや本心をどのように理解し受け止めれば良いのかという悩みは尽きなかった。「死」と隣り合わせで、軍隊で生きていた彼らの存在を分析することはつらかった。日本が植民地に持ち込んだ暴力と同化政策によって帝国日本の軍人となり、戦死した彼らの人生を簡単に評価することはできなかったのである。

その理由は筆者の韓国での軍隊体験も大きく関係している。朝鮮半島が分断されているなか、韓国人男性の兵役は国民の義務であり、筆者も例外ではなく、陸軍兵士として勤めた経験がある。数週間に及ぶ軍事教育を受けてから、やっと二等兵として実務部隊に配属されるが、軍隊では戦争で実際に使うM16小銃による射撃や各種の殺人兵器で軍事訓練を受けた。戦争武器の破壊力は、想像以上だった。軍隊での体験は、これまで筆者がドラマや映画、漫画で体験してきた戦争のイメージを崩すのに、そこまで時間はかからなかった。「戦争はあってはならない」、「戦争を二度と繰り返してはならない」と改めて考えるようになったのもこの時期である。

軍生活に大きな変化が訪れたのは一九九三年のことであった。米朝や朝鮮半島の南北間の対立が激しくなり、北朝鮮による核開発が進んだ時期である。アメリカは核施設があると予想される北朝鮮の寧辺を攻撃する計画を立て、戦争勃発の危機に直面したのである。韓国軍では戦争準備態勢（非常事態）に入り、上官からは家族宛てに遺書を書くように言われた。あまりにも突然な出来事で、何を書けば良いのか分からなかった。手紙に何を書いたのかはまったく覚えていないが、手紙とともに、髪の毛や爪を封筒に入れた。その時抱いた不安や絶望感、恐怖の感情は今も鮮明に心に焼きついている。幸いにも戦争は起きなかったものの、このような体験を持つ筆者としては、朝鮮人特攻隊員の歴史を分析することは単純な作業ではなかった。戦争の悲惨さと恐ろしさをまったく知らず、ゲームや漫画、動画を通して、戦争を間接体験し、軽く消費する現在の風景に違和感を覚えたことも朝鮮人特攻兵の研究に取り組んだ一つの理由だったかもしれない。

朝鮮人特攻隊員の歴史を本格的に検討するようになったもう一つの大きな理由は、韓国や在日韓国・朝鮮人に対する急激な排外主義の動きとも関わっている。近年日本では排外主義が急速な広がりを見せており、排外主義団体による様々なデモや抗議活動が繰り広げられている。在日韓国・朝鮮人の隠された「特権」を暴くというモチベーションが昨今の排外主義運動やネット右翼のエージェンシー意識を強く構成している。「在日特権」をはじめ、ひたすら在日韓国・朝鮮人や韓国を厳しく敵視しているこうした問題設定は、既成右派や保守論壇にはこれまで見られなかった特徴といえる。排外主義は在日韓国・朝鮮人を「日本を乗っ取る」危険分子としてしか見なさない強い差別・偏見の上に成り立っている。本書でも触れたように、在日韓国・朝鮮人は、近代日本の帝国主義的海外進出と朝鮮に対する植民地支配という東アジアの近代の激しい変化、そして敗戦後の混乱、GHQの占領、東西冷戦の激化といった歴史的過程のなかで日本政府によって一方的に「外国人化」された世界的にみても類を見ない日本最大のマイノリティである。にもかかわらず、日韓の歴史的文脈を完全に否定した根拠のないデマが流行っているのである。

だが、日本社会では植民地支配といった歴史的背景を検討し、またマイノリティの観点から、ヘイトスピーチの実態・性質を踏まえて害悪を分析し、表現の自由と反レイシズムとの間のバランスをどのようにとるべきかについての緻密な議論はあまりみられなかった。植民地支配の歴史的責任を果たそうとする日本政府の誠実な姿勢もまったく見えない。西欧基準では「極右」にあたる差別言説と歴史的経緯が意図的に無視された偏見に満ちた書き込みが、なぜ日本社会では受け入れられているのだろうか。なぜ、両国は過去の事実について異なる解釈と歴史認識を示しているのだろうか。

この根底には、近代日本の歴史を批判的にとらえてきたマルクス主義史観と東京裁判史観への批判と「明るい日本」を取り戻したいという強い欲求、植民地支配や戦争を正当化する意識が存在する。そして、この意識こそが現代日本社会を支えている。帝国日本の膨張政策と関わる両国の認識の相違は、朝鮮人特攻隊員の問題でも同じく見られる共通点であることが本書でも浮き彫りになったが、日本の朝鮮植民地支配をめぐる問題を直視し、その責任を問うのは決して被害者だけの行動ではない。日本と韓国の国民がともに考え、解決のために行動する歴史課題である。

最後になるが、本書の刊行を快諾してくださった法政大学出版局のみなさまをはじめ、奥田のぞみさんに深く感謝を申し上げたい。当初の予定より大幅に遅れながらも、出版に至ったのは多忙にかまけ遅々として進まない執筆作業を辛抱強く温かい目で見守ってくださった奥田さんのおかげである。数回に及ぶ確認作業では、論文の内容を的確に把握し、文章のおかしいところや重複表現、出典のチェックについて、丁寧なご助言と的確なコメントを頂いた。改めて、心から深く感謝を申し上げたい。

長い間悩んできたテーマをようやくまとめることができて、ほっとしている。日韓の国民がいかなる政治・社会背景のもと、朝鮮人特攻兵をどう捉えたのかを歴史社会学的に跡付けた本書は、筆者にとっては朝鮮人特攻隊員の始まりの研究だと考えている。必ずしも十分な内容とはなっていないと考えられるが、本書を通じて、彼らに関する社会的議論や植民地支配と戦争をめぐる両国国民の戦争観について問題提起ができ、同時に日韓両国の歴史社会学に新たな研究成果が生まれてくることを願ってやまない。

本書の第二章は「植民地朝鮮における飛行機表象と朝鮮総督府の航空政策（上）（下）」（『立命館産業社会論集』第五七巻四号、第五八巻一号、二〇二一・二二年）、第五章と第八章の一部は、「朝鮮人特攻隊員のイメージ変容——韓国における「特攻」の受け入れがたさ」福間良明・山口誠編『「知覧」の誕生——特攻の記憶はいかに創られてきたのか』（柏書房、二〇一五年）をもとに大幅な加筆・修正を加えたものである。

なお、本書は科学研究費補助金（基盤研究(C)「東アジアにおける特攻認識と戦争の記憶・断絶に関する国際比較研究」研究課題番号 21K00899、二〇二一年〜二三年）の研究成果の一部である。

二〇二二年九月

権 学俊

著者

権 学俊（くおん・はくじゅん）

1972年韓国忠州市生まれ。立命館大学産業社会学部教授。横浜市立大学大学院国際文化研究科博士課程修了。博士（学術）。横浜市立大学国際文化学部共同研究員，日本学術振興会外国人特別研究員，立命館大学産業社会学部准教授を経て，現職。専門分野は歴史社会学，スポーツ政策論。主な著書に『国民体育大会の研究――ナショナリズムとスポーツ・イベント』（青木書店，2006年），『スポーツとナショナリズムの歴史社会学――戦前＝戦後日本における天皇制・身体・国民統合』（ナカニシヤ出版，2021年），『現代スポーツ論の射程――歴史・理論・科学』（共著，文理閣，2011年），『「知覧」の誕生――特攻の記憶はいかに創られてきたのか』（共著，柏書房，2015年），『昭和五〇年代論――「戦後の終わり」と「終わらない戦後」の交錯』（共著，みずき書林，2022年）など。

サピエンティア　67

朝鮮人特攻隊員の表象

歴史と記憶のはざまで

2022年11月1日　初版第1刷発行

著　者　権 学俊

発行所　一般財団法人 法政大学出版局

〒102-0071 東京都千代田区富士見 2-17-1

電話 03（5214）5540／振替 00160-6-95814

組版　村田真澄／印刷　平文社／製本　誠製本

装幀　奥定泰之

ISBN 978-4-588-60367-9　　Printed in Japan

事項索引

あ 行

か 行

さ　行

た　行

な　行

は　行

ま　行

や　行

ら　行

わ　行

人名索引

あ　行

か　行

さ　行

た　行

な　行

は　行

ま　行

や　行

わ　行